高中数学联赛难度

平面几何
测试题集

万喜人 著

中国科学技术大学出版社

内 容 简 介

本书包含平面几何测试题 50 套，每套 5 题，一般第 1、2 题以考查对基础知识的掌握为主，难度与初中竞赛题相当或稍大一些；第 3、4、5 题以考查能力为主，难度与全国高中数学联赛加试题相当或稍大一些．本书可用于自我测试和评估，也可用于考前训练．

本书适合中上水平的初中学生和参加全国高中数学联赛或更高级别数学竞赛的选手，也可供中学数学教师和中学数学奥林匹克教练员在教学中参考，还可供平面几何爱好者使用．

图书在版编目(CIP)数据

平面几何测试题集/万喜人著．—合肥:中国科学技术大学出版社,2021.5(2025.6 重印)
ISBN 978-7-312-05159-3

Ⅰ.平…　Ⅱ.万…　Ⅲ.中学数学课—高中—习题集　Ⅳ.G634.605

中国版本图书馆 CIP 数据核字(2021)第 025202 号

平面几何测试题集
PINGMIAN JIHE CESHI TI JI

出版	中国科学技术大学出版社
	安徽省合肥市金寨路 96 号,230026
	http://press.ustc.edu.cn
	https://zgkxjsdxcbs.tmall.com
印刷	安徽省瑞隆印务有限公司
发行	中国科学技术大学出版社
开本	787 mm×1092 mm　1/16
印张	24.25
字数	497 千
版次	2021 年 5 月第 1 版
印次	2025 年 6 月第 3 次印刷
印数	8001—12000 册
定价	63.00 元

前　　言

　　平面几何是训练逻辑思维能力的极好素材,它在中学数学竞赛中的特殊地位更是人所共见.参加高中数学联赛或更高级别的数学竞赛的选手,一般在初中阶段就要打好平面几何的基础,仅仅学习课本上的那些知识是不够的.对平面几何的学习应是一个循序渐进、持之以恒的过程.为了扩大知识面,提高解题能力,做一定量的题是必要的.

　　作者编写本书的目的就是为读者提供一套富有思考性和启发性的练习题,帮助读者检测自身的实际水平,进一步提高学生的解题能力.

　　本书共包含平面几何测试题50套,一般每套题的第1、2题以考查对基础知识的掌握为主,难度与初中竞赛题相当或稍大一些;第3、4、5题以考查能力为主,难度与全国高中数学联赛加试题相当或稍大一些.读者可根据自己的实际情况选做其中的几题.本书附录是《平面几何强化训练题集(高中分册)》的思考题答案,供读者参考.

　　本书适合中上水平的初中学生和参加全国高中数学联赛或更高级别数学竞赛的选手,也可供中学数学教师和中学数学奥林匹克教练员在教学中参考,还可供平面几何爱好者使用.

　　本书中的50套测试题全部在"我们爱几何"微信公众号、"几何大家玩"微信群、"万喜竞赛几何"QQ群等二十余个微信公众号、微信群、QQ群中发布过,也曾在有关课外班上使用,受到了广泛的好评.有很多朋友建议我将这些题目整理成书,以发挥更大作用.朋友们的支持和鼓励对本书的完成起了很大的作用.长沙市万喜教育培训学校的罗凤梅老师、万家利老师承担了艰苦的录入工作,她们付出了辛勤的劳动和大量的心血.在此,特向上述朋友和老师表示衷心的感谢.

　　由于作者水平有限,书中难免有疏漏甚至错误之处,希望读者不吝指正.

万喜人

2021年3月于长沙

目 录

前言 ·· (i)

平面几何测试题 1 ·· (001)

平面几何测试题 2 ·· (008)

平面几何测试题 3 ·· (014)

平面几何测试题 4 ·· (021)

平面几何测试题 5 ·· (028)

平面几何测试题 6 ·· (036)

平面几何测试题 7 ·· (043)

平面几何测试题 8 ·· (050)

平面几何测试题 9 ·· (057)

平面几何测试题 10 ··· (065)

平面几何测试题 11 ··· (072)

平面几何测试题 12 ··· (080)

平面几何测试题 13 ··· (087)

平面几何测试题 14 ··· (094)

平面几何测试题 15 ··· (102)

平面几何测试题 16 ··· (109)

平面几何测试题 17 ··· (116)

平面几何测试题 18 ··· (123)

平面几何测试题 19 ··· (130)

平面几何测试题 20 ··· (137)

平面几何测试题 21 ··· (145)

平面几何测试题 22 ··· (152)

平面几何测试题 23 ··· (159)

平面几何测试题 24 ··· (166)

平面几何测试题 25 ……………………………………………………………… (174)
平面几何测试题 26 ……………………………………………………………… (181)
平面几何测试题 27 ……………………………………………………………… (188)
平面几何测试题 28 ……………………………………………………………… (195)
平面几何测试题 29 ……………………………………………………………… (202)
平面几何测试题 30 ……………………………………………………………… (209)
平面几何测试题 31 ……………………………………………………………… (216)
平面几何测试题 32 ……………………………………………………………… (223)
平面几何测试题 33 ……………………………………………………………… (231)
平面几何测试题 34 ……………………………………………………………… (238)
平面几何测试题 35 ……………………………………………………………… (246)
平面几何测试题 36 ……………………………………………………………… (256)
平面几何测试题 37 ……………………………………………………………… (263)
平面几何测试题 38 ……………………………………………………………… (269)
平面几何测试题 39 ……………………………………………………………… (276)
平面几何测试题 40 ……………………………………………………………… (283)
平面几何测试题 41 ……………………………………………………………… (290)
平面几何测试题 42 ……………………………………………………………… (297)
平面几何测试题 43 ……………………………………………………………… (304)
平面几何测试题 44 ……………………………………………………………… (311)
平面几何测试题 45 ……………………………………………………………… (318)
平面几何测试题 46 ……………………………………………………………… (326)
平面几何测试题 47 ……………………………………………………………… (334)
平面几何测试题 48 ……………………………………………………………… (341)
平面几何测试题 49 ……………………………………………………………… (348)
平面几何测试题 50 ……………………………………………………………… (356)
附录 《平面几何强化训练题集(高中分册)》思考题答案 ……………………… (364)

平面几何测试题 1

1.1 如图 1.1 所示,在四边形 $ABCD$ 中,$AD \mathbin{/\mkern-3mu/} BC$,$CD \perp BC$,$\angle DAB$、$\angle ABC$ 的平分线交于点 E. 求证:$EC = ED$.

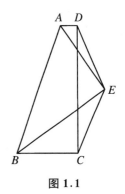

图 1.1

1.2 如图 1.2 所示,在 $\triangle ABC$ 中,过点 B、C 分别作 BC 的垂线,分别交 $\angle BAC$ 的外角平分线 l 于点 D、E. BE 与 CD 交于点 P,$PK \perp BC$ 于点 K. 求证:$PK = PA$.

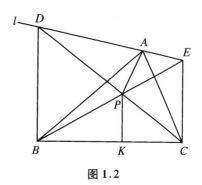

图 1.2

1.3 如图 1.3 所示,在△ABC 中,AB>AC,AB+AC=2BC,I 为内心,边 BC 上的中线 AD 的中点为 E. 求证:EI⊥BC.

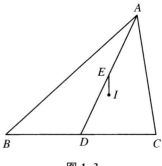

图 1.3

1.4 如图 1.4 所示,在凸四边形 $ABCD$ 中,$\angle BAD = 60°$,$\triangle BCD$ 为正三角形,E、F 分别为 BC、CD 的中点,$\angle BAD$ 的平分线交直线 EF 于点 K,AC 的中垂线交 AK 于点 P. 求证:$AP = 2PK$.

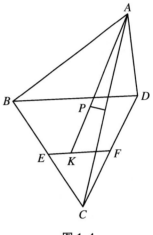

图 1.4

1.5 如图 1.5 所示,在 $\triangle ABC$ 中,点 D、E 分别在 AB、AC 上,且 $DE \parallel BC$,$\odot(ACD)$(表示过 A、C、D 三点的圆)交线段 BE 于点 P,$\odot(ABE)$ 交线段 CD 于点 K.求证:$\angle BAP = \angle CAK$.

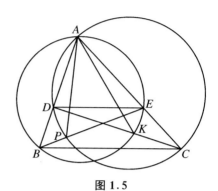

图 1.5

参 考 答 案

1.1 **证法1** 如图 1.6 所示,延长 AE、DE,分别交直线 BC 于点 F、G.

因 $AD \parallel BC$,AE 平分 $\angle DAB$,BE 平分 $\angle ABC$,故 $\angle EAB + \angle EBA = 90°$. 从而 $BE \perp AF$.

所以在 $\triangle BAF$ 中,有 $AE = FE$.

可证出 $\triangle EAD \cong \triangle EFG$,故 $DE = EG$.

于是在 $\text{Rt}\triangle DCG$ 中有 $EC = ED$.

证法2 如图 1.7 所示,作 $EF \perp AB$ 于点 F,$EG \perp BC$ 于点 G,$EH \perp AD$ 于点 H.

因 $AD \parallel BC$,故 G、E、H 三点共线.

又因 $CD \perp BC$,故 $CDHG$ 为矩形.

因 AE 平分 $\angle DAB$,BE 平分 $\angle ABC$,故 $EH = EF = EG$.

由矩形的对称性知 $EC = ED$.

证法3 如图 1.8 所示,取 AB 的中点 F,连接 EF,EF 交 CD 于点 H.

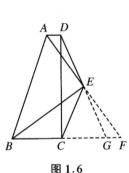
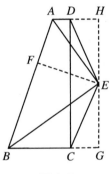
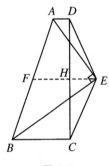

图 1.6　　　　　　图 1.7　　　　　　图 1.8

因 $AD \parallel BC$,AE 平分 $\angle DAB$,BE 平分 $\angle ABC$,故 $\angle EAB + \angle EBA = 90°$. 从而在 $\text{Rt}\triangle ABE$ 中,有 $EF = FB$.

所以 $\angle FEB = \angle FBE = \angle EBC$,因此 $EF \parallel BC \parallel AD$. 则 $CH = HD$.

因为 $CD \perp BC$,所以 $EF \perp CD$.

故 $CE = DE$.

1.2 如图 1.9 所示,延长 KP,交 DE 于点 N,在直线 l 上取点 F,使 $CF = CE$,连接 AK.

因 $BD \parallel PK \parallel CE$(都与 BC 垂直),故 $\dfrac{BK}{BC} = \dfrac{PK}{CE}$,$\dfrac{CK}{BC} = \dfrac{PK}{BD}$. 所以 $\dfrac{BK}{CK} = \dfrac{BD}{CE}$.

因 $\angle BAD = \angle CAF$,由 $\angle BDA + \angle CEA = 180°$ 知 $\angle BDA = \angle CFA$,故 $\triangle ABD \sim \triangle ACF$.

所以 $\dfrac{AB}{AC} = \dfrac{BD}{CF} = \dfrac{BD}{CE}$.

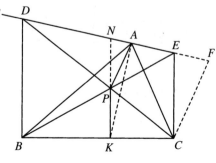

图 1.9

故 $\dfrac{BK}{CK} = \dfrac{AB}{AC}$,因此 AK 平分 $\angle BAC$.从而 $AK \perp l$.

又因 $\dfrac{PK}{BD} = \dfrac{CK}{CB} = \dfrac{EN}{ED} = \dfrac{PN}{BD}$,故 $PK = PN$.

所以在 $\mathrm{Rt}\triangle KAN$ 中,得 $PK = PA$.

1.3 证法 1 如图 1.10 所示,作 $EF \perp BC$ 于点 F,$IF' \perp BC$ 于点 F',$AH \perp BC$ 于点 H.

则 $EF \parallel AH$,又因 E 为 AD 的中点,故

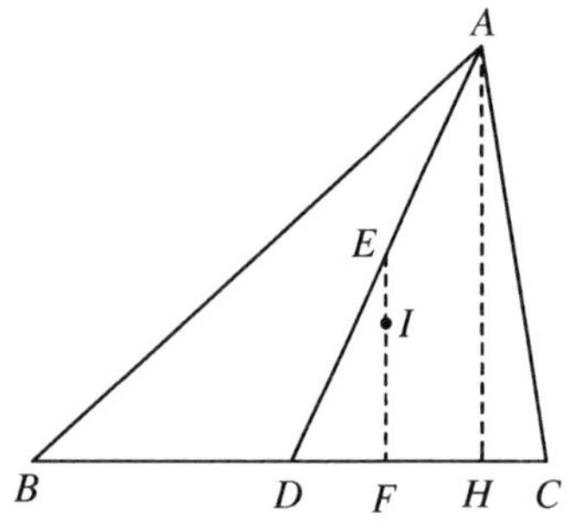

$$DF = \dfrac{1}{2}DH = \dfrac{1}{2}(BH - BD)$$
$$= \dfrac{1}{2}\left(c\cos B - \dfrac{a}{2}\right) = \dfrac{a^2 + c^2 - b^2}{4a} - \dfrac{a}{4}$$
$$= \dfrac{c^2 - b^2}{4a} = \dfrac{c - b}{2}$$

从而 $BF = BD + DF = \dfrac{1}{2}(a + c - b)$.

另一方面,$BF' = \dfrac{1}{2}(a + c - b)$,所以点 F' 与 F 重合.

图 1.10

故 $EI \perp BC$.

证法 2 如图 1.11 所示,连接 AI 并延长,交 $\triangle ABC$ 的外接圆于点 F,连接 BF、CF、DF.

则点 F 为 $\overset{\frown}{BC}$ 的中点.从而 $DF \perp BC$.

因 $BF = CF = IF$(鸡爪定理),$AB \cdot CF + AC \cdot BF = BC \cdot AF$,故 $AB + AC = BC \cdot \dfrac{AF}{IF}$.

因 $AB + AC = 2BC$,故 $AF = 2IF$,因此 I 为 AF 的中点.

所以 EI 为 $\triangle ADF$ 的中位线,$EI \parallel DF$.

故 $EI \perp BC$.

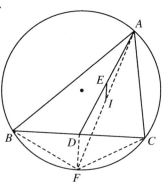

图 1.11

1.4 证法 1(广东省中山市陈瑾提供) 如图 1.12 所示,不妨设 $AB \geqslant AD$,设 O 为 $\triangle ABD$ 的外心,AK 交 $\odot O$ 于点 M,

则点 C 在直线 MO 上,直线 MO 交 $\odot O$ 于点 M、T.

设 CK 交 BD 于点 N,连接 NT、NA、NO.

由 $\angle BAD = 60°$,$\triangle BCD$ 为正三角形知点 T、C 关于 BD 对称,则 $NT = NC$,且 $CM = MO$.

又因 EF 为 $\triangle BCD$ 的中位线,故 $CK = KN$,所以 $NO \parallel KM$.

因 $AT \perp AM$,故 $NO \perp AT$,从而 NO 为 AT 的中垂线.

所以 $NA = NT = NC$.

故 P 为 $\triangle ANC$ 的重心,所以 $AP = 2PK$.

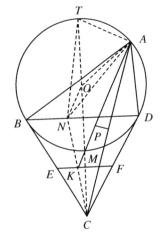

图 1.12

证法 2(湖南省长沙市南雅中学学生彭振邦提供) 如图 1.13 所示,不妨设 $AB \geqslant AD$,设 O 为 $\triangle ABD$ 的外心,M 为 BD 的中点,AK 交 $\odot O$ 于点 $S(S \neq A)$,由 $\triangle BCD$ 为正三角形知 C、S、M、O 四点共线,连接 CK、KM、AM、CP.

因 $\angle CBD = \angle BAD = \angle CDB = 60°$,故 BC、DC 均为 $\odot O$ 的切线.

由熟知结论知 $\angle BAM = \angle DAC$,AK 也平分 $\angle MAC$.

因 $\dfrac{AC}{BD} = \dfrac{AC}{BC} = \dfrac{\sin\angle ABC}{\sin\angle BAC} = \dfrac{\sin\angle ADM}{\sin\angle DAM} = \dfrac{AM}{DM}$,故 $AC = 2AM$.

因 $OC \perp BD$,$EF \underset{=}{\parallel} \dfrac{1}{2}BD$,故 EF 是 CM 的中垂线,$KM = KC$.

在凸四边形 $AMKC$ 中,又有 $AM \ne AC$,AK 平分 $\angle MAC$. 所以 A、M、K、C 四点共圆.

故 $\angle KCM = \angle KMC = \angle KAC = \angle PCA$,因此 $\angle KCP = \angle MCA$.

又因为 $\angle KPC = \angle PAC + \angle PCA = 2\angle PAC = \angle MAC$,所以 $\triangle KCP \backsim \triangle MCA$,故 $\dfrac{CP}{PK} = \dfrac{AC}{AM} = 2$.

所以 $AP = CP = 2PK$.

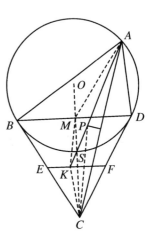

图 1.13

证法 3(网友潜泳鹰提供) 如图 1.14 所示,不妨设 $AB \geqslant AD$,M 为 BC 的中点,N 为 AC 的中点,作 $DT \perp AB$ 于点 T,$KL \perp AC$ 于点 L,连接线段如图所示.

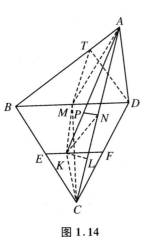

图 1.14

在 $\text{Rt}\triangle BDT$ 中,$MT = DM = BM$.

因 $\angle DAT = 60° = \angle CDM$,故 $\text{Rt}\triangle DAT \backsim \text{Rt}\triangle CDM$,从而 $\dfrac{TA}{TM} = \dfrac{TA}{DM} = \dfrac{DA}{DC}$.

又因为 $\angle ATM = 180° - \angle MTB = 180° - \angle ABD = \angle ADC$,所以 $\triangle TAM \backsim \triangle DAC$,故 $\angle BAM = \angle DAC$,AK 平分 $\angle MAC$,且 $\dfrac{AM}{AC} = \dfrac{TA}{DA} = \dfrac{1}{2}$,因此 $AM = \dfrac{1}{2}AC = AN$.

于是点 M、N 关于 AK 对称,$KM = KN$.

又因 EF 是 CM 的中垂线,故 $KC = KM = KN$,$NL = LC$.

因为 $PN \parallel KL$(都与 AC 垂直),所以 $\dfrac{AP}{PK} = \dfrac{AN}{NL} = 2$,即 $AP = 2PK$.

1.5 如图 1.15 所示,设 $\odot(DEK)$ 交 BE 于点 E、P',连接线段如图所示.

则 $\angle EP'K = \angle EDK = \angle KCB$,所以 P'、B、C、K 四点共圆.

从而 $\angle BP'C = \angle BKC$,因此 $\angle EP'C = \angle DKB$.

又因为 $\angle DP'E = \angle DKE$,所以 $\angle DP'C = \angle EKB = 180° - \angle BAC$,因此 A、C、P'、D 四点共圆.

因 $\odot(ACD)$ 与线段 BE 只有一个交点,故点 P' 与 P 重合.

所以 $\angle BAP = \angle DCP = \angle KBE = \angle CAK$.

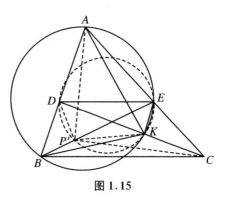

图 1.15

平面几何测试题 2

2.1 如图 2.1 所示,在△ABC 中,AD 为角平分线,E 为 AB 的中点.作 CF∥AD,交 ED 的延长线于点 F;作 FP∥AB,交 BC 的延长线于点 P.求证:CP = CD,PF = AC.

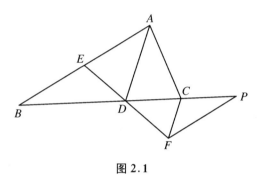

图 2.1

2.2 如图 2.2 所示,在△ABC 中,AB = AC,点 E、F 分别在 AC、AB 上,BE 与 CF 交于点 P,AP 与 EF 交于点 D,直线 CD 与∠BAC 的平分线交于点 K.求证:FK∥BC.

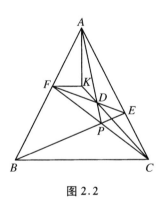

图 2.2

2.3 如图 2.3 所示,在△ABC 中,AB = AC,点 E、F 分别在 AC、AB 上,BE 与 CF 交于点 P,AP 与 EF 交于点 D,点 S 使得 SB⊥AB,SC⊥AC,作 SK⊥EF 于点 K.求证:B、C、K、D 四点共圆.

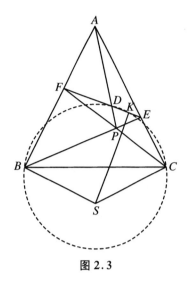

图 2.3

2.4 如图 2.4 所示,凸四边形 $ABCD$ 内接于圆,AC 与 BD 交于点 P,作 $PE \parallel DA$,$PF \parallel CB$,PE、PF 分别交不含点 C 的 $\overparen{AB}$ 于点 E、F,直线 EF 交 DA、CB 分别于点 M、N. 求证:$\dfrac{AM}{AD} = \dfrac{BN}{BC}$.

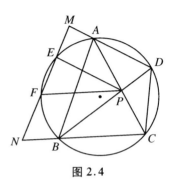

图 2.4

2.5 如图 2.5 所示,在△ABC 中,内切圆⊙I 与 BC 切于点 T,D 为边 BC 上一点,△ABD 和△ACD 的内切圆⊙I_1 和⊙I_2 不同于 BC 的外公切线 PQ 与⊙I_1、⊙I_2 分别切于点 P、Q,直线 BP 与 CQ 交于点 K.求证:TK、PQ、AD 三线共点.

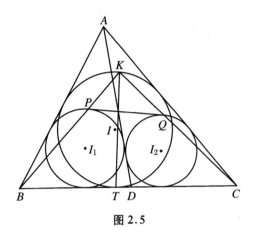

图 2.5

参 考 答 案

2.1 因 $CF/\!/AD$,$FP/\!/AB$,故 $\angle FCP=\angle ADB$,$\angle P=\angle B$,因此 $\triangle FPC\backsim\triangle ABD$.

所以 $\dfrac{CP}{BD}=\dfrac{FP}{AB}=\dfrac{FP}{2BE}=\dfrac{PD}{2BD}$,故 $PD=2CP$,$CP=CD$.

由 $\triangle FPC\backsim\triangle ABD$ 结合 AD 平分 $\angle BAC$ 得 $\dfrac{PF}{CP}=\dfrac{AB}{BD}=\dfrac{AC}{CD}$.

所以 $PF=AC$.

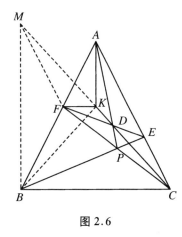

图 2.6

2.2 如图 2.6 所示,作 $FM/\!/AC$,交 CK 的延长线于点 M,连接 BM、BK.

对 $\triangle AEF$ 及点 P,由塞瓦定理得 $\dfrac{FD}{DE}\cdot\dfrac{EC}{CA}\cdot\dfrac{AB}{BF}=1$.

又因 $AB=CA$,故 $\dfrac{BF}{EC}=\dfrac{FD}{DE}=\dfrac{FM}{EC}$,因此 $BF=FM$.

从而 $\angle MBF=\dfrac{1}{2}\angle AFM=\dfrac{1}{2}\angle BAC=\angle BAK$,因此 $BM/\!/AK$.

因为 AK 是 BC 的中垂线,所以 $BM\perp BC$.

在 $\mathrm{Rt}\triangle MBC$ 中,由 $BK=CK$ 知 $BK=KM$.结合 $BF=FM$ 得 $FK\perp BM$.

所以 $FK/\!/BC$.

2.3 如图 2.7 所示,对 $\triangle AEF$ 及点 P,由塞瓦定理得 $\dfrac{ED}{DF}\cdot\dfrac{FB}{BA}\cdot\dfrac{AC}{CE}=1$.因 $BA=AC$,故 $\dfrac{ED}{DF}=\dfrac{CE}{BF}$.

作 $EM/\!/DB$,交直线 AB、BC 分别于点 M、N,连接 SE、CK.

则 $\dfrac{BM}{BF}=\dfrac{ED}{DF}=\dfrac{CE}{BF}$,故 $BM=CE$.

易知 $SB=SC$,所以 $\mathrm{Rt}\triangle SBM\cong\mathrm{Rt}\triangle SCE$,从而 $SM=SE$,且 $\angle BSM=\angle CSE$,故 $\angle MSE=\angle BSC$.

于是,在等腰 $\triangle SME$ 和等腰 $\triangle SBC$ 中,有 $\angle SEN=\angle SCN$,所以 S、C、E、N 四点共圆.

又因为 S、C、E、K 四点共圆,所以 $\angle CKE=\angle CSE=\angle CNE=\angle CBD$,故 B、C、K、D 四点共圆.

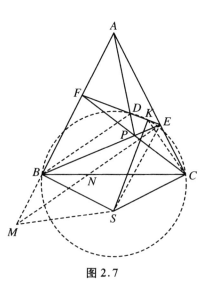

图 2.7

2.4 如图 2.8 所示,设 PA、PB 交直线 EF 分别于点 S、T,连接 PM、PN.

因 $\angle EPS=\angle PAD=\angle PBC=\angle FPT$,故

$$\dfrac{SP^2}{TP^2}=\dfrac{SE\cdot SF}{TE\cdot TF}=\dfrac{SA\cdot SC}{TB\cdot TD}$$

①

因 $\dfrac{SM}{SE} = \dfrac{SA}{SP}, \dfrac{SN}{SF} = \dfrac{SC}{SP}$,故 $\dfrac{SM \cdot SN}{SE \cdot SF} = \dfrac{SA \cdot SC}{SP^2}$.

同理,$\dfrac{TM \cdot TN}{TE \cdot TF} = \dfrac{TB \cdot TD}{TP^2}$.

于是,
$$\dfrac{SM \cdot SN}{TM \cdot TN} \cdot \dfrac{TE \cdot TF}{SE \cdot SF} = \dfrac{SA \cdot SC}{TB \cdot TD} \cdot \dfrac{TP^2}{SP^2} \quad ②$$

由式①、式②得 $\dfrac{SP^2}{TP^2} = \dfrac{SM \cdot SN}{TM \cdot TN}$,故 $\angle MPA = \angle NPB$.

又由 $\angle DAC = \angle DBC$ 得 $\angle MAP = \angle NBP$,所以 $\triangle APM \backsim \triangle BPN$.

又因 $\triangle PAD \backsim \triangle PBC$,故 $\dfrac{AM}{BN} = \dfrac{AP}{BP} = \dfrac{AD}{BC}$,因此 $\dfrac{AM}{AD} = \dfrac{BN}{BC}$.

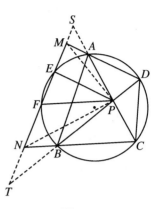

图 2.8

2.5 如图 2.9 所示,设 $\odot I_1$、$\odot I_2$ 分别与 BC 切于点 M、N,直线 BP 与 $\odot I$、$\odot I_1$ 离点 B 较近的交点分别为 R、S,直线 CQ 与 $\odot I$、$\odot I_2$ 离点 C 较近的交点分别为 X、Y,$\odot I_1$、$\odot I_2$ 分别与 AD 切于点 J、L,AD 与 PQ 交于点 V.连接线段如图所示.

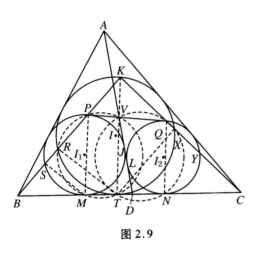

图 2.9

因 $DM = DJ = JL + DL = VL - VJ + DN = VQ - VP + DN = PQ - 2VP + DN$,故 $PQ = MN = DM + DN = PQ - 2VP + 2DN$,因此 $PV = DN$.

又因为 $MT = BT - BM = \dfrac{1}{2}(AB + BC - AC) - \dfrac{1}{2}(AB + BD - AD) = \dfrac{1}{2}(AD + DC - AC) = DN$,所以 $PV = MT$.

又因 $\angle VPM = \angle TMP$,故四边形 $PMTV$ 为等腰梯形,$MP \parallel TV$,M、T、V、P 四点共圆.

因 $\odot I_1$、$\odot I$ 的位似中心为点 B,故 $MS \parallel TR$.从而 $\angle BTR = \angle BMS = \angle MPS$,因此 M、T、P、R 四点共圆.

故 M、T、V、P、R 五点共圆,因此 $\angle KPV = \angle RTV$.
同理,N、T、V、Q、X 五点共圆,因此 $\angle KQV = \angle XTV$.
故 $\angle PKQ + \angle RTX = \angle PKQ + \angle KPV + \angle KQV = 180°$,因此点 K 在 $\odot I$ 上.
由 $\odot I_1$、$\odot I$ 的位似中心为点 B 得 $MP \parallel TK$.结合 $MP \parallel TV$ 得 TV 与 TK 重合.
故 TK、PQ、AD 三线共点于 V.

平面几何测试题 3

3.1 如图 3.1 所示，P 为 $\triangle ABC$ 内一点，$PD \perp BC$ 于点 D，$PE \perp CA$ 于点 E，$PF \perp AB$ 于点 F，K 为直线 PD 上不同于 P 的一点，AK 与 BC 交于点 M，过点 K 作 $ST \perp AM$，交直线 PE、PF 分别于点 S、T. 求证：$\dfrac{BM}{CM} = \dfrac{SK}{TK}$.

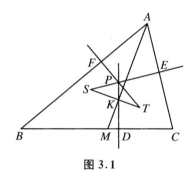

图 3.1

3.2 如图 3.2 所示，$\triangle ABC$ 内有点 E、F，使得 $\angle ABE = \angle CBF$，$\angle ACE = \angle BCF$. 直线 AE、AF 与 $\triangle ABC$ 的外接圆的第二个交点分别为 M、N，分别交 BC 于点 T、K. 求证：(1) $EM \cdot FN = BM \cdot CM$；(2) $ET \cdot AN = AF \cdot EM$.

注 点 E、F 称为 $\triangle ABC$ 的等角共轭点，在另一点 A 处有一样的性质 $\angle BAE = \angle CAF$. 点 E、F 可以都在 $\triangle ABC$ 外面.

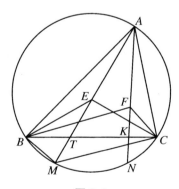

图 3.2

3.3 如图 3.3 所示,在 △ABC 中,D 为边 BC 的中点,点 E、F 分别在直线 CA、AB 上,使得 ∠EDF = 90°. 求证:⊙(AEF)、⊙(E, EC)、⊙(F, FB) 三圆共点.

注 ⊙(E, EC) 表示以 E 为圆心、EC 为半径的圆.

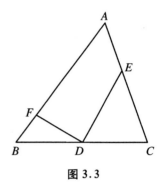

图 3.3

3.4 如图 3.4 所示,⊙O 中两弦 $AB = CD$,分别过点 C、D 作⊙O 的切线,分别交直线 AB 于点 E、F,△AEO、△BFO 的外心分别为 O_1、O_2. 求证:$O_1O_2 \parallel CD$.

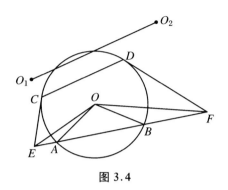

图 3.4

3.5 如图 3.5 所示,在四边形 $ABCD$ 中,E、F 分别在边 AD、BC 上,$\dfrac{AE}{ED}=\dfrac{CF}{FB}$. EF 交 AC、BD 分别于点 G、H. 求证:$\triangle AEG$、$\triangle BFH$ 的外接圆有一个交点在直线 AB 上.

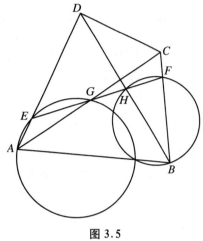

图 3.5

参 考 答 案

3.1 因 $PF \perp AB$, $ST \perp AM$, 故 $\angle BAM = \angle PTK$.

因 $PD \perp BC$, $PF \perp AB$, 故 $\angle TPK = \angle ABM$.

所以 $\triangle ABM \backsim \triangle TPK$, 从而 $\dfrac{BM}{PK} = \dfrac{AM}{TK}$.

同理, $\dfrac{CM}{PK} = \dfrac{AM}{SK}$.

以上两式相除得 $\dfrac{BM}{CM} = \dfrac{SK}{TK}$.

3.2 (1) 如图 3.6 所示, 连接 BN.

因 $\angle ABE = \angle CBF$, $\angle ACE = \angle BCF$, 故 $\angle BAE = \angle CAF = \angle CBN$, 且 $BN = CM$.

所以 $\angle BEM = \angle BAE + \angle ABE = \angle CBN + \angle CBF = \angle FBN$.

又因 $\angle BME = \angle BNF$, 故 $\triangle BEM \backsim \triangle FBN$, 因此 $\dfrac{BM}{FN} = \dfrac{EM}{BN} = \dfrac{EM}{CM}$, 即 $EM \cdot FN = BM \cdot CM$.

(2) 延长 CF, 交 $\triangle ABC$ 的外接圆于点 P, 连接 AP、NP.

因 $\angle ECT = \angle ACF = \angle ANP$, $\angle ETC \stackrel{m}{=} \dfrac{1}{2}(\overset{\frown}{AC} + \overset{\frown}{BM}) = \dfrac{1}{2}(\overset{\frown}{AC} + \overset{\frown}{CN}) \stackrel{m}{=} \angle APN$, 故 $\triangle CET \backsim \triangle NAP$, 因此

$$\dfrac{ET}{AP} = \dfrac{CE}{AN} \qquad \qquad ①$$

因 $\angle AFP = \angle CAF + \angle ACF = \angle MCB + \angle BCE = \angle ECM$, $\angle APF = \angle EMC$, 故 $\triangle APF \backsim \triangle EMC$, 因此

$$\dfrac{AP}{EM} = \dfrac{AF}{CE} \qquad \qquad ②$$

①×② 得 $\dfrac{ET}{EM} = \dfrac{AF}{AN}$, 即 $ET \cdot AN = AF \cdot EM$.

注 作 $EQ \perp BC$ 于点 Q, r 为 $\triangle ABC$ 的外接圆半径, 则结论(2)可扩充为 $ET \cdot AN = AF \cdot EM = 2r \cdot EQ$.

3.3 如图 3.7 所示, 设点 E、F 分别在线段 CA、AB 上(其他情况证明类似). 延长 FD 至点 K, 使 $DK = DF$, 连接 CK、EK、EF.

则 $\triangle DCK \cong \triangle DBF$, 所以 $CK = FB$, $\angle DCK = \angle B$, 故 $CK \parallel AB$.

又因 $ED \perp FK$, 故 $EF = EK < EC + CK = EC + FB$.

从而 $\odot(E, EC)$ 与 $\odot(F, FB)$ 相交, 设 P 是它们的一个交点, 且 P 与 A 位于直线 EF 的异侧. 连接 EP、FP.

因 $EP = EC$, $FP = FB = CK$, $EF = EK$, 故 $\triangle EPF \cong \triangle ECK$, 所以 $\angle EPF = \angle ECK = 180° - \angle FAE$, 故点 P 在 $\odot(AEF)$ 上.

因此 $\odot(AEF)$、$\odot(E, EC)$、$\odot(F, FB)$ 三圆共点于 P.

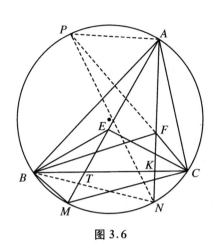
图 3.6

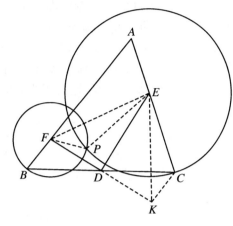
图 3.7

3.4 证法 1 如图 3.8 所示,连接 O_1O、O_1E、O_2O、O_2F、OC、OD,作 $\angle COD$ 的平分线,交 O_1O_2 于点 T,作 $O_1T_1 \perp OT$ 于点 T_1,$O_2T_2 \perp OT$ 于点 T_2.

因 $OA = OB$,故 $\angle OO_1E = 2\angle OAB = 2\angle OBA = \angle OO_2F$,所以等腰 $\triangle O_1OE \backsim$ 等腰 $\triangle O_2OF$,从而 $\dfrac{OO_1}{OE} = \dfrac{OO_2}{OF}$.

因 $AB = CD$,故 $\angle O_1OE = \dfrac{1}{2}\angle AOB = \angle COT_1$.

从而 $\angle O_1OT_1 = \angle EOC$,因此 $\text{Rt}\triangle O_1OT_1 \backsim \text{Rt}\triangle EOC$,故 $\dfrac{OT_1}{OC} = \dfrac{OO_1}{OE}$.

同理,$\dfrac{OT_2}{OD} = \dfrac{OO_2}{OF}$.

又因为 $OC = OD$,所以 $OT_1 = OT_2$,故 T_1 与 T_2 重合于点 T,且 $OT \perp O_1O_2$.

因为 $OT \perp CD$,所以 $O_1O_2 \parallel CD$.

证法 2 如图 3.9 所示,设直线 EC、FD 相交于点 P,因 PC、PD 均为 $\odot O$ 的切线,故 $CD \perp PO$.

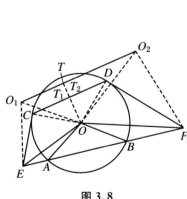
图 3.8

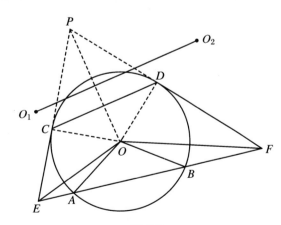
图 3.9

又因 $AB = CD$,故 $\angle CPO = \dfrac{1}{2}\angle CPD = \dfrac{1}{2}(180° - \angle COD) = \dfrac{1}{2}(180° - \angle AOB) =$

∠OAB，因此 A、E、P、O 四点共圆，即点 P 在△AEO 的外接圆⊙O_1 上.

同理，点 P 在△BFO 的外接圆⊙O_2 上.

故 PO 为⊙O_1 与⊙O_2 的公共弦，从而 $O_1O_2 \perp PO$，所以 $O_1O_2 \parallel CD$.

3.5 如图 3.10 所示，设 AC、BD 相交于点 P，△ADP、△BCP 的外接圆交于点 P、T，△AEG 的外接圆交 AB 于点 K，连接线段如图所示.

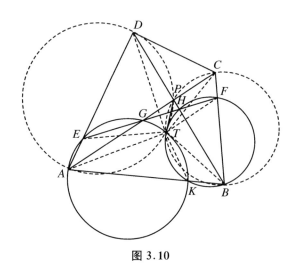

图 3.10

因∠ADT = ∠APT = ∠CBT，∠DAT = ∠BPT = ∠BCT，故△ADT ∽ △CBT.

由 $\dfrac{AE}{ED} = \dfrac{CF}{FB}$ 知，TE、TF 是上述两相似三角形的对应线段. 所以 $\dfrac{TE}{TF} = \dfrac{TA}{TC}$，∠ATE = ∠CTF，因此∠ETF = ∠ATC.

从而△TEF ∽ △TAC，因此∠GET = ∠GAT. 故 A、E、G、T 四点共圆.

同理，B、F、H、T 四点共圆.

因为∠TKA = ∠TED = ∠TFB，所以 B、F、T、K 四点共圆. 从而 B、F、H、T、K 五点共圆.

故△AEG、△BFH 的外接圆相交于点 T、K，即两三角形的外接圆有一个交点 K 在直线 AB 上.

平面几何测试题 4

4.1 如图 4.1 所示,在锐角△ABC 中,AD⊥BC 于点 D,∠ACB 的平分线交 AD 于点 E,AF⊥AC,AF 交 CE 的延长线于点 F,过 A、F、D 三点的圆交 AC 于点 K(K≠A).求证:EK∥BC.

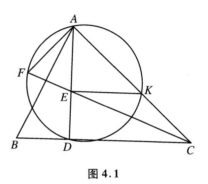

图 4.1

4.2 如图 4.2 所示,P 为⊙O 外一点,直线 PA 切⊙O 于点 A,直线 PC 交⊙O 于点 B、C,点 D、E、F 都在⊙O 上,使得 AD∥BE∥CF,直线 PC、PE、PF 分别与直线 AD 交于点 K、G、H.求证:$DK^2 = AG \cdot AH$.

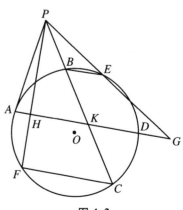

图 4.2

4.3 如图 4.3 所示,在△ABC 中,点 D、E 分别在边 AB、AC 上,使得 DE∥BC,圆 ε 过点 B 且与 DE 切于点 D,圆 φ 过点 C 且与 DE 切于点 E,圆 ε 与圆 φ 相交于点 F、K,点 P 是点 F 关于 DE 的对称点,且点 P 在∠BAC 内部. 求证:(1) A、P、F、K 四点共圆或共线;(2) ∠PAB = ∠FAC.

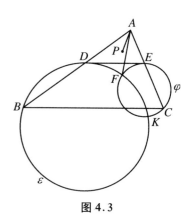

图 4.3

4.4 如图 4.4 所示,已知在 $\triangle ABC$ 中,I 为内心,AB 的中垂线交直线 AI 于点 D,作 $DF \perp CI$ 于点 F,交 AC 于点 E. 求证:$IE \parallel AB$.

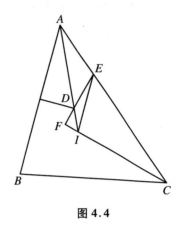

图 4.4

4.5 如图 4.5 所示,在△ABC 中,点 D、E 分别在边 AB、AC 上,DE∥BC,∠BAC 的平分线交 DE 于点 F,直线 BE、CD、BF、CF 与△ABC 的外接圆 ω 的另一交点分别为 G、H、M、N. 求证: DE、GH、MN 三线共点或互相平行.

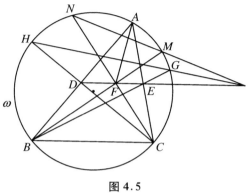

图 4.5

参 考 答 案

4.1 如图 4.6 所示,设 CF 与过 A、F、D 三点的圆交于点 $T(T \neq F)$,连接 DT、KT.

在 Rt$\triangle CDE$ 和 Rt$\triangle CAF$ 中,因 $\angle DCE = \angle ACF$,故 $\angle DET = \angle AFE = \angle EDT$,从而 T 为 CE 的中点.

在圆内接四边形 $AFTK$ 中,因 $\angle FAK = 90°$,故 $\angle KTE = 90°$.

所以 KT 为线段 CE 的中垂线,从而 $\angle KET = \angle KCT = \angle DCT$,故 $EK // BC$.

4.2 如图 4.7 所示,设直线 EB、CF 分别与直线 PA 交于点 M、N.连接 AB、AE、AC、AF、BD、DE、CD.

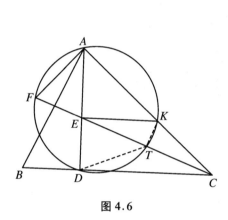

图 4.6

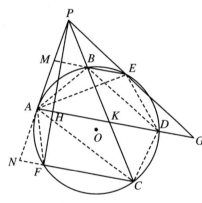

图 4.7

因 $AD // NC$,$\triangle NAF \sim \triangle NCA$,故 $\dfrac{AH}{AK} = \dfrac{NF}{NC} = \dfrac{S_{\triangle NAF}}{S_{\triangle NCA}} = \dfrac{AF^2}{AC^2}$.

因 $ME // AG$,$\triangle MAE \sim \triangle MBA$,故

$$\dfrac{AG}{AK} = \dfrac{ME}{MB} = \dfrac{AE^2}{AB^2}$$

所以

$$\dfrac{AG \cdot AH}{AK^2} = \dfrac{AE^2 \cdot AF^2}{AB^2 \cdot AC^2} \qquad ①$$

因为 $AD // BE // CF$,所以 $BD = AE$,$CD = AF$.故

$$\dfrac{DK}{AK} = \dfrac{S_{\triangle BCD}}{S_{\triangle BCA}} = \dfrac{BD \cdot CD}{AB \cdot AC} = \dfrac{AE \cdot AF}{AB \cdot AC} \qquad ②$$

由式①、式②得 $DK^2 = AG \cdot AH$.

4.3 如图 4.8 所示.

(1) 设直线 DK、EK 分别与 BC 交于点 G、H,连接线段如图所示.

因 $DE // BC$,DE 与圆 ε 切于点 D,故 $\angle BGD = \angle EDK = \angle DBK$,从而 $\triangle DGB \sim \triangle DBK$,因此 $BD^2 = DG \cdot DK$.

同理,$CE^2 = EH \cdot EK$.

又因为 $\dfrac{DG}{DK} = \dfrac{EH}{EK}$,所以 $\dfrac{BD}{CE} = \dfrac{DK}{EK}$.

类似地, $\frac{BD}{CE} = \frac{DF}{EF}$.

又 $\frac{BD}{CE} = \frac{AD}{AE}$, $DP = DF$, $EP = EF$, 于是

$$\frac{AD}{AE} = \frac{DP}{EP} = \frac{DF}{EF} = \frac{DK}{EK} \quad \left(= \frac{BD}{CE}\right)$$

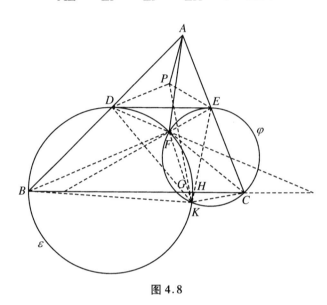

图 4.8

故当 $BD \neq CE$ 时, A、P、F、K 四点共圆, 此圆为关于定点 D、E 的定比为 $\frac{BD}{CE}$ 的阿波罗尼斯圆; 当 $BD = CE$ 时, A、P、F、K 四点共线, 此线为 DE 的中垂线.

即 A、P、F、K 四点共圆或共线.

(2) 当 A、P、F、K 四点共线时, 此线是 DE 的中垂线, 结论显然成立.

当 A、P、F、K 四点共圆时, 设此圆交 DE 于点 N (图中未画出来), AN 平分 $\angle DAE$, 又 P、F 关于 DE 对称, 则 $NP = NF$, 从而 AN 平分 $\angle PAF$. 故 $\angle PAB = \angle FAC$.

综上所述, 结论(2)成立.

注 ① 若点 P 在 $\angle BAC$ 外面, 结论(2)应改为 $\angle PAB + \angle FAC = 180°$.

② 结论(2)也可直接用角元塞瓦定理证明, 对 $\triangle ADE$ 及点 P, $\triangle ABC$ 及点 F 分别运用角元塞瓦定理.

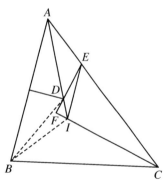

图 4.9

4.4 如图 4.9 所示, 连接 BD、BI.

因 $\angle ADE = 180° - \angle AED - \angle EAD = 180° - \left(90° + \frac{1}{2}\angle ACB\right) - \frac{1}{2}\angle BAC = \frac{1}{2}\angle ABC = \angle ABI$, $\angle DAE = \angle BAI$, 故 $\triangle ADE \sim \triangle ABI$, 从而 $\frac{AD}{AB} = \frac{AE}{AI}$.

结合 $\angle EAI = \angle DAB$ 得 $\triangle AEI \sim \triangle ADB$.

于是 $\angle EIA = \angle DBA = \angle DAB$. 故 $IE \parallel AB$.

4.5 当 $AB = AC$ 时, 显然有 DE、GH、MN 三线互相平行.

当 $AB \neq AC$ 时,不妨设 $AB > AC$. 如图 4.10 所示,过 A 作圆 ω 的切线,交直线 GH 于点 P. 对退化的圆内接六边形 $AABGHC$,由帕斯卡定理得直线 AA 与 GH 的交点 P、AB 与 CH 的交点 D、BG 与 AC 的交点 E 三点共线,即 DE、HG、AP 三线共点于 P.

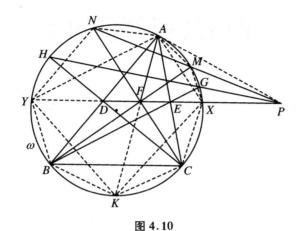

图 4.10

设直线 DE 交圆 ω 于点 X、Y($PX < PY$),AF 交圆 ω 于点 K($K \neq A$),连接线段如图 4.10 所示.

下面证明三弦 AA、NM、YX 共点即可. 由三弦共点定理知,这只要证明

$$\frac{MA}{AY} \cdot \frac{YN}{NA} \cdot \frac{AX}{XM} = 1 \qquad ①$$

由 MB、AK、YX 三弦共点得

$$\frac{MA}{AY} \cdot \frac{YB}{BK} \cdot \frac{KX}{XM} = 1 \qquad ②$$

由 YX、NC、AK 三弦共点得

$$\frac{YN}{NA} \cdot \frac{AX}{XC} \cdot \frac{CK}{KY} = 1 \qquad ③$$

由 $YX \parallel BC$,且 AK 平分 $\angle BAC$ 得 $YB = XC$,$BK = CK$,$KX = KY$.

②×③,约去相等的线段,得式①.

综上所述,DE、GH、MN 三线共点或互相平行.

平面几何测试题 5

5.1 如图 5.1 所示,在△ABC 中,AB≠AC,延长 BC 边上的中线 AD,交△ABC 的外接圆⊙O 于点 E,以 D 为圆心、DE 长为半径的⊙D 与⊙O 交于点 E、F.求证:EF∥BC.

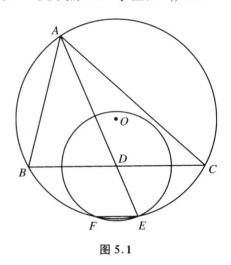

图 5.1

5.2 如图 5.2所示,在△ABC 中,作 DE∥BC,分别交 AB、AC 于点 D、E,以 BD、CE 为直径的圆与△ABC 的外接圆的第二个交点分别为 F、K.求证:D、E、K、F 四点共圆.

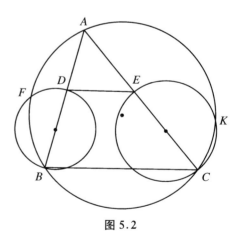

图 5.2

5.3 如图 5.3 所示，在 △ABC 中，点 D、E 分别在边 AB、AC 上，使得 ∠ADE = ∠ACB，以 AD、AE 为直径的圆与 △ABC 的外接圆的第二个交点分别为 F、K. 求证：D、E、K、F 四点共圆.

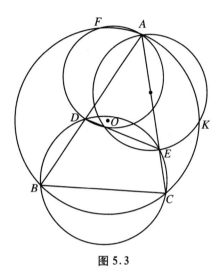

图 5.3

5.4 如图 5.4 所示,圆 Γ 是 $\triangle ABC$ 的外接圆,$\angle BAC$ 的平分线交圆 Γ 于点 D,点 E、F 分别在 $\overset{\frown}{ABD}$、$\overset{\frown}{ACD}$ 上,且 $EF \parallel BC$,直线 AE、AF 与 BC 分别交于点 M、N。P 是 AD 上任一点,EP、FP 与圆 Γ 的第二个交点分别是 G、H,直线 DG 与 PN 交于点 V,DH 与 PM 交于点 U。求证:$UV \parallel BC$。

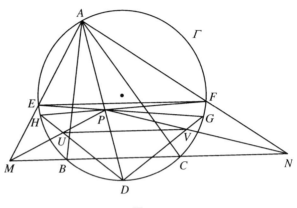

图 5.4

5.5 如图 5.5 所示,在 $\triangle ABC$ 中,$\angle BAC = 60°$,$AB > AC$,BD、CE 是角平分线,F 是 DE 的中点,$\triangle ABC$、$\triangle ADE$ 两三角形的外接圆交于点 A、P. 求证:$\angle APF = 90°$.

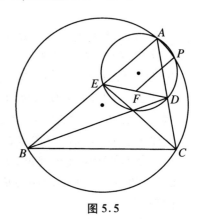

图 5.5

参 考 答 案

5.1 如图 5.6 所示,设 AE 与 $\odot D$ 的第二个交点为 K,点 K 关于 BC 的对称点为 F',连接 BF'、CF'、BE、CE、BK、CK.

因 BC 过 $\odot D$ 的圆心 D,BC 垂直平分 KF',故点 F' 在 $\odot D$ 上.

因 $DB = DC$,$DE = DK$,故四边形 $BECK$ 为平行四边形.

因此 $\angle BF'C = \angle BKC = \angle BEC = 180° - \angle BAC$,故点 F' 在 $\odot O$ 上.

所以 F' 是 $\odot D$ 与 $\odot O$ 除点 E 外的第二个交点,点 F' 与 F 重合.

由三角形的中位线定理知 $EF \parallel BC$.

5.2 如图 5.7 所示,连接 DF、BF、EK、CK、FK.

因为
$$\angle DFK = \angle DFB - \angle KFB = 90° - (180° - \angle BCK)$$
$$= \angle ECB + \angle ECK - 90° = 180° - \angle DEC - \angle CEK = 180° - \angle DEK$$

即 $\angle DFK + \angle DEK = 180°$,所以 D、E、K、F 四点共圆.

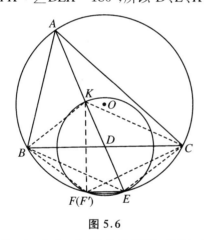

图 5.6

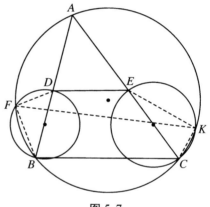

图 5.7

5.3 证法 1 如图 5.8 所示,设以 AD、AE 为直径的圆交于点 A、P.

因 $\angle APD = 90° = \angle APE$,故 D、P、E 三点共线,即点 P 在直线 DE 上,且 $AP \perp DE$.

设 O 为 $\triangle ABC$ 的外心,AP 交 $\triangle ABC$ 的外接圆于点 A、T.

因 $\angle BAO = 90° - \angle ACB = 90° - \angle ADE = \angle DAP$,故射线 AO 与 AP 重合,从而 AT 是 $\triangle ABC$ 的外接圆的直径.

所以 $\angle AFT = 90° = \angle AFD$,从而 F、D、T 三点共线.

同理,K、E、T 三点共线.

由圆幂定理得 $TD \cdot TF = TP \cdot TA = TE \cdot TK$,故 D、E、K、F 四点共圆.

证法 2 如图 5.9 所示,连接 AF、DF、FK、AK、EK、CK.

因
$$\angle DFK = \angle DFA - \angle AFK = 90° - \angle ACK$$
$$\angle DEK = \angle AED + \angle AEK = \angle B + \angle EKC + \angle ACK$$
$$= 180° - \angle AKC + \angle EKC + \angle ACK = 180° - \angle AKE + \angle ACK$$
$$= 90° + \angle ACK$$

故 $\angle DFK + \angle DEK = 180°$,所以 D、E、K、F 四点共圆.

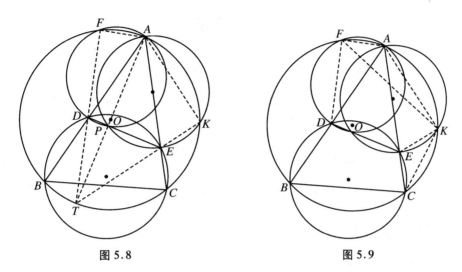

图 5.8   图 5.9

5.4 如图 5.10 所示,设 AD 与 BC 交于点 L,直线 AM 与 DH 交于点 X,连接 AH、PX.

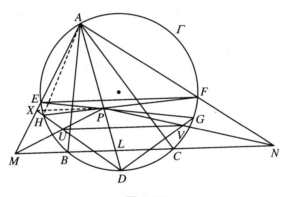

图 5.10

因 $\angle DHP = \angle DHF = \angle DAF = \angle DAE = \angle PAX$,故 A、X、H、P 四点共圆.
于是
$$\angle AXP \xlongequal{m} \angle AHP \xlongequal{m} \frac{1}{2}(\overset{\frown}{AC} - \overset{\frown}{CF}) = \frac{1}{2}\overset{\frown}{AC} - \frac{1}{2}\overset{\frown}{BE}$$
$$\xlongequal{m} \angle ABC - \angle EAB = \angle AMB$$

故 $PX \parallel MN$,因此 $\dfrac{AX}{XM} = \dfrac{AP}{PL}$.

因 $\triangle AMP$ 被直线 XUD 截,由梅涅劳斯定理得 $\dfrac{MU}{UP} \cdot \dfrac{PD}{DA} \cdot \dfrac{AX}{XM} = 1$. 所以 $\dfrac{PU}{UM} = \dfrac{PD}{DA} \cdot \dfrac{AP}{PL}$.

同理,$\dfrac{PV}{VN} = \dfrac{PD}{DA} \cdot \dfrac{AP}{PL}$.

所以 $\dfrac{PU}{UM} = \dfrac{PV}{VN}$,故 $UV \parallel BC$.

5.5 证法 1 如图 5.11 所示,设 AT 是 $\triangle ADE$ 的外接圆的直径,PT 交 DE 于点 F',连接 TD、TE、PB、PC、PD、PE.

因 $\angle APT = 90°$,故只要证明 F' 是 DE 的中点即可.

这只要证明
$$S_{\triangle EPT} = S_{\triangle DPT} \Leftrightarrow EP \cdot ET = DP \cdot DT \qquad ①$$

因 $\angle EBP = \angle DCP$,$\angle AEP = \angle ADP$,故 $\triangle BEP \backsim \triangle CDP$,从而 $\dfrac{DP}{EP} = \dfrac{CD}{BE}$. 所以

$$式 ① \Leftrightarrow \dfrac{ET}{DT} = \dfrac{CD}{BE} \qquad ②$$

设 $BC = a$,$CA = b$,$AB = c$,则
$$AE = \dfrac{bc}{a+b}, \quad BE = \dfrac{ac}{a+b}, \quad AD = \dfrac{bc}{a+c}, \quad CD = \dfrac{ab}{a+c}$$

设 $k = \dfrac{AE}{AD} = \dfrac{a+c}{a+b}$,则 $AE = kAD$.

由正弦定理得 $DE = AT \cdot \sin 60°$,故 $AT^2 = \dfrac{4}{3} DE^2$.

由余弦定理得
$$AT^2 = \dfrac{4}{3} DE^2 = \dfrac{4}{3}[AD^2 + (kAD)^2 - AD \cdot kAD] = \dfrac{4}{3} AD^2 \cdot (1 + k^2 - k)$$

从而
$$ET^2 = AT^2 - AE^2 = \dfrac{1}{3} AD^2 \cdot (2-k)^2$$
$$DT^2 = AT^2 - AD^2 = \dfrac{1}{3} AD^2 \cdot (2k-1)^2$$

所以 $\dfrac{ET}{DT} = \dfrac{2-k}{2k-1} = \dfrac{a+2b-c}{a+2c-b}$.

故
$$式 ② \Leftrightarrow \dfrac{a+2b-c}{a+2c-b} = \dfrac{b(a+b)}{c(a+c)}$$
$$\Leftrightarrow a^2 c + 2bc^2 - c^3 = a^2 b + 2b^2 c - b^3$$
$$\Leftrightarrow (c-b)(a^2 + bc - b^2 - c^2) = 0$$

由余弦定理知上式成立,所以所证结论成立.

证法 2 如图 5.12 所示,设 BD 与 CE 交于点 I,则 I 是 $\triangle ABC$ 的内心,$\angle DIE = 90° + \dfrac{1}{2}\angle BAC = 120°$,从而 $\angle DIE + \angle DAE = 180°$,点 I 在 $\triangle ADE$ 的外接圆上.

作 $DT \perp AE$ 于点 T,$EV \perp AD$ 于点 V,$FM \perp AE$ 于点 M,$FN \perp AD$ 于点 N,连接线段如图 5.12 所示.

因 $FN /\!/ EV$,F 为 DE 的中点,故 N 为 DV 的中点.同理,M 为 ET 的中点.

因为 $\angle DEI = \angle DAI = 30° = \angle AEV$,所以 $\angle VEC = \angle AED$,故 $\text{Rt}\triangle VEC \backsim \text{Rt}\triangle TED$.

所以 $\dfrac{VC}{DT} = \dfrac{EV}{ET}$,即 $VC \cdot ET = DT \cdot EV$.

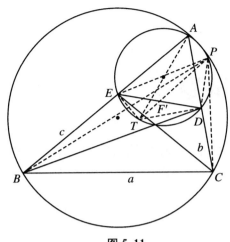

图 5.11　　　　　　　　　图 5.12

同理，$TB \cdot DV = DT \cdot EV$.

所以 $VC \cdot ET = TB \cdot DV$，因此

$$\frac{VC}{DV} = \frac{TB}{ET} \Rightarrow \frac{CD}{DV} = \frac{BE}{ET} \Rightarrow \frac{CD}{BE} = \frac{DV}{ET} = \frac{DN}{EM}$$

因 $\angle PCD = \angle PBE$，$\angle PDA = \angle PEA$，故 $\triangle PCD \backsim \triangle PBE$，因此 $\dfrac{CD}{BE} = \dfrac{DP}{EP}$.

故 $\dfrac{DN}{EM} = \dfrac{DP}{EP}$.

结合 $\angle PDN = \angle PEM$ 得 $\triangle PDN \backsim \triangle PEM$. 所以 $\angle PNA = \angle PMA$，故 A、P、N、M 四点共圆.

又因 A、N、F、M 四点共圆，故 A、P、N、F、M 五点共圆.

所以 $\angle APF = \angle ANF = 90°$.

平面几何测试题 6

6.1 如图 6.1 所示,在锐角 $\triangle ABC$ 中,$AD \perp BC$ 于点 D,I 为内心. $IE \perp AC$ 于点 E,$IF \perp AB$ 于点 F. $EP \perp BC$ 于点 P,交 IC 于点 M. $FK \perp BC$ 于点 K,交 IB 于点 N. 求证:DA 平分 $\angle MDN$.

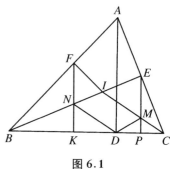

图 6.1

6.2 如图 6.2 所示,在 $\triangle ABC$ 中,点 D、E 分别在 AB、AC 上,$\angle AED = \angle ABC$,$\odot(BD)$(表示以 BD 为直径的圆)与 $\odot(ABC)$ 交于点 B、F,$\odot(CE)$ 与 $\odot(ABC)$ 交于点 C、T,$\odot(ADE)$ 与 $\odot(BD)$ 交于点 D、P,$\odot(ADE)$ 与 $\odot(CE)$ 交于点 E、K. 求证:P、K、T、F 四点共圆.

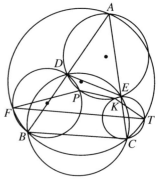

图 6.2

6.3 如图 6.3 所示,在△ABC 中,∠BAC 为锐角,P 为△ABC 的外接圆⊙O 上一点(不与 A、B、C 重合),直线 AB 与 CP 交于点 E,AC 与 BP 交于点 F,线段 BC 的中垂线分别交 BC、$\overparen{BC}$(不含点 A)、EF 于点 M、D、N. 求证:$\dfrac{DM}{DN} = \cos \angle BAC$.

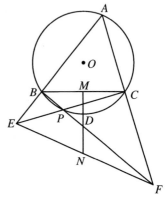

图 6.3

6.4 如图 6.4 所示，四边形 $ABCD$ 外切于 $\odot I$，AC 与 BD 交于点 E，P 为 IE 的中点，过点 I 作 $FK \perp AC$，分别交 AB、AD 于点 F、K；过点 P 作 $GH \perp AC$，分别交 AB、AD 于点 G、H. 求证：$BG \cdot DH = FG \cdot KH$.

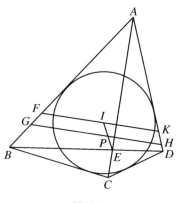

图 6.4

6.5 如图 6.5 所示，△ABC 的外接圆为 ⊙O. 点 D、E、F 分别在边 BC、CA、AB 上，且 AD、BE、CF 三线共点于点 P. 延长中线 AM，交 ⊙O 于点 N. 点 T 在 ⊙O 上，使得 AT ∥ BC，延长 TD，交 ⊙O 于点 K. 求证：FE、BC、NK 三线共点或互相平行.

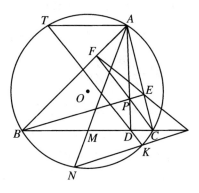

图 6.5

参 考 答 案

6.1 如图 6.6 所示，作 $IT \perp BC$ 于点 T.

依题设，$FK \mathbin{/\mkern-6mu/} IT \mathbin{/\mkern-6mu/} AD$. 则 $\dfrac{NK}{IT} = \dfrac{BK}{BT} = \dfrac{BK}{BF} = \dfrac{DK}{AF}$，从而 $\dfrac{NK}{DK} = \dfrac{IT}{AF}$.

同理，$\dfrac{MP}{DP} = \dfrac{IT}{AE}$.

因为 $AF = AE$，所以 $\dfrac{NK}{DK} = \dfrac{MP}{DP}$，因此 $\mathrm{Rt}\triangle KDN \backsim \mathrm{Rt}\triangle PDM$，故 $\angle KDN = \angle PDM$.

因为 $AD \perp BC$，所以 DA 平分 $\angle MDN$.

6.2 连接线段如图 6.7 所示.

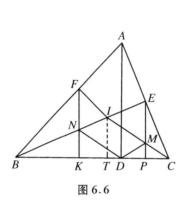

图 6.6

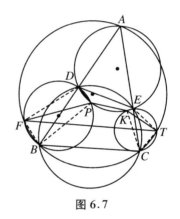

图 6.7

因
$$\begin{aligned}
\angle FPK &= 360° - \angle FPD - \angle DPK \\
&= 360° - \angle FBD - (180° - \angle DEK) \\
&= 180° - (\angle FBC - \angle ABC) + \angle AEK - \angle AED \\
&= 180° - (180° - \angle FTC) + 180° - \angle CEK \quad (因 \angle AED = \angle ABC)\\
&= 180° - (\angle CTK - \angle FTC) \\
&= 180° - \angle FTK
\end{aligned}$$

即 $\angle FPK + \angle FTK = 180°$，所以 P、K、T、F 四点共圆.

6.3 如图 6.8 所示，设 $\odot O$ 过点 B、C 的切线交于点 N'，连接 BD、CD.

对圆内接六边形 $ABBPCC$，由帕斯卡定理知，E、N'、F 三点共线，即点 N' 在直线 EF 上.

又 $N'B = N'C$，点 N' 在 BC 的中垂线上，所以点 N' 与 N 重合.

因 $\angle NCD = \angle DBC = \angle DCM$，故
$$\dfrac{DM}{DN} = \dfrac{CM}{CN} = \cos\angle NCM = \cos\angle BAC$$

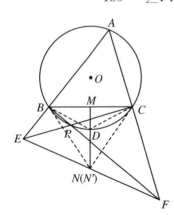

图 6.8

注 若 $\angle BAC$ 为钝角,则 $\dfrac{DM}{DN} = -\cos\angle BAC$.

6.4 如图 6.9 所示,设 AB、BC、CD、DA 与 $\odot I$ 分别切于点 M、N、L、T,IB、ID 分别与 GH 交于点 U、V.设直线 MT 与 BD 交于点 X_1(可能 X_1 是无穷远点),NL 与 BD 交于点 X_2.

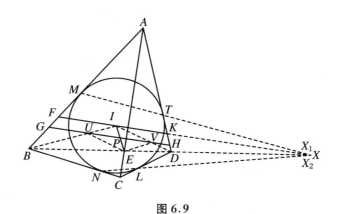

图 6.9

由梅涅劳斯定理得
$$\frac{BX_1}{X_1D} \cdot \frac{DT}{TA} \cdot \frac{AM}{MB} = 1 = \frac{BX_2}{X_2D} \cdot \frac{DL}{LC} \cdot \frac{CN}{NB}$$

因 $DT = DL$,$TA = AM$,$LC = CN$,$MB = NB$,故 $\dfrac{BX_1}{X_1D} = \dfrac{BX_2}{X_2D}$.从而 X_1 与 X_2 重合,统一记为 X.

因 X 在点 A 关于 $\odot I$ 的极线 MT 上,由配极原理知点 A 在点 X 的极线上.

同理,点 C 在点 X 的极线上.

所以直线 AC 是点 X 关于 $\odot I$ 的极线.故 $IX \perp AC$.

又因为过 I 的直线 $FK \perp AC$,所以 F、K、X 三点共线.

因 AB、AC、AD、AX 是调和线束,故 B、E、D、X 是调和点列,从而 IB、IE、ID、IX 是调和线束.

因为 $GH \parallel IX$(都与 AC 垂直),所以 $PU = PV$.又因 $PI = PE$,故四边形 $IUEV$ 是平行四边形,从而 $UE \parallel ID$,$EV \parallel BI$.

故 $\dfrac{BG}{FG} = \dfrac{BU}{IU} = \dfrac{BE}{DE} = \dfrac{IV}{DV} = \dfrac{KH}{DH}$,所以 $BG \cdot DH = FG \cdot KH$.

6.5 如图 6.10 所示,设 NK、BC 相交于点 X(可能是无穷远点),连接 BT、BK、BN、CT、CN、CK.

因 M 是 BC 的中点,故 $S_{\triangle BAN} = S_{\triangle CAN}$,因此
$$AB \cdot BN = AC \cdot CN$$

因 $AT \parallel BC$,故 $BT = AC$,$CT = AB$,所以
$$\frac{BT}{CT} = \frac{AC}{AB} = \frac{BN}{CN}$$

又因

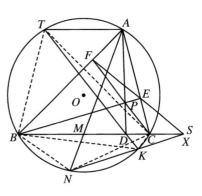

图 6.10

$$\frac{BD}{DC} = \frac{S_{\triangle BTK}}{S_{\triangle CTK}} = \frac{BT \cdot BK}{CT \cdot CK}$$

$$\frac{BX}{CX} = \frac{S_{\triangle BNK}}{S_{\triangle CNK}} = \frac{BN \cdot BK}{CN \cdot CK}$$

于是 $\dfrac{BD}{DC} = \dfrac{BX}{CX}$,即点 D、X 调和分割 BC.

设 FE、BC 相交于点 S(可能是无穷远点). 因为 AD、BE、CF 三线共点,所以点 D、S 调和分割 BC.

因此点 X、S 重合.

故 FE、BC、NK 三线共点或互相平行.

平面几何测试题 7

7.1 如图 7.1 所示,在 $\triangle ABC$ 中,I 为内心,点 D、E 分别在边 AB、AC 上,$\angle ADE = \angle ACB$.J 为 $\triangle ADE$ 的内心,过 B、D、J 三点的圆交直线 AJ 于点 J、F.作 $FK /\!/ AB$,交 BC 于点 K;作 $KP /\!/ BI$,交 AF 于点 P.求证:P 为线段 IF 的中点.

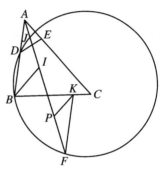

图 7.1

7.2 如图 7.2 所示,在 $\triangle ABC$ 中,延长 BC 至点 D,过点 D 的直线分别交边 AB、AC 于点 E、F.过点 A、D 任作圆 ε,圆 ε 与 $\triangle ABC$ 的外接圆 φ 交于点 A、P,AP 与 DE 交于点 T,圆 ε 与 DE 交于点 D、K,直线 AK 交圆 φ 于点 A、M,直线 MT 交圆 φ 于点 M、N.求证:A、E、F、N 四点共圆.

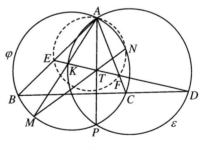

图 7.2

7.3 如图7.3所示,已知△ABC的外心为O,点D在∠BAC的平分线上,⊙(ABD)与直线CA交于点A、E,⊙(ACD)与直线BA交于点A、F.求证:OD⊥EF.

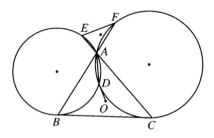

图 7.3

7.4 如图 7.4 所示，已知 $\triangle ABC$ 的外接圆 $\odot O$ 的 $\overset{\frown}{BAC}$ 的中点为 D. 作 $BE \perp BC$，交直线 AD 于点 E；作 $CF \perp BC$，交直线 AD 于点 F. 求证：BF、CE、AO 三线共点.

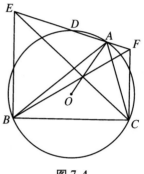

图 7.4

7.5 如图 7.5 所示,在△ABC 中,圆 φ 与边 AB、AC 分别相切于点 D、E,与 BC 交于点 F、K,BF<BK. BE 与 CD 交于点 P,DK 与 EF 交于点 T. 求证:A、P、T 三点共线.

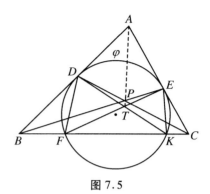

图 7.5

参 考 答 案

7.1 证法 1 如图 7.6 所示,显然点 I 在直线 AF 上,设 AF 交 BC 于点 M,KI 交 AB 于点 T,连接 BF、DJ.

因 $\angle BFJ = \angle ADJ = \dfrac{1}{2}\angle ADE = \dfrac{1}{2}\angle ACB$,结合 AF 平分 $\angle BAC$ 得 F 为 $\triangle ABC$ 的旁心.

所以 I、F 调和分割 AM.从而 KA、KI、KM、KF 是调和线束.

又 $AB \parallel KF$,由调和线束的性质得 $AT = TB$.

因 $KF \parallel AB$,$KP \parallel BI$,故 $\triangle FPK \backsim \triangle AIB$.

所以 $\dfrac{FP}{AI} = \dfrac{FK}{AB} = \dfrac{FK}{2AT} = \dfrac{IF}{2AI}$,故 $FP = \dfrac{1}{2}IF$,即 P 为线段 IF 的中点.

证法 2 如图 7.7 所示,显然点 I 在直线 AF 上.连接 DJ、BF、CF、CP、CI.

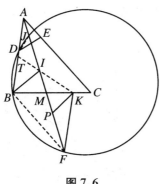
图 7.6

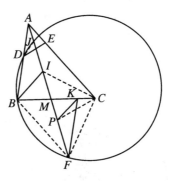
图 7.7

因 $\angle BFJ = \angle ADJ = \dfrac{1}{2}\angle ADE = \dfrac{1}{2}\angle ACB$,结合 AF 平分 $\angle BAC$ 得 F 为 $\triangle ABC$ 的 $\angle BAC$ 内的旁心.

所以 $\angle CFP = \dfrac{1}{2}\angle ABC = \angle IBC = \angle PKB$,从而 C、F、P、K 四点共圆.则

$$\angle PCF = \angle PKF = \angle BKF - \angle BKP$$
$$= \angle ABC - \angle IBK = \dfrac{1}{2}\angle ABC = \angle PFC$$

因 CI、CF 分别为 $\angle ACB$ 的内、外角平分线,故 $\angle ICF = 90°$.

所以 $\angle PCI = \angle PIC$(等角的余角相等),故 $PF = PC = PI$,即 P 为 IF 的中点.

7.2 如图 7.8 所示,连接 EN、BN、CN、FN、DN.

因 $MT \cdot TN = AT \cdot TP = KT \cdot TD$,故 M、K、N、D 四点共圆.

从而 $\angle NDK = \angle NMK = \angle NBA$,于是 N、D、B、E 四点共圆.

又因 $\angle NDK = \angle NMK = \angle NCA$,故 N、D、C、F

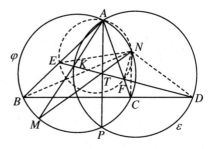
图 7.8

四点共圆.

因此 $\angle NEA = \angle NDC = \angle NFA$. 所以 A、E、F、N 四点共圆.

7.3 如图 7.9 所示,直线 EF 与 $\odot(ABD)$、$\odot(ACD)$ 的第二个交点分别为 M、N,连接 DE、DF、DM、DN. 设 $\triangle ABC$ 的外接圆半径为 R.

由圆幂定理得

$$OE^2 - OF^2 = (R^2 + EA \cdot EC) - (R^2 + FA \cdot FB) = EF \cdot EN - FE \cdot FM$$

因 $\angle DME = \angle DAC = \angle DAB = \angle DNF$,故 $DM = DN$.

由等腰三角形的性质得

$$DE^2 - DF^2 = (DM^2 - EM \cdot EN) - (DM^2 - FM \cdot FN)$$
$$= FM \cdot (EN - FE) - EM \cdot EN$$
$$= (FM - EM) \cdot EN - FE \cdot FM$$
$$= EF \cdot EN - FE \cdot FM$$

于是 $OE^2 - OF^2 = DE^2 - DF^2$,故 $OD \perp EF$.

注 设 P 为 $\triangle AEF$ 的外心,则 $PD \perp BC$.

7.4 如图 7.10 所示,设 $\angle BAC$ 的平分线交 BC 于点 T,交 $\odot O$ 于点 K,BF 与 CE 交于点 P,TP 交 EF 于点 V.

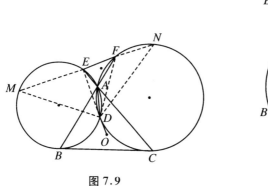

图 7.9   图 7.10

则 DK 为 $\odot O$ 的直径,且 $DK \perp BC$.

因 $BE \perp BC$,$CF \perp BC$,故 $BE // CF$,从而 $\angle BEA + \angle CFA = 180°$.

易知 $\angle BAE = \angle CAF$,所以

$$\frac{AB}{BE} = \frac{\sin \angle BEA}{\sin \angle BAE} = \frac{\sin \angle CFA}{\sin \angle CAF} = \frac{AC}{CF}$$

故 $\dfrac{BP}{PF} = \dfrac{BE}{CF} = \dfrac{AB}{AC} = \dfrac{BT}{TC}$,从而 $PT // CF // BE$.

于是 $\dfrac{PT}{CF} = \dfrac{BT}{BC} = \dfrac{EV}{EF} = \dfrac{PV}{CF}$,因此 $PT = PV$.

又因为 $VT // DK$(都与 BC 垂直),所以 AP 经过 DK 的中点 O,即 BF、CE、AO 三线共点.

7.5 如图 7.11 所示,分别过点 B、C 作圆 φ 的第二条切线,切点分别为 M、N,BM 与 CN 交于点 L,AL 与 DE 交于点 V.

由圆外切四边形 $ABLC$ 的性质,可设 DE、BC、MN 三线共点于点 X(X 可能是无穷远点).

因点 X 在点 A 关于圆 φ 的极线上,由配极原则知点 A 在点 X 关于圆 φ 的极线上.
同理,点 L 在点 X 关于圆 φ 的极线上.

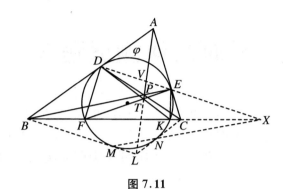

图 7.11

所以 AL 是点 X 关于圆 φ 的极线.从而点 V、X 调和分割弦 DE,即 $\dfrac{DV}{VE} = \dfrac{DX}{XE}$,

于是 $\dfrac{DV}{VE} \cdot \dfrac{EC}{CA} \cdot \dfrac{AB}{BD} = \dfrac{DX}{XE} \cdot \dfrac{EC}{CA} \cdot \dfrac{AB}{BD} = 1$(对 $\triangle ADE$ 及其截线 BCX,用梅涅劳斯定理).

对 $\triangle ADE$,由塞瓦定理的逆定理得 AV、BE、CD 三线共点,即点 P 在直线 AL 上.

对圆内接四边形 $DEKF$,由熟知结论知点 T 在点 X 关于圆 φ 的极线 AL 上.

所以 A、P、T 三点共线.

平面几何测试题 8

8.1 如图 8.1 所示,⊙O 与 ⊙P 相交于点 A、B,靠近点 A 的外公切线 CD 分别与 ⊙O、⊙P 切于点 C、D.过点 A 作 $EF\parallel CD$,再次分别交 ⊙O、⊙P 于点 E、F. 直线 EC、FD 交于点 K,⊙O 过点 E 的切线与 ⊙P 过点 F 的切线交于点 M,Q 是 △BCD 的外心.求证:M、K、Q 三点共线.

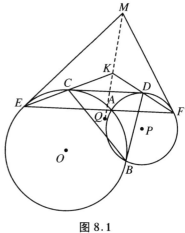

图 8.1

8.2 如图 8.2 所示,在 △ABC 中,点 D、E 在边 BC 上,$BD<BE$,△ABD、△ACE、△ABE、△ACD 的内心依次为 I_1、I_2、I_3、I_4.求证:I_1I_2、I_3I_4、BC 三线共点或互相平行.

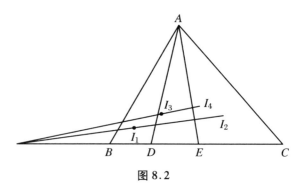

图 8.2

8.3 如图 8.3 所示,点 D、E 是 $\triangle ABC$ 内的等角共轭点,点 F 是点 E 关于 BC 的对称点.直线 AD 交 $\triangle ABC$ 的外接圆 $\odot O$ 于点 A、M,过 B、D、F 三点的圆交 BC 于点 B、P,直线 MP 交 $\odot O$ 于点 M、K.求证:C、P、E、K 四点共圆.

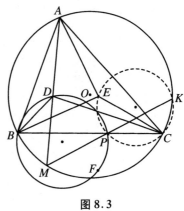

图 8.3

8.4 如图 8.4 所示，P 为 $\triangle ABC$ 内一点，$PD \perp BC$ 于点 D，$PE \perp CA$ 于点 E，$PF \perp AB$ 于点 F．AP 与 $\triangle ABC$ 的外接圆交于点 A、L，$LT \perp BC$ 于点 T．作 $PM \perp AP$，交 AB 于点 M，过 D、E、F 三点的圆交 BC 于点 D、K，作 $MN \parallel BC$，交 FK 于点 N．求证：$PT \perp PN$．

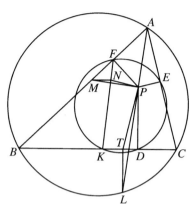

图 8.4

8.5 如图 8.5 所示,在 △ABC 中,AB > AC,点 D 为外接圆 ⊙O 的 $\overset{\frown}{BAC}$ 的中点. Q 是 BC 的中点,点 E、F 分别在射线 QB、QC 上,使得 QE = QF. 作 EM⊥EF, 交直线 AD 于点 M;作 FN⊥EF, 交直线 AD 于点 N. BN 与 CM 交于点 J, AJ 交 ⊙O 于点 A、K. 作 MT⊥AB 于点 T, NL⊥AC 于点 L, 作 JP∥TL, 交直线 CB 于点 P, 连接 KP. 求证:AK⊥KP.

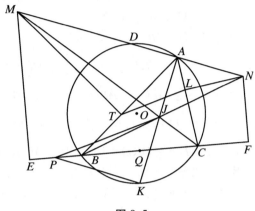

图 8.5

参 考 答 案

8.1 如图 8.6 所示,连接 AB、AC、AD、QD、KM、KQ.

因 EM、CD 均为 $\odot O$ 的切线,$CD \parallel EF$,故 $\angle MEC = \angle CAE = \angle DCA = \angle AEC$.

同理,$\angle MFD = \angle AFD$.

所以 K 为 $\triangle MEF$ 的内心,有

$$\angle MKF = 90° + \frac{1}{2}\angle MEF = 90° + \angle AEC = 90° + \angle DCK$$

因为 $\angle ABC = \angle AEC$,$\angle ABD = \angle AFD$,所以 $\angle CBD + \angle CKD = \triangle KEF$ 的内角和 $= 180°$,从而 B、C、K、D 四点共圆,其圆心是 Q,则 $\angle QKD = 90° - \frac{1}{2}\angle DQK = 90° - \angle DCK$.

故 $\angle MKF + \angle QKD = 180°$,于是 M、K、Q 三点共线.

8.2 如图 8.7 所示,设 I 为 $\triangle ABC$ 的内心,I_1I_2 与直线 BC 交于 X_1(可能是无穷远点),I_3I_4 与直线 BC 交于 X_2,点 I_1、I_3、I、I_4、I_2 在 BC 上的射影分别为 M、N、F、T、L.

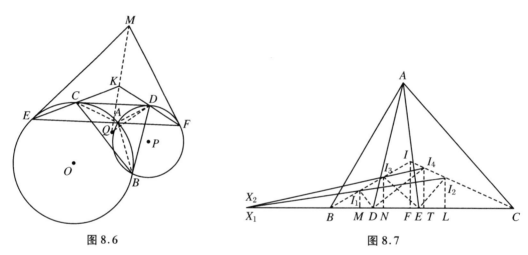

图 8.6　　　　　图 8.7

显然,B、I_1、I_3、I、C、I_2、I_4、I 分别四点共线.

$$FM = BF - BM = \frac{1}{2}(AB + BC - AC) - \frac{1}{2}(AB + BD - AD)$$

$$= \frac{1}{2}(CD + AD - AC) = DT$$

同理,$LF = EN$,$FN = EL$,$TF = DM$.

由梅涅劳斯定理得 $\dfrac{II_1}{I_1B} \cdot \dfrac{BX_1}{X_1C} \cdot \dfrac{CI_2}{I_2I} = 1 = \dfrac{II_3}{I_3B} \cdot \dfrac{BX_2}{X_2C} \cdot \dfrac{CI_4}{I_4I}$,则

I_1I_2、I_3I_4、BC 三线共点或互相平行 $\Leftrightarrow X_1 = X_2$

$$\Leftrightarrow \frac{BX_1}{X_1C} = \frac{BX_2}{X_2C}$$

$$\Leftrightarrow \frac{II_1}{I_1B} \cdot \frac{CI_2}{I_2I} = \frac{II_3}{I_3B} \cdot \frac{CI_4}{I_4I}$$

$$\Leftrightarrow \frac{FM}{MB} \cdot \frac{CL}{LF} = \frac{FN}{NB} \cdot \frac{CT}{TF}$$

$$\Leftrightarrow \frac{DT}{BM} \cdot \frac{CL}{EN} = \frac{EL}{NB} \cdot \frac{CT}{DM}$$

$$\Leftrightarrow \frac{NB}{BM} \cdot \frac{CL}{CT} \cdot \frac{DT \cdot DM}{EN \cdot EL} = 1 \qquad ①$$

易知 $\text{Rt}\triangle DI_1M \backsim \text{Rt}\triangle I_4DT$, $\text{Rt}\triangle EI_3N \backsim \text{Rt}\triangle I_2EL$, 则 $DM \cdot DT = I_1M \cdot I_4T$, $EN \cdot EL = I_2L \cdot I_3N$.

故式①$\Leftrightarrow \dfrac{I_3N}{I_1M} \cdot \dfrac{I_2L}{I_4T} \cdot \dfrac{I_1M \cdot I_4T}{I_2L \cdot I_3N} = 1$, 成立.

8.3 如图8.8所示, 连接 BF、DF、PF、DP、EP、CF、CK.

因点 E、F 关于 BC 对称, 点 D、E 是 $\triangle ABC$ 内的等角共轭点, 故可设 $\angle BAD = \angle CAE = \alpha$, $\angle CBF = \angle CBE = \angle DBA = \beta$, $\angle BCF = \angle BCE = \angle DCA = \gamma$.

所以点 F、A 是 $\triangle DBC$ 的等角共轭点. 从而 $\angle CDF = \angle BDM = \angle BAD + \angle DBA = \alpha + \beta$.

又因 $\angle PDF = \angle PBF = \beta$, 故 $\angle CDP = \alpha = \angle CAE$.

又因 $\angle DCP = \angle ACE$, 故 $\triangle PCD \backsim \triangle ECA$, 从而 $\dfrac{CP}{CE} = \dfrac{CD}{CA}$. 结合 $\angle PCE = \angle DCA$ 得 $\triangle PCE \backsim \triangle DCA$.

所以 $\angle PEC = \angle DAC = \angle PKC$. 于是 C、P、E、K 四点共圆.

8.4 如图8.9所示, 连接 CL、DE、EF、CP.

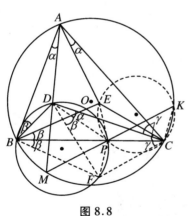

图 8.8

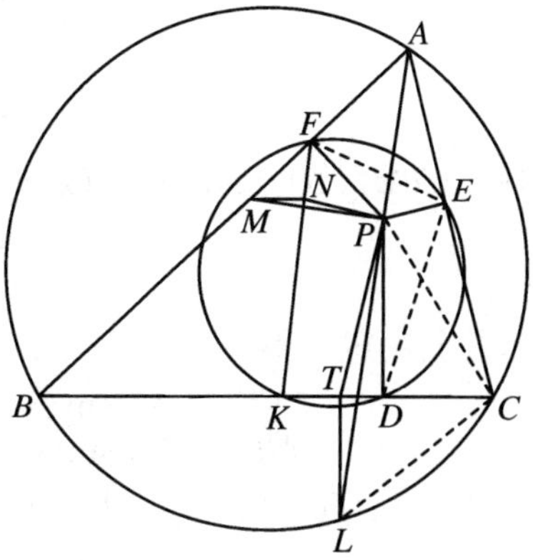

图 8.9

因 $\angle MPF = 90° - \angle APF = \angle LAB = \angle LCT$, 故 $\text{Rt}\triangle PFM \backsim \text{Rt}\triangle CTL$, 因此

$$\frac{MP}{LC} = \frac{FM}{LT} \qquad ①$$

因 A、E、P、F、C、D、P、E 分别四点共圆, 故 $\angle PEF = \angle PAF = \angle LCB$, $\angle PED = \angle PCD$, 因此 $\angle FNM = \angle FKB = \angle FED = \angle PCL$.

又因为 $\angle FMN = \angle ABC = \angle PLC$, 所以 $\triangle FMN \backsim \triangle PLC$, 因此

$$\frac{LC}{MN} = \frac{LP}{FM} \qquad ②$$

①×②得 $\dfrac{MP}{MN} = \dfrac{LP}{LT}$.

由 $MN \parallel BC$, $LT \perp BC$ 得 $MN \perp LT$, 又因 $MP \perp LP$, 故 $\angle NMP = \angle TLP$.

所以 △PMN ∽ △PLT. 从而 ∠NPM = ∠TPL, 故 ∠NPT = ∠MPL = 90°, 即 PT ⊥ PN.

8.5 如图 8.10 所示, 作 $JZ \perp BC$ 于点 Z, 作 $BU \parallel TL$, 分别交 AK、AC 于点 V、U, AK 交 TL 于点 X. 设 $\angle BAK = \alpha$, $\angle CAK = \beta$, $\angle BAM = \theta$, 则 $\angle CAN = \theta$ 或 $180° - \theta$.

因 $ME \parallel JZ$, 故

$$\frac{JZ}{ME} = \frac{CJ}{CM} = \frac{S_{\triangle ACJ}}{S_{\triangle ACM}} = \frac{AJ \sin \beta}{AM \sin \theta} = \frac{AJ \sin \beta}{MT} \qquad ①$$

同理,

$$\frac{JZ}{NF} = \frac{AJ \sin \alpha}{NL} \qquad ②$$

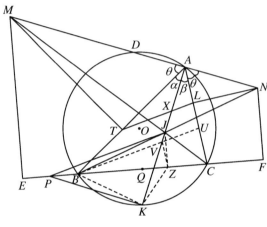

图 8.10

因为 Rt△ATM ∽ Rt△ALN, 所以

$$\frac{NL}{MT} = \frac{AL}{AT} \qquad ③$$

① ÷ ②, 并利用式③得

$$\frac{NF}{ME} = \frac{NL \sin \beta}{MT \sin \alpha} = \frac{AL \sin \beta}{AT \sin \alpha} = \frac{LX}{TX} = \frac{UV}{VB}$$

因 Q 是 BC 的中点, $QE = QF$, 故 $BF = CE$. 则

$$\frac{NF}{ME} = \frac{NF}{JZ} \cdot \frac{JZ}{ME} = \frac{BF}{ZB} \cdot \frac{CZ}{CE} = \frac{CZ}{ZB}$$

所以 $\frac{UV}{VB} = \frac{CZ}{ZB}$, 因此 $VZ \parallel UC$.

故 $\angle VZB = \angle ACB = \angle VKB$, 从而 V、Z、K、B 四点共圆. 又因为 $BU \parallel TL \parallel PJ$, 所以 $\angle ZKV = \angle ZBV = \angle ZPJ$. 因此 J、Z、K、P 四点共圆.

故 $\angle JKP = \angle JZP = 90°$, 即 $AK \perp KP$.

平面几何测试题 9

9.1 如图 9.1 所示,过 ⊙O 外一点 P 作 ⊙O 的两条切线 PA、PB,A、B 为切点.再作 ⊙O 的割线 PCD($PC<PD$),弦 CE∥PB,直线 AE 与 PB 交于点 F,DE 与 PB 交于点 G.求证:$GF=GB$.

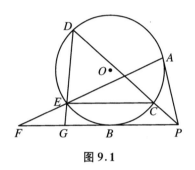

图 9.1

9.2 如图 9.2 所示,⊙O 的弦 AB、DC 的延长线交于点 P,AC 与 BD 交于点 E.F 是 BD 的中点,PF 与 BC 交于点 G,作 GH∥BD,交 CD 于点 H,HE 与 AB 交于点 N,M 是 AB 的中点.求证:C、D、M、N 四点共圆.

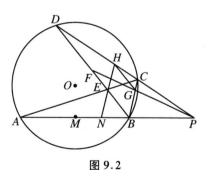

图 9.2

9.3 如图 9.3 所示,在 $\triangle ABC$ 中,在边 BC 上取点 D,延长 AD,交 $\triangle ABC$ 的外接圆 $\odot O$ 于点 E,直线 EO 交 BC 于点 F,与 $\odot O$ 交于点 E、P.过点 D 作 $DK \parallel EO$,交 AO 于点 K,直线 PK 与 BC 交于点 T.求证:$\angle FAD = \angle TAD$.

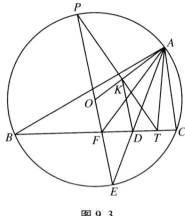

图 9.3

9.4 如图 9.4 所示,在△ABC 中,O 为外心,点 D 在∠BAC 的平分线上,DE⊥AB 于点 E,DF⊥AC 于点 F,DL⊥BC 于点 L.过 E、F、L 三点的圆交 BC 于点 L、K.直线 KE 与 CA 交于点 M,KF 与 BA 交于点 N.T 是 FM 的中点,V 是 EN 的中点.求证:OD⊥TV.

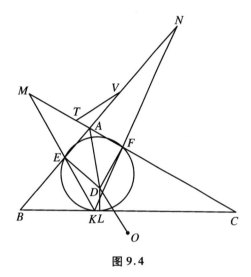

图 9.4

9.5 如图 9.5 所示,在△ABC 中,AB>AC,外接圆⊙O 的$\overset{\frown}{BC}$(不含点 A)的中点为点 D,直线 AB 与 CD 交于点 E,AC 与 BD 交于点 F.过 A、E、F 三点的圆与⊙O 交于点 A、P,过点 P 作 PK⊥AP,交直线 OD 于点 K.求证:∠BAC = 2∠OCK.

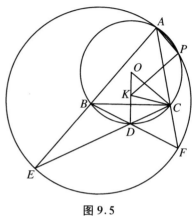

图 9.5

参 考 答 案

9.1 连接线段如图 9.6 所示.

因 $CE\parallel PF$,故 $\angle DPF=\angle DCE=\angle DAE$,从而 A、P、F、D 四点共圆.故 $\angle PAD=180°-\angle DFB=\angle FBD+\angle FDB$.

又因 PF 为 $\odot O$ 的切线,故 $\angle FBD=\angle BAD$,所以 $\angle FDB=\angle BAP$.

由 $CE\parallel PF$,PF 为 $\odot O$ 的切线得 $\angle EDB=\angle CAB$.所以 $\angle FDG=\angle CAP=\angle AEC=\angle EFG$.

从而 $GF^2=GE\cdot GD=GB^2$,故 $GF=GB$.

9.2 如图 9.7 所示,因 $GH\parallel BD$,且 $BF=FD$,故直线束 GP、GC、GH、GD 是调和线束,P、C、H、D 是调和点列,因此点 H 在点 P 关于 $\odot O$ 的极线上.

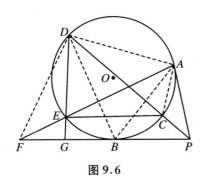

图 9.6

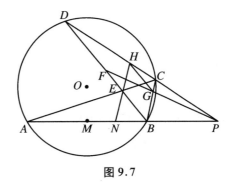

图 9.7

又因四边形 $ABCD$ 内接于 $\odot O$,故点 E 在点 P 关于 $\odot O$ 的极线上.

所以直线 HE 是点 P 关于 $\odot O$ 的极线,从而 P、B、N、A 是调和点列,因此

$$\frac{PB}{BN}=\frac{PA}{AN} \Leftrightarrow \frac{PB}{PN-PB}=\frac{PA}{PA-PN}$$
$$\Leftrightarrow PB\cdot PA-PB\cdot PN=PN\cdot PA-PB\cdot PA$$
$$\Leftrightarrow 2PB\cdot PA=PN(PA+PB)=2PN\cdot PM$$

故 $PN\cdot PM=PB\cdot PA=PC\cdot PD$,所以 C、D、M、N 四点共圆.

9.3 如图 9.8 所示,设直线 PA 与 BC 交于点 X(可能 X 为无穷远点),延长 DK,交 PA 于点 N.

因 $DN\parallel EP$,且 $EO=OP$,故 $DK=KN$.

因 $\triangle DNX$ 被直线 TKP 截,由梅涅劳斯定理得 $\dfrac{DK}{KN}\cdot\dfrac{NP}{PX}\cdot\dfrac{XT}{TD}=1$.

所以 $\dfrac{XT}{TD}=\dfrac{PX}{NP}=\dfrac{XF}{FD}$.从而点 F、D、T、X 是调和点列.

又因 EP 是 $\odot O$ 的直径,故 $AD\perp AX$,由调和点列的性质得 $\angle FAD=\angle TAD$.

9.4 如图 9.9 所示,首先证明 BF、CE、

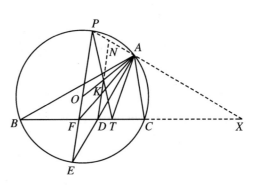

图 9.8

AK 三线共点.

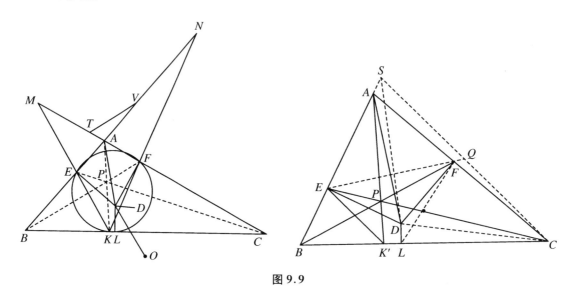

图 9.9

设 BF 与 CE 交于点 P，AP 交 BC 于点 K'，只要证明 E、F、L、K' 四点共圆即可.

作 $CS/\!/K'E$，分别交 EF、BA 于点 Q、S. 连接 DC、DS、LF.

对 $\triangle ABC$ 及点 P，由塞瓦定理得 $\dfrac{AE}{EB}\cdot\dfrac{BK'}{K'C}\cdot\dfrac{CF}{FA}=1$. 又因 $AE=FA$，故 $\dfrac{BK'}{K'C}=\dfrac{EB}{CF}$.

因 $CS/\!/K'E$，故 $\dfrac{KB'}{K'C}=\dfrac{EB}{SE}$. 所以 $CF=SE$.

又因 $DF=DE$，故 $\mathrm{Rt}\triangle DCF\cong\mathrm{Rt}\triangle DSE$，从而 $DC=DS$，$\angle CDF=\angle SDE$，因此
$$\angle CDS=\angle FDE$$
于是等腰 $\triangle DCS\backsim$ 等腰 $\triangle DFE$. 故 $\angle DFE=\angle DCQ$，因此 D、C、Q、F 四点共圆.

于是 $\angle EFL=\angle QCL=\angle EK'B$. 故 E、F、L、K' 四点共圆. 点 K' 与 K 重合.

由 BF、CE、AK 三线共点于 P 知 C、F、A、M 是调和点列.

因 T 为 FM 的中点，故 $TF^2=TA\cdot TC=OT^2-R^2$（R 为 $\triangle ABC$ 的外接圆 $\odot O$ 的半径）.

又因为 $TF^2=DT^2-DF^2$，所以 $OT^2-DT^2=R^2-DF^2$.

同理，$OV^2-DV^2=R^2-DE^2$.

因 $DF=DE$，故 $OT^2-DT^2=OV^2-DV^2$. 所以 $OD\perp TV$.

9.5 **证法 1** 如图 9.10 所示（图形变动时，证明过程要作少量改动），在 AB、AC 上分别取点 T、V，使得 $\angle ABV=\angle ACT=\dfrac{1}{2}\angle BAC$，则 B、C、V、T 四点共圆. 设其圆心为 K'，则点 K' 在 BC 的中垂线 DO 上. 作 $K'M\perp BT$ 于点 M，$K'N\perp CV$ 于点 N，则 M、N 分别为 BT、CV 的中点.

下面证明点 K' 与 K 重合，这只要证明 $PK'\perp AP$.

因 D 为 $\odot O$ 的 $\overset{\frown}{BC}$ 的中点，故 $\angle CBD=\dfrac{1}{2}\angle BAC=\angle ABV$，从而 $\angle VBF=\angle TBC$.

又因为 $\angle BVC=\angle BTC$，所以 $\triangle BVF\backsim\triangle BTC$，因此 $\dfrac{VF}{TC}=\dfrac{VB}{TB}$.

同理，$\triangle CVB\backsim\triangle CTE$，因此 $\dfrac{VC}{TC}=\dfrac{VB}{TE}$.

两式相除得 $\dfrac{VF}{VC}=\dfrac{TE}{TB}$,故 $\dfrac{CF}{VC}=\dfrac{BE}{TB}$.从而 $\dfrac{CF}{BE}=\dfrac{VC}{TB}=\dfrac{CN}{BM}$.

因 $\angle AFP=\angle AEP$,由 $\angle ACP=\angle ABP$ 得 $\angle PCF=\angle PBE$,故 $\triangle PCF\backsim\triangle PBE$,因此 $\dfrac{CP}{BP}=\dfrac{CF}{BE}$.

所以 $\dfrac{CN}{BM}=\dfrac{CP}{BP}$.结合 $\angle PCN=\angle PBM$ 得 $\triangle PCN\backsim\triangle PBM$,故 $\angle PNA=\angle PMA$,因此 A、M、N、P 四点共圆.

又因为 A、M、K'、N 四点共圆,所以 A、M、K'、N、P 五点共圆.

从而 $\angle APK'=\angle ANK'=90°$,即 $PK'\perp AP$,故点 K' 与 K 重合.

所以 $\angle OCK=\angle OCB-\angle KCB=90°-\angle BAC-(90°-\angle BTC)=\angle ACT=\dfrac{1}{2}\angle BAC$,即 $\angle BAC=2\angle OCK$.

证法 2(同一法) 如图 9.11 所示,$\triangle ABC$ 的三内角简记为 $\angle A$、$\angle B$、$\angle C$.延长 DO,交 $\odot O$ 于点 N,延长 CO,交 NB 于点 M,过 C、N、M 三点的圆交直线 ND 于点 N、K'.

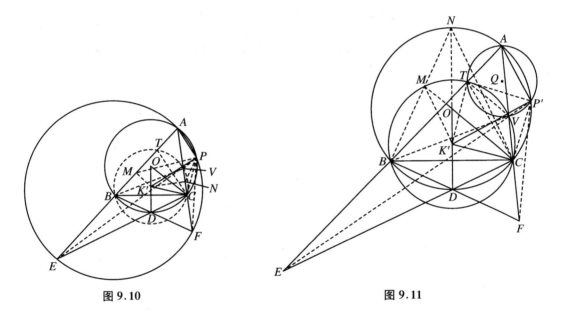

图 9.10　　　　　　　　图 9.11

则 $\angle OCK'=\angle MNK'=\dfrac{1}{2}\angle BAC$,即 $\angle BAC=2\angle OCK'$.于是只要证明点 K' 与 K 重合.

因 $\angle K'NM=\angle K'NC$,故 $K'M=K'C=K'B$,点 K' 为 $\triangle BCM$ 的外心.设 $\odot K'$ 与 AB、AC 的第二个交点分别为 T、V,$\triangle ATV$ 的外接圆 $\odot Q$ 与 $\odot O$ 交于点 A、P'.连接线段如图 9.11 所示.

因 $\angle AP'T=\angle AVT=\angle B$,故 $\angle TP'C=\angle AP'C-\angle AP'T=180°-\angle B-\angle B=180°-\angle TK'C$,从而 P'、T、K'、C 四点共圆.

故 $\angle CP'K'=\angle CTK'=90°-\dfrac{1}{2}\angle CK'T=90°-\angle B$.所以

$$\angle AP'K'=\angle AP'C-\angle CP'K'=180°-\angle B-(90°-\angle B)=90°$$

因此只要证明点 P' 与 P 重合,即证明点 P' 是 $\odot(AEF)$ 与 $\odot O$ 的交点,亦即证明 A、E、F、P' 四点共圆.

因 $\angle ACP' = \angle ABP'$,由 $\angle AVP' = \angle ATP$ 得 $\angle P'VC = \angle P'TB$,故 $\triangle P'VC \backsim \triangle P'TB$,因此 $\dfrac{VP'}{TP'} = \dfrac{VC}{TB}$.

因为 $\angle OCN = \angle ONC = \angle ONM = \dfrac{1}{2}\angle A$,$\angle BTC = \angle BMC = \angle MCN + \angle MNC = \dfrac{3}{2}\angle A$,所以

$$\angle TCB = 180° - \angle BTC - \angle B = 180° - \dfrac{3}{2}\angle A - \angle B$$
$$= \angle C - \dfrac{1}{2}\angle A = \angle C - \angle CBF = \angle CFB$$

又因 $\angle BTC = \angle BVC$,故 $\triangle BTC \backsim \triangle BVF$,因此 $\dfrac{TC}{VF} = \dfrac{TB}{VB}$.

同理,$\triangle CVB \backsim \triangle CTE$,因此 $\dfrac{VC}{TC} = \dfrac{VB}{TE}$.

以上两式相乘得 $\dfrac{VC}{VF} = \dfrac{TB}{TE}$,故 $\dfrac{VC}{TB} = \dfrac{VF}{TE}$. 于是 $\dfrac{VP'}{TP'} = \dfrac{VF}{TE}$.

又因 $\angle P'VF = \angle P'TE$,故 $\triangle VFP' \backsim \triangle TEP'$,因此 $\angle VFP' = \angle TEP'$,从而 A、E、F、P' 四点共圆.

平面几何测试题 10

10.1 如图 10.1 所示,在△ABC 中,AB≠AC,AD 是角平分线,过点 A 作直线 t⊥AD,M 是直线 t 上不同于 A 的一点,AE⊥MB 于点 E,AF⊥MC 于点 F,BP⊥AD 于点 P,CQ⊥AD 于点 Q.求证:E、F、Q、P 四点共圆.

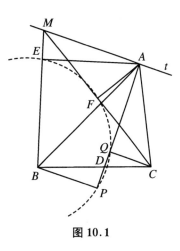

图 10.1

10.2 如图 10.2 所示,在△ABC 中,D 为∠BAC 的平分线上一点,BD 交 AC 于点 F,CD 交 AB 于点 E,DM⊥AB 于点 M,DN⊥AC 于点 N,BT⊥CE 于点 T,CV⊥BF 于点 V.求证:EF、MN、TV 三线共点(三直线互相平行视为共点于无穷远处).

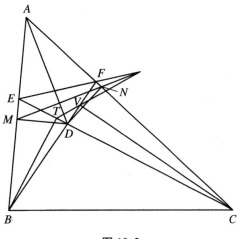

图 10.2

10.3 如图 10.3 所示,⊙O 的弦 AB、CD 交于点 E,点 F 在⊙O 上,⊙(DEF)交直线 AF 于点 F、G,⊙(BEF)交直线 CF 于点 F、H.求证:直线 DG 与 BH 的交点在⊙O 上.

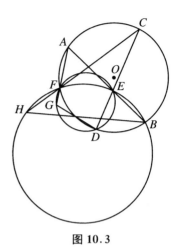

图 10.3

10.4 如图 10.4 所示，△ABC 的内切圆 ⊙I 与边 BC、CA、AB 分别切于点 D、E、F，DK⊥EF 于点 K，△AEF、△ABC 的外接圆交于点 A、P. 求证：I、K、P 三点共线.

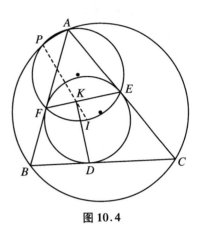

图 10.4

10.5 如图 10.5 所示,在 △ABC 中,作 EF∥BC,分别交边 AC、AB 于点 E、F,BE 与 CF 交于点 P,线段 BC 的中垂线交 EF 于点 K,射线 KP 交 △ABC 的外接圆 ⊙O 于点 T. 求证:(1) B、F、K、T 四点共圆;(2) 直线 CK 与 TF 的交点在 ⊙O 上;(3) △TEF 的外接圆与 ⊙O 相切.

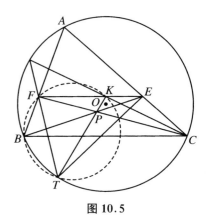

图 10.5

参 考 答 案

10.1 如图 10.6 所示,连接 EP、EF、FQ. 把 $\angle BAC$ 简记为 $\angle A$.

因 $AE \perp MB$,$BP \perp AP$,故 A、E、B、P 四点共圆. 所以 $\angle QPE = \angle APE = \angle ABE$.

因 $AF \perp MC$,$CQ \perp AQ$,故 A、F、Q、C 四点共圆. 所以 $\angle QFC = \angle QAC = \dfrac{\angle A}{2}$.

故
$$\begin{aligned}\angle EFQ &= 180° - \angle EFM - \angle QFC \\ &= 180° - \angle EAM - \dfrac{\angle A}{2} \\ &= 180° - (90° - \angle AME) - \dfrac{\angle A}{2} \\ &= 90° + (180° - \angle ABE - \angle BAM) - \dfrac{\angle A}{2} \\ &= 90° + 180° - \angle ABE - \left(90° - \dfrac{\angle A}{2}\right) - \dfrac{\angle A}{2} \\ &= 180° - \angle ABE\end{aligned}$$

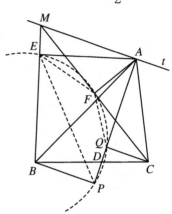

图 10.6

于是 $\angle QPE + \angle EFQ = 180°$,因此 E、F、Q、P 四点共圆.

10.2 如图 10.7 所示,设 EF 与 MN 交于点 P(可能是无穷远点),则

EF、MN、TV 三线共点 $\Leftrightarrow$ T、V、P 三点共线

$\Leftrightarrow \dfrac{DT}{TE} \cdot \dfrac{EP}{PF} \cdot \dfrac{FV}{VD} = 1$ ①

因 $\mathrm{Rt}\triangle DTB \backsim \mathrm{Rt}\triangle DVC$,故 $\dfrac{DT}{VD} = \dfrac{BT}{CV}$.

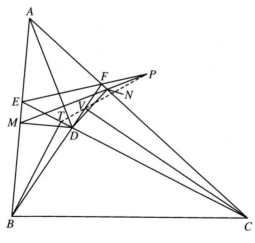

图 10.7

因 $\mathrm{Rt}\triangle EDM \backsim \mathrm{Rt}\triangle EBT$,故 $\dfrac{ME}{TE} = \dfrac{DM}{BT}$.

因 $\mathrm{Rt}\triangle FCV \backsim \mathrm{Rt}\triangle FDN$,故 $\dfrac{FV}{FN} = \dfrac{CV}{DN}$.

以上三式相乘,并注意 $DM = DN$ 得
$$\frac{DT}{TE} \cdot \frac{ME}{FN} \cdot \frac{FV}{VD} = 1 \qquad ②$$

对 $\triangle AEF$ 及其截线 MNP,由梅涅劳斯定理得 $\frac{AM}{ME} \cdot \frac{EP}{PF} \cdot \frac{FN}{NA} = 1$. 又因为 $AM = NA$,所以
$$\frac{ME}{FN} = \frac{EP}{PF} \qquad ③$$

将式③代入式②即得式①,证毕.

10.3 如图 10.8 所示,设 DG 交 $\odot O$ 于点 D、K,要证直线 DG 与 BH 的交点在 $\odot O$ 上,只要证明 B、K、H 三点共线即可.

连接 EG、EH、EF、BF、AC、FK、FD.

因 $\angle GED = \angle GFD = \angle ACD$,故 $EG \parallel CA$.

因 $\angle BEH = \angle BFH$,故 $\angle AEH = \angle CFB = \angle CAB$,从而 $EH \parallel CA$.

所以 E、G、H 三点共线,且 $GH \parallel CA$. 故
$$\frac{FA}{FG} = \frac{FC}{FH} \qquad ①$$

因为 $\angle FEC = \angle FGK$,$\angle FCE = \angle FKG$,所以 $\triangle FEC \backsim \triangle FGK$,从而
$$\frac{FE}{FG} = \frac{FC}{FK} \qquad ②$$

且 $\angle CFE = \angle KFG$,故 $\angle AFE = \angle KFH$.

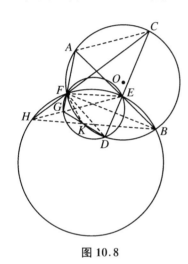

图 10.8

①÷②得 $\frac{FA}{FE} = \frac{FK}{FH}$. 所以 $\triangle FAE \backsim \triangle FKH$. 故 $\angle FKH = \angle FAB = 180° - \angle FKB$. 所以 B、K、H 三点共线.

10.4 如图 10.9 所示,连接 ID、IE、IF、BI、DE.

因 $IE \perp AC$,$IF \perp AB$,故点 I 在 $\triangle AEF$ 的外接圆上.

设 IK 与 $\triangle AEF$ 的外接圆的第二个交点为 P',连接 BP'、CP'、EP'、FP'. 只要证明点 P' 与 P 重合,即点 P' 也在 $\triangle ABC$ 的外接圆上即可.

因 $\angle BID = \frac{1}{2}\angle DIF = \angle DEK$,故 $\mathrm{Rt}\triangle BID \backsim \mathrm{Rt}\triangle DEK$,所以 $\frac{ID}{EK} = \frac{BD}{DK}$.

同理,$\frac{ID}{FK} = \frac{CD}{DK}$.

以上两式相除得 $\frac{FK}{EK} = \frac{BD}{CD} = \frac{BF}{CE}$.

因 $IF = IE$,故 $P'K$ 平分 $\angle FP'E$. 所以
$$\frac{FP'}{EP'} = \frac{FK}{EK} = \frac{BF}{CE}$$

又因 $\angle AFP' = \angle AEP'$,则 $\angle P'FB = \angle P'EC$,故 $\triangle FBP' \backsim \triangle ECP'$.

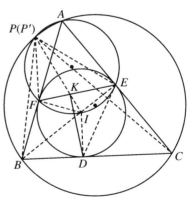

图 10.9

因此 $\angle FBP' = \angle ECP'$，从而点 P' 在 $\triangle ABC$ 的外接圆上．证毕．

注 本题可以推广如下：

如图 10.10 所示，在 $\triangle ABC$ 中，点 I 在 $\angle BAC$ 的平分线上，$ID \perp BC$ 于点 D，$IE \perp AC$ 于点 E，$IF \perp AB$ 于点 F．过 D、E、F 三点的圆交直线 BC 于点 D、T，$TK \perp EF$ 于点 K．$\triangle ABC$、$\triangle AEF$ 的外接圆交于点 A、P．求证：I、K、P 三点共线．

10.5（1）如图 10.11 所示，作 $AD \parallel BC$，交 $\odot O$ 于点 A、D，直线 DP 分别交 EF、BC 于点 K'、M，AK' 交 BC 于点 N．

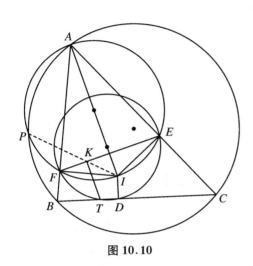

图 10.10

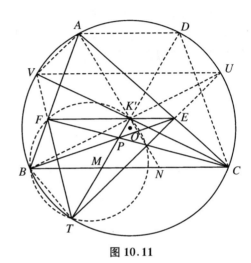

图 10.11

因为 $EF \parallel BC$，所以 $\dfrac{EK'}{BM} = \dfrac{PE}{PB} = \dfrac{EF}{BC} = \dfrac{EK'}{CN}$，故 $BM = CN$．

因四边形 $ABCD$ 是等腰梯形（可能是矩形），由对称性知，四边形 $ADNM$ 也是等腰梯形（可能是矩形）．

从而点 K' 在 MN 的中垂线上，即点 K' 在 BC 的中垂线上，所以 K' 与 K 重合．

因为 $AD \parallel BC \parallel EF$，所以 $\angle FKT = \angle ADT = 180° - \angle FBT$．故 B、F、K、T 四点共圆．

（2）设 CK 与 $\odot O$ 的第二个交点为 V，连接 FV、BT、BK．

因 $\angle VKF = \angle VCB = \angle VAF$，故 A、K、F、V 四点共圆．

又因为 B、F、K、T 四点共圆，点 K 在 BC 的中垂线上，且 $BM = CN$，所以 $\angle AFV = \angle AKV = \angle CKN = \angle BKM = \angle BFT$．从而 V、F、T 三点共线．

故直线 CK 与 TF 的交点 V 在 $\odot O$ 上．

（3）同理，直线 BK 与 TE 的交点 U 在 $\odot O$ 上．

因为 $\angle UVC = \angle UBC = \angle KBC = \angle KCB = \angle VKF$，所以 $FE \parallel VU$，故 $\triangle TEF$ 的外接圆与 $\odot O$ 相切于点 T．

平面几何测试题 11

11.1 如图 11.1 所示,在 △ABC 中,点 D、E 均在边 BC 上,BD = CE. 点 F、G 分别在 AB、AC 上,直线 FE 与 GD 交于点 K,直线 FD 与 GE 交于点 V,直线 AK、AV 分别与 BC 交于点 L、T. 求证:BL = CT.

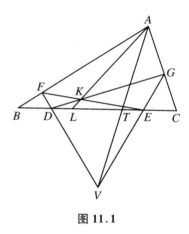

图 11.1

11.2 如图 11.2 所示,△ABC 的外接圆为 ⊙O,∠BAC 的平分线交 ⊙O 于点 D(D≠A). 过 B、C 两点的圆与边 CA、AB 的第二个交点分别为 E、F,BE 与 CF 交于点 P. 过 A、E、F 三点的圆与 ⊙O 交于点 A、K,DK 与 BC 交于点 T. 求证:PT ∥ AD.

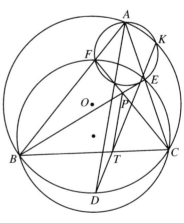

图 11.2

11.3 如图 11.3 所示，△ABC 的外接圆为⊙O，点 D 在⊙O 上，点 E、F 分别在 AB、AC 上，MN 为⊙O 的弦，AD∥EF∥MN∥BC．直线 AM 与 EF 交于点 P，直线 DP 与⊙O 的第二个交点为 K．求证：E、F、N、K 四点共圆．

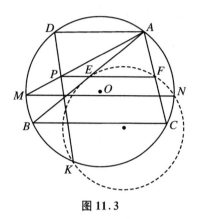

图 11.3

11.4 如图 11.4 所示,圆 Γ 为 $\triangle ABC$ 的外接圆,点 D 为 $\overset{\frown}{BAC}$ 的中点,点 E、F 在直线 AD 上,使得 $DE = DF$,点 E、B 在线段 BC 的中垂线的同侧. $ET \perp AB$ 于点 T,点 P 是点 T 关于 AB 的中点的对称点;$FV \perp AC$ 于点 V,点 K 是点 V 关于 AC 的中点的对称点. EK 与 FP 交于点 N,直线 DN 与圆 Γ 的第二个交点为 M. 求证:P、N、K、M 四点共圆.

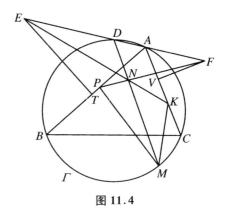

图 11.4

11.5 如图 11.5 所示，△ABC 内接于⊙O，点 P 是 BC 的中点，点 D、E 分别在射线 PB、PC 上，使得 PD = PE. ⊙O 的弦 MN // BC，点 M、B 在线段 BC 的中垂线的同侧. 点 F、G 分别在直线 AM、AN 上，且 FD⊥BC，GE⊥BC. 作 FL⊥AC 于点 L，GT⊥AB 于点 T，DL 与 ET 交于点 K. 求证：AK⊥BC.

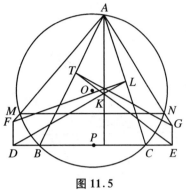

图 11.5

参 考 答 案

11.1 如图 11.6 所示,考虑 △ACL 被直线 DKG 截,由梅涅劳斯定理得

$$\frac{LD}{DC} \cdot \frac{CG}{GA} \cdot \frac{AK}{KL} = 1 \qquad ①$$

由 △ABL 被直线 EKF 截得

$$\frac{BE}{EL} \cdot \frac{LK}{KA} \cdot \frac{AF}{FB} = 1 \qquad ②$$

①×②,并利用 DC = BE 得

$$\frac{LD}{EL} \cdot \frac{CG}{GA} \cdot \frac{AF}{FB} = 1 \qquad ③$$

由 △ACT 被直线 GEV 截得

$$\frac{CG}{GA} \cdot \frac{AV}{VT} \cdot \frac{TE}{EC} = 1 \qquad ④$$

由 △ABT 被直线 FDV 截得

$$\frac{AF}{FB} \cdot \frac{BD}{DT} \cdot \frac{TV}{VA} = 1 \qquad ⑤$$

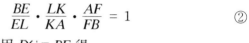

图 11.6

④×⑤,并利用 BD = EC 得

$$\frac{TE}{DT} \cdot \frac{CG}{GA} \cdot \frac{AF}{FB} = 1 \qquad ⑥$$

比较式③和式⑥得

$$\frac{LD}{EL} = \frac{TE}{DT} \Rightarrow LD = TE \Rightarrow BL = CT$$

11.2 如图 11.7 所示,连接 FK、BK、EK、CK,AD 与 BE 交于点 V.

因 ∠ABK = ∠ACK,由 ∠AFK = ∠AEK 知 ∠BFK = ∠CEK,故 △BFK ∽ △CEK.

又因为 △BPF ∽ △CPE,由 AD 平分 ∠BAC 知 KD 平分 ∠BKC,所以

$$\frac{BT}{CT} = \frac{KB}{KC} = \frac{BF}{CE} = \frac{PB}{PC}$$

从而 PT 平分 ∠BPC,有 ∠BPT = $\frac{1}{2}$∠BPC.

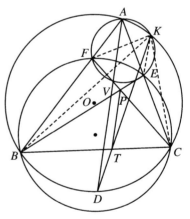

图 11.7

又因为

$$\angle BVD = \angle BAD + \angle ABV = \frac{1}{2}(\angle BAC + \angle ABP + ACP) = \frac{1}{2}\angle BPC$$

所以 ∠BPT = ∠BVD,故 PT // AD.

11.3 如图 11.8 所示(图形画得不相同时,证明过程类似),连接线段.

因 AD // EF // BC,故 $\stackrel{\frown}{AC} = \stackrel{\frown}{BD}$,所以 ∠BKP = ∠ABC = ∠BEP,从而 B、K、E、P 四点共圆,∠PKE = ∠PBE.

同理,∠PKF = ∠PCF.

所以 $\angle EKF = \angle PKF - \angle PKE = \angle PCF - \angle PBE$.

因 $EF \parallel MN \parallel BC$，故 $\overset{\frown}{BM} = \overset{\frown}{CN}$，所以 $\angle PAE = \angle CAN$，$\angle APE = \angle AMN = \angle ACN$. 于是 $\triangle APE \backsim \triangle ACN$，故 $\dfrac{AE}{AN} = \dfrac{AP}{AC}$. 结合 $\angle EAN = \angle PAC$ 得 $\triangle AEN \backsim \triangle APC$，故 $\angle ENA = \angle PCF$.

同理，$\triangle AFN \backsim \triangle APB$，故 $\angle FNA = \angle PBE$.

所以 $\angle ENF = \angle ENA - \angle FNA = \angle PCF - \angle PBE = \angle EKF$，故 E、F、N、K 四点共圆.

11.4 如图 11.9 所示，首先证明 $BT = CV$.

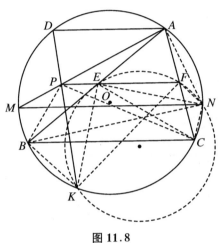

图 11.8

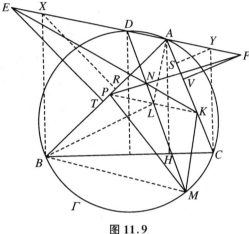

图 11.9

作 $BX \perp BC$，$CY \perp BC$，分别交直线 AD 于点 X、Y；作 $XR \perp AB$ 于点 R，$YS \perp AC$ 于点 S，$AH \perp BC$ 于点 H.

因 D 在 BC 的中垂线上，故 D 是 XY 的中点. 从而 $EX = FY$.

又因 $XR \parallel ET$，$YS \parallel FV$，$\mathrm{Rt}\triangle AXR \backsim \mathrm{Rt}\triangle AYS$，故 $\dfrac{TR}{EX} = \dfrac{AR}{AX} = \dfrac{AS}{AY} = \dfrac{VS}{FY}$，因

$$TR = VS$$

因 $\mathrm{Rt}\triangle BXR \backsim \mathrm{Rt}\triangle ABH$，故 $\dfrac{BR}{AH} = \dfrac{XR}{BH}$.

因 $\mathrm{Rt}\triangle CYS \backsim \mathrm{Rt}\triangle ACH$，故 $\dfrac{CS}{AH} = \dfrac{YS}{CH}$.

所以 $\dfrac{BR}{CS} = \dfrac{XR}{YS} \cdot \dfrac{CH}{BH}$.

由 $\mathrm{Rt}\triangle AXR \backsim \mathrm{Rt}\triangle AYS$ 及 $BX \parallel AH \parallel CY$ 得 $\dfrac{XR}{YS} = \dfrac{AX}{AY} = \dfrac{BH}{CH}$.

所以 $BR = CS$，从而 $BT = CV$. 故 $AP = BT = CV = AK$.

因 AD 是 $\angle PAK$ 的外角平分线，故 $AD \parallel PK$.

设 DN 交 PK 于点 L，连接 BL、BM.

因 D 为 EF 的中点，故 L 为 PK 的中点.

因 $\mathrm{Rt}\triangle AET \backsim \mathrm{Rt}\triangle KAL$，故 $\dfrac{AE}{AK} = \dfrac{AT}{KL} = \dfrac{PB}{PL}$，结合 $\angle EAK = \angle BPL$ 得 $\triangle AEK \backsim \triangle PBL$. 所以 $\angle AEN = \angle PBL$.

因为 $\angle APK = \angle DAB = \angle DMB$,所以 P、B、M、L 四点共圆,因此 $\angle PMN = \angle PBL = \angle AEK = \angle PKN$.故 P、N、K、M 四点共圆.

11.5 如图 11.10 所示(图形画得不相同时,证明过程类似),作 $AQ \perp BC$ 于点 Q,设 DL 交 AQ 于点 K_1,ET 交 AQ 于点 K_2.

由梅涅劳斯定理得

$$\frac{AL}{LC} \cdot \frac{CD}{DQ} \cdot \frac{QK_1}{K_1A} = 1 = \frac{AT}{TB} \cdot \frac{BE}{EQ} \cdot \frac{QK_2}{K_2A}$$

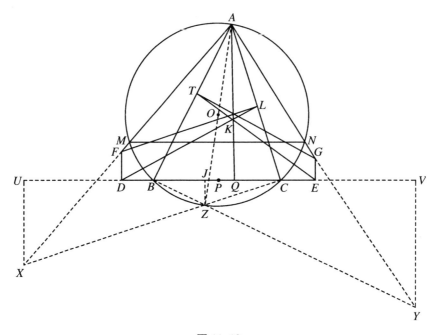

图 11.10

因 $CD = BE$,故要证 $AK \perp BC$,只要证点 K_1、K_2 重合,即证明

$$\frac{QK_1}{K_1A} = \frac{QK_2}{K_2A} \Leftrightarrow \frac{AL}{LC} \cdot \frac{EQ}{DQ} \cdot \frac{TB}{AT} = 1 \qquad ①$$

延长 AO,交 $\odot O$ 于点 Z.直线 BZ 与 AN 交于点 Y,作 $YV \perp BC$ 于点 V;直线 CZ 与 AM 交于点 X,作 $XU \perp BC$ 于点 U.作 $ZJ \perp BC$ 于点 J.

因 $FL \parallel XC$(都与 AC 垂直),$AQ \parallel FD \parallel XU$,故 $\dfrac{AL}{LC} = \dfrac{AF}{FX} = \dfrac{DQ}{DU}$.

同理,$\dfrac{TB}{AT} = \dfrac{GY}{AG} = \dfrac{EV}{EQ}$.

故

$$\text{式①} \Leftrightarrow \frac{DQ}{DU} \cdot \frac{EQ}{DQ} \cdot \frac{EV}{EQ} = 1$$
$$\Leftrightarrow DU = EV \Leftrightarrow CU = BV$$

因 $\text{Rt}\triangle CZJ \backsim \text{Rt}\triangle AZB$,故

$$\frac{CJ}{AB} = \frac{ZJ}{BZ} \qquad ②$$

因 $\text{Rt}\triangle BZJ \backsim \text{Rt}\triangle AZC$,故

$$\frac{BJ}{AC} = \frac{ZJ}{CZ} \qquad ③$$

因 $MN \parallel BC$，故 $\angle BAY = \angle CAX$，因此 $\text{Rt}\triangle ABY \sim \text{Rt}\triangle ACX$，所以

$$\frac{AB}{AC} = \frac{BY}{CX} \qquad ④$$

② ÷ ③，并利用式④得

$$\frac{CJ}{BJ} \cdot \frac{CX}{BY} = \frac{CZ}{BZ} \quad \Rightarrow \quad \frac{CJ \cdot CX}{CZ} = \frac{BJ \cdot BY}{BZ}$$

因为 $ZJ \parallel XU$，所以 $\dfrac{CJ}{CU} = \dfrac{CZ}{CX}$，故 $CU = \dfrac{CJ \cdot CX}{CZ}$.

同理，$BV = \dfrac{BJ \cdot BY}{BZ}$.

于是 $CU = BV$，证毕.

平面几何测试题 12

12.1 如图 12.1 所示,在 $\triangle ABC$ 中,$AB + AC = 2BC$,P 为 $\angle BAC$ 的平分线上一点,$PD \perp BC$ 于点 D,$PE \perp AC$ 于点 E,$PF \perp AB$ 于点 F,直线 DP 与 EF 交于点 K. 求证:$EK \cdot FK = 3PK^2$.

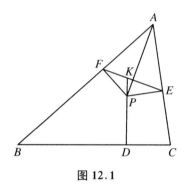

图 12.1

12.2 如图 12.2 所示,在 $\triangle ABC$ 中,直线 d、t 分别平分 $\angle BAC$ 及其外角. 点 D 在直线 d 上,直线 DB 与 t 交于点 E,直线 DC 与 t 交于点 F. 作 $MN \parallel BC$,分别交 AB、AC 于点 M、N. 直线 EM 与 FN 相交于点 K,DK 与 BC 相交于点 P. 求证:$BP = PC$.

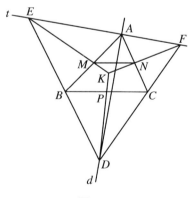

图 12.2

12.3 如图 12.3 所示,在锐角 $\triangle ABC$ 中,H 为垂心.过点 B、C 的 $\odot P$ 分别交 CA、AB 于点 D、E,BD 与 CE 交于点 F,点 P 关于 BC 的对称点为 K.求证:$FP \parallel HK$.

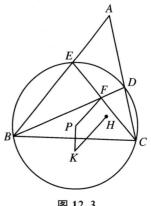

图 12.3

12.4 如图 12.4 所示,△ABC 内接于⊙O,点 P 是 BC 的中点,点 D、E 分别在射线 PB、PC 上,使得 PD = PE.⊙O 的弦 MN∥BC,点 M、B 在线段 BC 的中垂线的同侧.点 F、G 分别在直线 AM、AN 上,且 FD⊥BC,GE⊥BC.作 FT⊥AB 于点 T,GL⊥AC 于点 L,直线 DT、EL 交于点 K.求证:AK⊥BC.

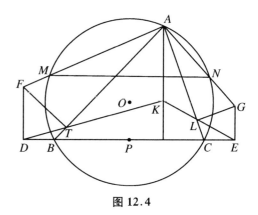

图 12.4

12.5 如图 12.5 所示,点 P、Q 是 $\triangle ABC$ 内部的等角共轭点.延长 AP,交 $\triangle ABC$ 的外接圆 Γ 于点 D.过点 P、D 的一个圆交 BC 于点 E、F,直线 DE、DF 与圆 Γ 的第二个交点分别为 M、N.求证:M、Q、N 三点共线.

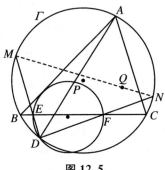

图 12.5

参 考 答 案

12.1 如图 12.6 所示,设 AP 与 BC 交于点 N.

因 AN 平分 $\angle BAC$,故 $\dfrac{AB}{BN}=\dfrac{AC}{CN}=\dfrac{AB+AC}{BC}=2$.

因 $PD\perp BC$,$PE\perp AC$,$PF\perp AB$,故 A、E、P、F,B、D、P、F 分别四点共圆.

于是 $\angle PFK=\angle PAE=\angle NAB$,$\angle FPK=\angle B$. 故 $\triangle FPK\backsim\triangle ABN$,所以 $\dfrac{PF}{PK}=\dfrac{AB}{BN}=2$,即 $PF=2PK$.

又因 $PF=PE$,由等腰三角形的性质得 $PK^2=PF^2-EK\cdot FK$,故 $EK\cdot FK=3PK^2$.

注 本题更一般的结论如下:

在 $\triangle ABC$ 中,N 是 BC 上一定点,P 是 AN 上的动点,$PD\perp BC$ 于点 D,$PE\perp AC$ 于点 E,$PF\perp AB$ 于点 F,直线 DP 与 EF 交于点 K,则 $\dfrac{EK\cdot FK}{PK^2}$ 是一个定值(这个定值为 $\dfrac{AN^2}{BN\cdot CN}$).

12.2 如图 12.7 所示,对 $\triangle DEF$ 及点 K,由角元塞瓦定理得

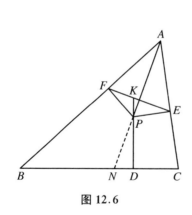

图 12.6

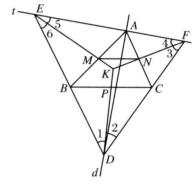

图 12.7

$$\dfrac{\sin\angle 1}{\sin\angle 2}\cdot\dfrac{\sin\angle 3}{\sin\angle 4}\cdot\dfrac{\sin\angle 5}{\sin\angle 6}=1 \quad ①$$

因 $MN\parallel BC$,故

$$\dfrac{AM}{MB}=\dfrac{AN}{NC}\Rightarrow\dfrac{AE\sin\angle 5}{BE\sin\angle 6}=\dfrac{AF\sin\angle 4}{CF\sin\angle 3}$$

$$\Rightarrow\dfrac{\sin\angle 3}{\sin\angle 4}\cdot\dfrac{\sin\angle 5}{\sin\angle 6}=\dfrac{AF}{CF}\cdot\dfrac{BE}{AE} \quad ②$$

又因

$$\dfrac{BE}{BD}\cdot\dfrac{CD}{CF}=\dfrac{AE\sin\angle BAE}{AD\sin\angle BAD}\cdot\dfrac{AD\sin\angle CAD}{AF\sin\angle CAF}=\dfrac{AE}{AF}$$

故

$$\dfrac{AF\cdot BE}{CF\cdot AE}=\dfrac{BD}{CD} \quad ③$$

由式①～式③得 $BD\sin\angle 1 = CD\sin\angle 2$，即 $BP = PC$.

12.3 如图 12.8 所示，过 B 作 $BT\perp AB$，过 C 作 $CT\perp AC$，BT 与 CT 交于点 T，连接 PB、PC、HT.

下面证明 F、P、T 三点共线.

因 $\angle EBF = \angle DCF$，故 $\angle FBT = \angle FCT$.

又因为 $\angle PBT = 90° - \angle EBP = \angle FCB$，$\angle PCT = 90° - \angle DCP = \angle FBC$，所以

F、P、T 三点共线

$$\Leftrightarrow \frac{S_{\triangle FBT}}{S_{\triangle FCT}} = \frac{S_{\triangle PBT}}{S_{\triangle PCT}}$$

$$\Leftrightarrow \frac{BF\cdot BT\sin\angle FBT}{CF\cdot CT\sin\angle FCT} = \frac{BP\cdot BT\sin\angle PBT}{CP\cdot CT\sin\angle PCT}$$

$$\Leftrightarrow \frac{BF}{CF} = \frac{\sin\angle FCB}{\sin\angle FBC}$$

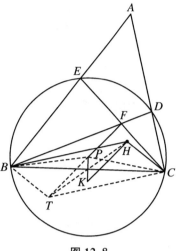

图 12.8

对 $\triangle FBC$，由正弦定理得上式成立. 故 F、P、T 三点共线.

因 $BT\perp AB$，$CH\perp AB$，故 $BT\parallel CH$.

同理，$CT\parallel BH$.

则四边形 $BTCH$ 为平行四边形，从而 HT 与 BC 互相平分.

又因为 PK 与 BC 互相垂直平分，所以 HT 与 PK 互相平分.

故 $PT\parallel HK$，即 $FP\parallel HK$.

12.4 如图 12.9 所示（图形画得不相同时，证明过程类似），作 $AQ\perp BC$ 于点 Q，设直线 DT、EL 分别交 AQ 于点 K_1、K_2.

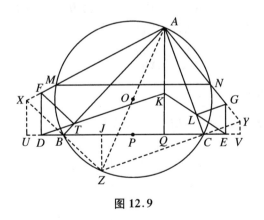

图 12.9

由梅涅劳斯定理得

$$\frac{AT}{TB}\cdot\frac{BD}{DQ}\cdot\frac{QK_1}{K_1A} = 1 = \frac{AL}{LC}\cdot\frac{CE}{EQ}\cdot\frac{QK_2}{K_2A}$$

要证 $AK\perp BC$，只要证点 K_1、K_2 重合，这只要证明 $\dfrac{QK_1}{K_1A} = \dfrac{QK_2}{K_2A}$. 因 $BD = CE$，故只要证明

$$\frac{AT}{TB}\cdot\frac{EQ}{DQ}\cdot\frac{LC}{AL} = 1 \qquad ①$$

延长 AO，交 $\odot O$ 于点 Z，ZB 交 AM 于点 X，ZC 交 AN 于点 Y. 作 $XU\perp BC$ 于点 U，$ZJ\perp BC$ 于点 J，$YV\perp BC$ 于点 V.

因 $TF\parallel BX$，$AQ\parallel FD\parallel XU$，故 $\dfrac{AT}{TB} = \dfrac{AF}{FX} = \dfrac{DQ}{DU}$.

同理，$\dfrac{LC}{AL} = \dfrac{GY}{AG} = \dfrac{EV}{EQ}$.

故

式① $\Leftrightarrow \dfrac{DQ}{DU}\cdot\dfrac{EQ}{DQ}\cdot\dfrac{EV}{EQ} = 1$

$\Leftrightarrow DU = EV \Leftrightarrow BU = CV$

因 $XU \parallel ZJ$,故 $\dfrac{BU}{BJ}=\dfrac{BX}{BZ}$,即 $BU=\dfrac{BX \cdot BJ}{BZ}$.

同理,$CV=\dfrac{CY \cdot CJ}{CZ}$.

因 $\mathrm{Rt}\triangle BZJ \backsim \mathrm{Rt}\triangle AZC$,故

$$\dfrac{BZ}{AZ}=\dfrac{BJ}{AC} \qquad ②$$

因 $\mathrm{Rt}\triangle CZJ \backsim \mathrm{Rt}\triangle AZB$,故

$$\dfrac{CZ}{AZ}=\dfrac{CJ}{AB} \qquad ③$$

因 $MN \parallel BC$,故 $\angle BAX=\angle CAN$,因此 $\mathrm{Rt}\triangle ABX \backsim \mathrm{Rt}\triangle ACY$,所以

$$\dfrac{AB}{AC}=\dfrac{BX}{CY} \qquad ④$$

②÷③,并利用式④得

$$\dfrac{BZ}{CZ}=\dfrac{BJ}{CJ} \cdot \dfrac{AB}{AC}=\dfrac{BJ}{CJ} \cdot \dfrac{BX}{CY} \Rightarrow \dfrac{BX \cdot BJ}{BZ}=\dfrac{CY \cdot CJ}{CZ}$$

所以 $BU=CV$.证毕.

12.5 如图 12.10 所示,延长 AQ,交圆 Γ 于点 K,连接线段如图所示.

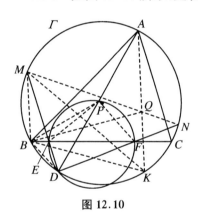

图 12.10

因 $\angle KBC=\angle KAC=\angle PAB$,故 $\angle QBK=\angle QBC+\angle KBC=\angle PBA+\angle PAB=\angle BPD$.

又因为 $\angle BDP=\angle BKQ$,所以 $\triangle PBD \backsim \triangle BQK$,故

$$\dfrac{PD}{BK}=\dfrac{BD}{KQ} \qquad ①$$

因 $\angle DBE=\angle DAC=\angle BAK=\angle BMK$,$\angle BDE=\angle BKM$,故 $\triangle BDE \backsim \triangle MKB$,因此

$$\dfrac{DE}{BK}=\dfrac{BD}{MK} \qquad ②$$

①÷②得 $\dfrac{PD}{DE}=\dfrac{MK}{KQ}$.

又因为 $\angle EDP=\angle MKQ$,所以 $\triangle DEP \backsim \triangle KQM$,故 $\angle DEP=\angle KQM$.

同理,$\angle DFP=\angle KQN$.

所以 $\angle KQM+\angle KQN=\angle DEP+\angle DFP=180°$,从而 M、Q、N 三点共线.

平面几何测试题 13

13.1 如图 13.1 所示，在四边形 $ABCD$ 中，$AD \parallel BC$，点 E、F、G、H 分别在边 AB、BC、CD、DA 上，使得四边形 $EFGH$ 为平行四边形. 求证：$\dfrac{AE}{BE} = \dfrac{CG}{GD}$.

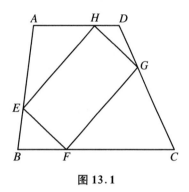

图 13.1

13.2 如图 13.2 所示，在锐角 $\triangle ABC$ 中，H 为垂心，BH 交 AC 于点 E. 点 P、A 在直线 BC 的同侧，$\triangle PBC$ 是以 BC 为斜边的等腰直角三角形. 点 K、E 在直线 AH 的同侧，$\triangle KAH$ 是以 AH 为斜边的等腰直角三角形. 求证：$\angle PKE = \angle BAC$.

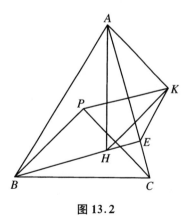

图 13.2

13.3 如图 13.3 所示，在 △ABC 中，AB = AC. 点 P 在 △ABC 的外接圆 φ 的 $\overparen{BC}$（不含点 A）上. 作 DE ∥ BC，分别交 AB、AC 于点 D、E. 直线 PD 与圆 φ 的第二个交点为 K，CK 与 DE 交于点 F. 求证：$\dfrac{BP}{CP} = \dfrac{EF}{DF}$.

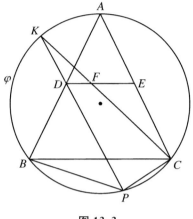

图 13.3

13.4 如图 13.4 所示,点 P、Q 是 $\triangle ABC$ 内的等角共轭点. AQ 与 $\triangle ABC$ 的外接圆 φ 的第二个交点为 E,过点 A、P 且与 AC 相切的圆 ε 与圆 φ 相交于点 A、D. 直线 DE 与 BC 交于点 F. 求证: A、Q、F、B 四点共圆.

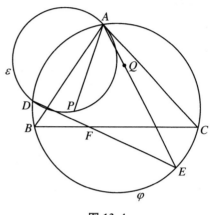

图 13.4

13.5 如图 13.5 所示，$\triangle ABC$ 的外接圆为圆 Γ，点 D 为 $\overset{\frown}{BC}$（不含点 A）的中点．弦 $EF \parallel BC$，点 E、B 在边 BC 的中垂线的同侧，EF 交 AB 于点 K．点 P 为线段 AD 上一点，CP、FP 与圆 Γ 的第二个交点分别为 M、N，DM 与 PK 交于点 V，DN 与 PE 交于点 T．求证：$TV \parallel BC$．

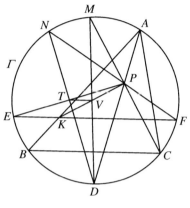

图 13.5

参 考 答 案

13.1 如图 13.6 所示，延长 HE、HG，分别交直线 BC 于点 M、N.

因 $AD \parallel BC$，$EF \parallel HN$，$FG \parallel HM$，故 $\dfrac{AE}{EB} = \dfrac{HE}{EM} = \dfrac{NF}{FM} = \dfrac{NG}{GH} = \dfrac{CG}{GD}$.

13.2 如图 13.7 所示，连接 PE.

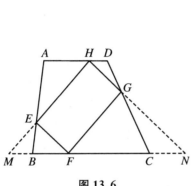
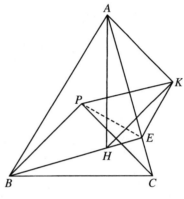

图 13.6   图 13.7

因 H 为锐角 $\triangle ABC$ 的垂心，故 $BE \perp AC$.

又因为 $\angle BPC = 90° = \angle AKH$，所以 B、C、E、P，A、H、E、K 分别四点共圆.

从而 $\angle AEK = \angle AHK = 45° = \angle PCB = \angle PEB$，$\angle EKH = \angle EAH = \angle EBC = \angle EPC$，故 $\angle AKE = 90° + \angle EKH = 90° + \angle EPC = \angle BPE$.

因此 $\triangle AEK \backsim \triangle BEP$，故 $\dfrac{EK}{EP} = \dfrac{EA}{EB}$.

结合 $\angle KEP = \angle AEK + \angle AEP = 90° = \angle AEB$，得 $\triangle KPE \backsim \triangle ABE$，故
$$\angle PKE = \angle BAC$$

13.3 **证法 1** 如图 13.8 所示，设 PK 与 BC 交于点 M，AB 与 CK 交于点 T，BK 与 ED 交于点 V.

因 $VF \parallel BC$，故
$$\dfrac{VD}{DF} = \dfrac{BM}{MC} = \dfrac{S_{\triangle BKP}}{S_{\triangle CKP}} = \dfrac{BP \cdot BK}{CP \cdot CK} = \dfrac{BP}{CP} \cdot \dfrac{BV}{CF}$$

即 $\dfrac{BP}{CP} = \dfrac{VD}{DF} \cdot \dfrac{CF}{BV}$.

对 $\triangle FVK$ 及其截线 TDB，由梅涅劳斯定理得 $\dfrac{VD}{DF} \cdot \dfrac{FT}{TK} \cdot \dfrac{KB}{BV} = 1$. 所以
$$\dfrac{BP}{CP} = \dfrac{TK \cdot BV}{FT \cdot KB} \cdot \dfrac{CF}{BV} = \dfrac{CF}{FT} \cdot \dfrac{TK}{KB} \qquad ①$$

由直线 TFC 截 $\triangle ADE$ 得
$$\dfrac{EF}{DF} \cdot \dfrac{DT}{TA} \cdot \dfrac{AC}{CE} = 1 \qquad ②$$

由直线 EFD 截 $\triangle ACT$ 得

$$\frac{CE}{EA} \cdot \frac{AD}{DT} \cdot \frac{TF}{FC} = 1 \qquad ③$$

②×③,并利用 $AD = EA$ 得

$$\frac{EF}{DF} \cdot \frac{AC}{TA} \cdot \frac{TF}{FC} = 1 \Rightarrow \frac{EF}{DF} = \frac{CF}{FT} \cdot \frac{TA}{AC} \qquad ④$$

又因 $\triangle ACT \backsim \triangle KBT$,故

$$\frac{TK}{KB} = \frac{TA}{AC} \qquad ⑤$$

由式①、式④及式⑤得 $\frac{BP}{CP} = \frac{EF}{DF}$.

证法 2 如图 13.9 所示,连接 AK、AF、AP.

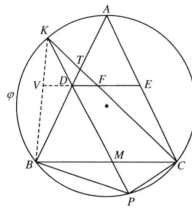

图 13.8

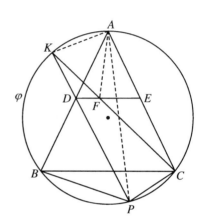

图 13.9

因 $\angle KFD = \angle KCB = \angle KAD$,故 A、K、D、F 四点共圆,从而 $\angle FAD = \angle FKD = \angle CAP$.因此 $\angle BAP = \angle EAF$.

由 $AB = AC$,$DE \parallel BC$ 得 $AD = AE$.

于是 $\dfrac{BP}{CP} = \dfrac{\sin \angle BAP}{\sin \angle CAP} = \dfrac{\sin \angle EAF}{\sin \angle FAD} = \dfrac{EF}{DF}$.

13.4 如图 13.10 所示(图形画得不相同时,证明过程类似),延长 AP,交圆 φ 于点 K,连接线段如图所示.

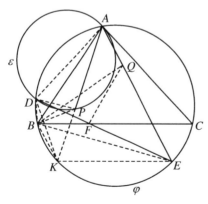

图 13.10

因 AC 是圆 ε 的切线,故

$$\begin{aligned}
\angle PDK &= \angle ADK - \angle ADP \\
&= 180° - \angle AEK - \angle CAP \\
&= 180° - (\angle C + \angle BAP) - \angle CAP \\
&= 180° - \angle C - \angle BAC = \angle ABC
\end{aligned}$$

因 $\angle BAP = \angle CAQ = \angle CBE$,故

$$\begin{aligned}
\angle BPK &= \angle BAP + \angle ABP = \angle CBE + \angle CBQ \\
&= \angle QBE
\end{aligned}$$

又因为 $\angle BKP = \angle BEQ$,所以 $\triangle PKB \backsim \triangle BEQ$,故

$$\frac{PK}{BE} = \frac{BK}{QE} \qquad ①$$

因$\angle BDK = \angle BAK = \angle CAE = \angle FBE$,$\angle BKD = \angle BEF$,故$\triangle BKD \sim \triangle FEB$,所以
$$\frac{DK}{EB} = \frac{BK}{EF} \qquad ②$$

①÷②得$\frac{PK}{DK} = \frac{EF}{QE}$.

又因$\angle DKP = \angle QEF$,故$\triangle DKP \sim \triangle QEF$.

于是$\angle FQE = \angle PDK = \angle ABC$,故 A、Q、F、B 四点共圆.

13.5 如图 13.11 所示,TV 与 EF 不重合,设 AB 与 DM 交于点 L,AE 与 DN 交于点 X,连接 PL、PX、AM、AN.

因 $EF /\!/ BC$,D 为 $\overset{\frown}{BC}$ 的中点,故 D 为 $\overset{\frown}{EF}$(不含点 A)的中点.

所以$\angle XAP = \angle XNP$,因此 A、N、X、P 四点共圆.

从而$\angle NPX = \angle NAX = \angle NAE = \angle NFE$,故 $PX /\!/ EF$.

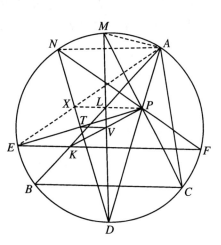

图 13.11

由 D 为 $\overset{\frown}{BC}$ 的中点得$\angle PAL = \angle PML$,故 A、M、L、P 四点共圆.

从而$\angle MPL = \angle MAB = \angle MCB$,因此
$$PL /\!/ BC /\!/ EF$$

故 P、L、X 三点共线,且 $LX /\!/ EK$. 所以
$$\frac{EX}{XA} = \frac{KL}{LA} \qquad ①$$

对$\triangle AEP$ 及其截线 XTD,由梅涅劳斯定理得
$$\frac{PT}{TE} \cdot \frac{EX}{XA} \cdot \frac{AD}{DP} = 1 \qquad ②$$

由$\triangle AKP$ 及其截线 LVD 得
$$\frac{PV}{VK} \cdot \frac{KL}{LA} \cdot \frac{AD}{DP} = 1 \qquad ③$$

由式①~式③得$\frac{PT}{TE} = \frac{PV}{VK}$,因此 $TV /\!/ EF$. 故 TV 与 EF 平行或重合,所以 $TV /\!/ BC$.

平面几何测试题 14

14.1 如图 14.1 所示，在 $\triangle ABC$ 中，点 D、E 均在 BC 上。直线 $FK \parallel BC$，分别交 AD、AE 于点 F、K。直线 BK 与 AC 交于点 M，CF 与 AB 交于点 N。直线 DM、EN 分别与直线 FK 交于点 P、T。求证：$KP = FT$。

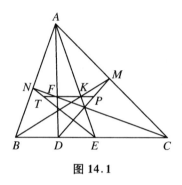

图 14.1

14.2 如图 14.2 所示，在 $\triangle ABC$ 中，$AB > AC$。P 为 $\angle BAC$ 的平分线上一点，BP 交 AC 于点 E，CP 交 AB 于点 F。点 M、N 分别在 AC、AB 上，使得 $AM = AF$，$AN = AE$，BM 与 CN 交于点 K。求证：$AP \perp PK$。

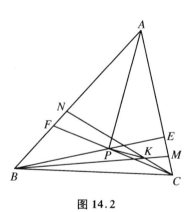

图 14.2

14.3 如图 14.3 所示,在△ABC 中,I 为内心. 点 D、E、F 分别在边 BC、CA、AB 上,使得 BD = BF,CD = CE. 点 P、M、N 分别在直线 BC、IC、IB 上,使得 AP∥EM∥FN∥ID. 求证:P、D、M、N 四点共圆.

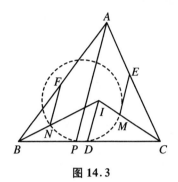

图 14.3

14.4 如图 14.4 所示,点 D 为 $\triangle ABC$ 的外接圆的 $\overparen{BAC}$ 的中点. $\triangle ABC$ 内部的点 E、F 均在 $\angle BAC$ 的平分线上,使得 $\angle ABE = \angle CBF$. 延长 DF,交 $\triangle BCE$ 的外接圆于点 K. 求证:
$\dfrac{BK}{CK} = \dfrac{BE}{CE}$.

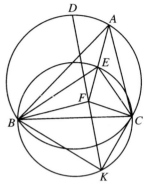

图 14.4

14.5 如图 14.5 所示,锐角 $\triangle ABC$ 的外接圆为 $\odot O$, D 为 $\overset{\frown}{BC}$ (不含点 A)的中点. AB、CD 的延长线交于点 E,AC、BD 的延长线交于点 F. $AP \perp BC$ 于点 P,交 EF 于点 K. 求证:
$\dfrac{AP}{AK} = \cos \angle BAC$.

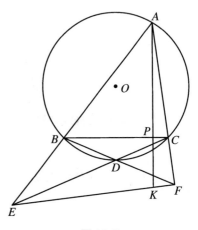

图 14.5

参 考 答 案

14.1 因 $TP /\!/ BC$,故

$$\frac{KP}{BD} = \frac{KM}{MB} \Rightarrow KP = \frac{KM \cdot BD}{MB} \qquad ①$$

$$\frac{FT}{CE} = \frac{FN}{NC} \Rightarrow FT = \frac{FN \cdot CE}{NC} \qquad ②$$

$$\frac{EA}{AK} = \frac{DA}{AF} \qquad ③$$

考虑 $\triangle BEK$ 被直线 AMC 截,由梅涅劳斯定理得

$$\frac{KM}{MB} \cdot \frac{BC}{CE} \cdot \frac{EA}{AK} = 1 \qquad ④$$

考虑 $\triangle CDF$ 被直线 ANB 截,由梅涅劳斯定理得

$$\frac{FN}{NC} \cdot \frac{CB}{BD} \cdot \frac{DA}{AF} = 1 \qquad ⑤$$

由式③~式⑤得

$$\frac{KM \cdot BD}{MB} = \frac{FN \cdot CE}{NC} \qquad ⑥$$

由式①、式②、式⑥得 $KP = FT$.

14.2 如图 14.6 所示,由帕普斯定理知:直线 BE 与 CF 的交点 P、BM 与 CN 的交点 K、NE 与 FM 的交点三点共线.

因 $AM = AF$,$AN = AE$,故 $NE /\!/ FM$,两直线的交点在无穷远处,所以 $PK /\!/ NE$.

因 $AN = AE$,AP 平分 $\angle NAE$,故 $AP \perp NE$,所以 $AP \perp PK$.

14.3 证法 1 如图 14.7 所示,连接 IE、DM、IF、DN.

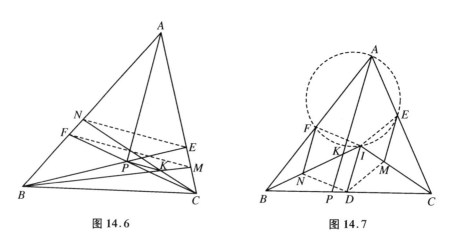

图 14.6   图 14.7

因 CI 平分 $\angle ACB$,$CD = CE$,$AP /\!/ EM /\!/ FN /\!/ ID$,故 $\angle EMI = \angle DIM = \angle EIM$,所以 $ID = IE = ME = MD$,从而四边形 $IDME$ 为菱形.

同理,四边形 $IDNF$ 为菱形.

因 $\angle AEI + \angle AFI = \angle BDI + \angle CDI = 180°$,故 A、E、I、F 四点共圆.设此圆交 AP 于点 A、K.连接 KI.

则 $\angle AKI = \angle IEC = \angle IDC = \angle KPC$，从而 $KI \parallel PD$，四边形 $KPDI$ 为平行四边形.

于是四点 K、I、E、F 沿射线 ID 方向平移线段 ID 之长后分别至点 P、D、M、N. 故 P、D、M、N 四点共圆.

证法 2（长沙市南雅中学学生彭振邦提供） 如图 14.8 所示，设 BI 与 AP 交于点 T，连接线段如图所示.

同证法 1 得四边形 $IDME$、$IDNF$ 均为菱形，A、E、I、F 四点共圆. 则 $\angle MDN = \angle EIF = 180° - \angle BAC$.

因 $\dfrac{BP}{BF} = \dfrac{BT}{BD} = \dfrac{BT}{BI}$，$\dfrac{BF}{BA} = \dfrac{BN}{BT}$，两式相乘得

$$\dfrac{BP}{BA} = \dfrac{BN}{BI}$$

又因为 $\angle PBN = \angle ABI$，所以 $\triangle BPN \sim \triangle BAI$，从而 $\angle BPN = \angle BAI$.

同理，$\angle CPM = \angle CAI$.

所以 $\angle MPN = 180° - (\angle BPN + \angle CPM) = 180° - \angle BAC$. 故 $\angle MPN = \angle MDN$，因此 P、D、M、N 四点共圆.

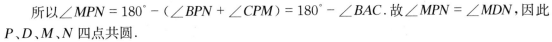

图 14.8

14.4 当 $AB = AC$ 时，结论显然成立.

当 $AB \ne AC$ 时，不妨设 $AB > AC$，如图 14.9 所示，设直线 DB、DC 与 $\triangle BCE$ 的外接圆的第二个交点分别为 M、N，作 $MP \parallel BF$，交 DK 于点 P，连接 NP、MN、CM.

设 $\angle ABE = \angle CBF = \beta$，又因 AF 平分 $\angle BAC$，故点 E、F 为 $\triangle ABC$ 的等角共扼点，可设

$$\angle ACE = \angle BCF = \gamma$$

因 D 为 $\overparen{BAC}$ 的中点，故 $DB = DC$，从而 $MN \parallel BC$，所以 $\dfrac{DN}{NC} = \dfrac{DM}{MB} = \dfrac{DP}{PF}$，因此 $NP \parallel CF$，故

$$\angle MPN = \angle BFC = 180° - \beta - \gamma$$

因为 $\angle BMC = \angle BEC = \angle A + \beta + \gamma$，所以

$$\angle MCN = \angle BMC - \angle MDC = \beta + \gamma$$

于是 $\angle MPN + \angle MCN = 180°$，因此点 P 在 $\triangle BCE$ 的外接圆上.

所以 $\angle DBF = \angle DMP = \angle DKB$，故 $\triangle DBF \sim \triangle DKB$，因此 $\dfrac{BF}{BK} = \dfrac{DB}{DK}$.

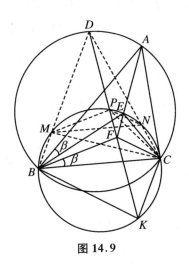

图 14.9

同理，$\dfrac{CF}{CK} = \dfrac{DC}{DK}$.

所以 $\dfrac{BF}{BK} = \dfrac{CF}{CK}$，即 $\dfrac{BK}{CK} = \dfrac{BF}{CF}$.

设 I 为 $\triangle ABC$ 的内心，则 I 在线段 EF 上，且 BI 平分 $\angle EBF$，CI 平分 $\angle ECF$.

所以 $\dfrac{BE}{BF} = \dfrac{EI}{IF} = \dfrac{CE}{CF}$，即 $\dfrac{BE}{CE} = \dfrac{BF}{CF}$.

故 $\dfrac{BK}{CK} = \dfrac{BE}{CE}$.

注 本题中的点 E、F 推广为等角共轭点,证明方法相同.题目如下:

如图 14.10 所示,点 D 为 $\triangle ABC$ 的外接圆的 $\overparen{BAC}$ 的中点. $\triangle ABC$ 内部的点 E、F 使得 $\angle ABE = \angle CBF$,$\angle ACE = \angle BCF$.延长 DF,交 $\triangle BCE$ 的外接圆于点 K.求证:$\dfrac{BK}{CK} = \dfrac{BF}{CF}$.

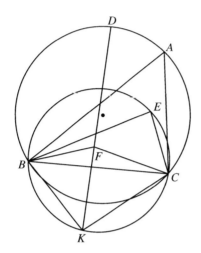
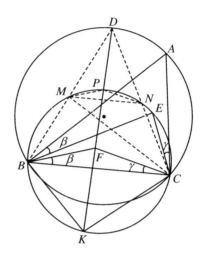

图 14.10

14.5 证法 1 如图 14.11 所示,不妨设 $AB > AC$(从以下的证明中可知当 $AB = AC$ 时,结论也成立).设直线 AD 分别交 BC、EF 于点 V、U.过点 D 作 BC 的垂线,垂足为 M,交 $\odot O$ 于点 D、X,交 EF 于点 N,设直线 XB 与 CE 交于点 T,XC 与 BF 交于点 L.由完全四边形 $ABEDFC$ 的调和性质知,A、V、D、U 是调和点列.

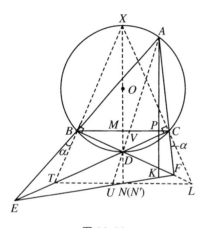

图 14.11

又因为 $MN \parallel AK$,所以 $\dfrac{AP}{DM} = \dfrac{AV}{VD} = \dfrac{AU}{UD} = \dfrac{AK}{DN}$,即 $\dfrac{AP}{AK} = \dfrac{DM}{DN}$.

因 D 为 $\overparen{BC}$ 的中点,故 DX 是 $\odot O$ 的直径.从而 $XT = XL$,$BT = CL$,XD 经过 TL 的中点.

设 EF 与 TL 交于点 N'.

对 $\triangle DTL$ 及其截线 $FN'E$,由梅涅劳斯定理得

$$\dfrac{LF}{FD} \cdot \dfrac{DE}{ET} \cdot \dfrac{TN'}{N'L} = 1$$

设 $\angle FCL = \angle ACX = \angle ABX = \angle EBT = \alpha$.则

$$\dfrac{LF}{FD} \cdot \dfrac{DE}{ET} = \dfrac{S_{\triangle CLF}}{S_{\triangle CFD}} \cdot \dfrac{S_{\triangle BDE}}{S_{\triangle BET}} = \dfrac{CL\sin\alpha}{CD\sin(90°-\alpha)} \cdot \dfrac{BD\sin(90°+\alpha)}{BT\sin\alpha} = 1$$

于是 $TN' = N'L$.

故 XD、EF、TL 三线共点于 TL 的中点 N.

因为 $BC \parallel TL$,所以

$$\dfrac{AP}{AK} = \dfrac{DM}{DN} = \dfrac{BM}{NL} = \dfrac{CM}{NL} = \dfrac{XC}{XL} = \dfrac{XC}{XT} = \cos\angle CXB = \cos\angle BAC$$

证法 2 如图 14.12 所示,不妨设 $AB > AC$(从以下证明可知当 $AB = AC$ 时,结论也

成立).设直线 AD 分别交 BC、EF 于点 V、U,过 B、C 分别作$\odot O$ 的切线,两切线相交于点 N.

对退化的圆内接六边形 $ABBDCC$,由帕斯卡定理得 E、N、F 三点共线.

因 D 为$\overset{\frown}{BC}$的中点,故 $ND \perp BC$.设垂足为 M,则 $MN \parallel AK$(都垂直于 BC).

由完全四边形 $ABEDFC$ 的调和性质知 A、V、D、U 是调和点列.

所以 $\dfrac{AP}{DM} = \dfrac{AV}{VD} = \dfrac{AU}{UD} = \dfrac{AK}{DN}$,即 $\dfrac{AP}{AK} = \dfrac{DM}{DN}$.

又因$\angle NBD = \angle DCB = \angle DBC$,故 $\dfrac{DM}{DN} = \dfrac{BM}{BN} = \cos\angle NBM = \cos\angle BAC$.所以 $\dfrac{AP}{AK} = \cos\angle BAC$.

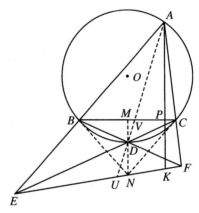

图 14.12

平面几何测试题 15

15.1 如图 15.1 所示，点 P、K 为 $\triangle ABC$ 内的等角共轭点. 延长 AP，交 $\triangle ABC$ 的外接圆 Γ 于点 D，DK 与 BC 交于点 E. 求证：$PE \parallel AK$.

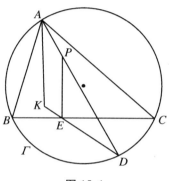

图 15.1

15.2 如图 15.2 所示，在 $\triangle ABC$ 中，$\angle BAC \neq 90°$. 点 D 在 $\angle BAC$ 的平分线上，$DE \perp CA$ 于点 E，$DF \perp AB$ 于点 F，BD 交 CA 于点 M，CD 交 AB 于点 N，直线 EF 与 MN 交于点 P. PD 交 BC 于点 K. 求证：$\dfrac{PD}{DK} = |\cos \angle BAC|$.

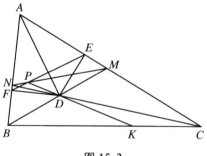

图 15.2

15.3 如图 15.3 所示,在△ABC 中,$AB \neq AC$.内切圆⊙I 与 CA、AB 分别相切于点 E、F,BI 交 AC 于点 M,CI 交 AB 于点 N,BM、CN 的中点分别为 T、K,直线 EF 与 KT 交于点 X.求证:$IX \parallel BC$.

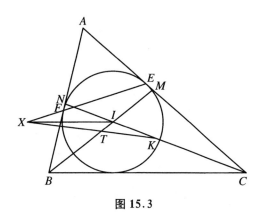

图 15.3

15.4 如图 15.4 所示，$\triangle ABC(AB \neq AC)$ 的外接圆为 $\odot O$，内心为 I，$ID \perp BC$ 于点 D，延长 AD，交 $\odot O$ 于点 E．J 为 $\angle BAC$ 内的旁心，F 为 $\overparen{BAC}$ 的中点，JF 交 $\odot O$ 于点 K（K 不同于 F）．求证：$KE \parallel BC$．

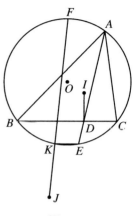

图 15.4

15.5 如图 15.5 所示,在 △ABC 中,点 D 在 ∠BAC 的平分线上,DE⊥AB 于点 E,DF⊥AC 于点 F,BF 与 CE 交于点 P,AP 与 BC 交于点 K,KT⊥EF 于点 T,BT 交 AC 于点 M,CT 交 AB 于点 N,AL⊥BC 于点 L,DT 与 AL 交于点 V.求证:A、M、V、N 四点共圆.

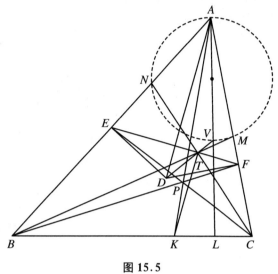

图 15.5

参考答案

15.1 如图 15.6 所示,设 AK、BP、BK 与圆 Γ 的第二个交点分别为 F、M、N,连接 AM、BF、BD、CD、CK、CN、DM.

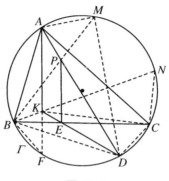

图 15.6

可知 $\angle BAF = \angle CAD$,$\angle ABM = \angle CBN$,则 $BF = CD$,$AM = CN$.

$$PE \ /\!/ \ AK \iff \frac{DP}{PA} = \frac{DE}{EK} \iff \frac{S_{\triangle DBM}}{S_{\triangle ABM}} = \frac{S_{\triangle DBC}}{S_{\triangle KBC}}$$

$$\iff \frac{BD \cdot DM}{AB \cdot AM} = \frac{BD \cdot CD\sin \angle BDC}{BK \cdot CK\sin \angle BKC}$$

$$\iff \frac{DM}{AB \cdot AM} = \frac{CD}{BK \cdot CK} \cdot \frac{CK}{CN} \quad \left(因 \frac{\sin \angle BDC}{\sin \angle BKC} = \frac{\sin \angle N}{\sin \angle CKN} = \frac{CK}{CN}\right)$$

$$\iff \frac{PM}{AP} = \frac{BF}{BK}$$

因 $\angle APM = \angle BAP + \angle ABP = \angle CAF + \angle CBK = \angle CBF + \angle CBK = \angle KBF$,$\angle AMP = \angle BFK$,故 $\triangle APM \sim \triangle KBF$,因此 $\frac{PM}{AP} = \frac{BF}{BK}$. 证毕.

15.2 如图 15.7 所示,不妨设 $\angle BAC$ 为锐角(为钝角时证明类似). 设直线 MN 与 BC 交于点 X(可能为无穷远点),AD 分别交 EF、MN、BC 于点 L、V、T. KP 交 AX 于点 Y.

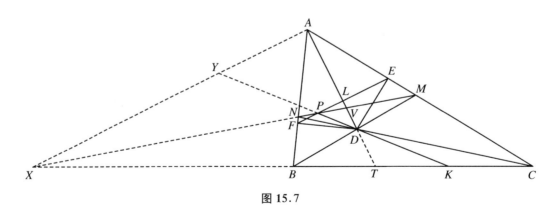

图 15.7

由完全四边形的性质知 C、T、B、X 构成调和点列.

又因为 AT 是 $\angle BAC$ 的平分线,所以 AX 是 $\angle BAC$ 的外角平分线,故 $AX \perp AT$.

易知 A、V、D、T 构成调和点列,XA、XV、XD、XT 构成调和线束,从而 Y、P、D、K 构成调和点列.

于是可设 $\dfrac{PD}{DK} = \dfrac{PY}{YK} = x$,计算得 $\dfrac{PD}{PY} = \dfrac{1-x}{1+x}$.

因为 AT 垂直平分 EF,所以 $PL \parallel AY$,因此
$$\tan^2 \dfrac{\angle BAC}{2} = \dfrac{FL}{AL} \cdot \dfrac{DL}{FL} = \dfrac{PD}{PY} = \dfrac{1-x}{1+x}$$

于是 $x = \cos \angle BAC$,所以 $\dfrac{PD}{DK} = \cos \angle BAC$.

15.3 如图 15.8 所示,不妨设 $AB < AC$,设 BI、CI 分别交直线 EF 于点 Y、Z,L 为 BC 的中点.

由三角形内切圆的性质得 $\angle BYC = \angle BZC = 90°$,从而 $\text{Rt}\triangle CIY \sim \text{Rt}\triangle BIZ$,故 $\dfrac{CI}{BI} = \dfrac{IY}{IZ}$.

易知 L、T、Z,L、K、Y 分别三点共线.

由角平分线性质得 $BN = \dfrac{ac}{a+b}$,$CM = \dfrac{ab}{a+c}$. 又有 $LY = LZ = \dfrac{a}{2}$.

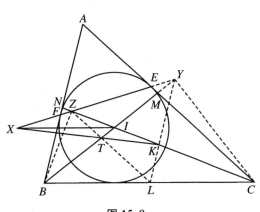

图 15.8

考虑 $\triangle LYZ$ 被直线 KTX 截,由梅涅劳斯定理得 $\dfrac{LK}{KY} \cdot \dfrac{YX}{XZ} \cdot \dfrac{ZT}{TL} = 1$,所以

$$\dfrac{YX}{XZ} = \dfrac{KY}{LK} \cdot \dfrac{TL}{ZT} = \dfrac{\dfrac{a}{2} - \dfrac{ac}{2(a+b)}}{\dfrac{ac}{2(a+b)}} \cdot \dfrac{\dfrac{ab}{2(a+c)}}{\dfrac{a}{2} - \dfrac{ab}{2(a+c)}}$$

$$= \dfrac{a+b-c}{c} \cdot \dfrac{b}{a+c-b} = \dfrac{b}{c} \cdot \dfrac{CE}{BF} = \dfrac{\sin B}{\sin C} \cdot \dfrac{CI \cos \dfrac{C}{2}}{BI \cos \dfrac{B}{2}} = \dfrac{IY \sin \dfrac{B}{2}}{IZ \sin \dfrac{C}{2}}$$

设 $\angle XIZ = \alpha$,α 为锐角. 因为

$$\dfrac{YX}{XZ} = \dfrac{S_{\triangle IYX}}{S_{\triangle IXZ}} = \dfrac{IY \sin\left(90° + \dfrac{A}{2} + \alpha\right)}{IZ \sin \alpha} = \dfrac{IY \sin\left(\dfrac{B}{2} + \dfrac{C}{2} - \alpha\right)}{IZ \sin \alpha}$$

所以

$$\dfrac{\sin \dfrac{B}{2}}{\sin \dfrac{C}{2}} = \dfrac{\sin\left(\dfrac{B}{2} + \dfrac{C}{2} - \alpha\right)}{\sin \alpha} \Rightarrow \sin \dfrac{B}{2} \sin \alpha = \sin\left(\dfrac{B}{2} + \dfrac{C}{2} - \alpha\right) \sin \dfrac{C}{2}$$

$$\Rightarrow \cos\left(\dfrac{B}{2} + \alpha\right) = \cos\left(\dfrac{B}{2} + C - \alpha\right)$$

$$\Rightarrow \alpha = \dfrac{\angle C}{2}$$

故 $\angle XIZ = \alpha = \dfrac{\angle C}{2} = \angle BCI$，因此 $IX \parallel BC$.

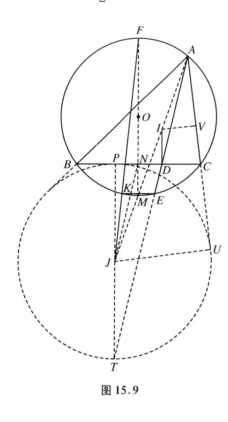

图 15.9

15.4 如图 15.9 所示，不妨设 $AB > AC$. 设 M、N 分别为 $\overset{\frown}{BC}$、BC 的中点，则 M、N、O、F、A、I、M、J 分别四点共线. 作 $IV \perp AC$ 于点 V，$JU \perp AC$ 于点 U，$JP \perp BC$ 于点 P. 延长 AD，交 PJ 的延长线于点 T，则 $ID \parallel JT$.

于是 $\dfrac{ID}{JT} = \dfrac{AI}{AJ} = \dfrac{IV}{JU}$.

因为 $ID = IV$，所以 $JT = JU = $ 旁切圆 $\odot J$ 的半径，因此 T 在 $\odot J$ 上.

因为 $BP = CD$，所以 N 也是 PD 的中点.

又因为 J 为 PT 的中点，所以 $JN \parallel AT$，故 $\angle EAM = \angle MJN$.

又因 $JM^2 = BM^2 = MN \cdot MF$，故
$$\angle MJN = \angle MFK$$

所以 $\angle EAM = \angle MFK$，因此 $\overset{\frown}{ME} = \overset{\frown}{MK}$. 而 M 为 $\overset{\frown}{BC}$ 的中点，故 $\overset{\frown}{CE} = \overset{\frown}{BK}$，所以 $KE \parallel BC$.

15.5 如图 15.10 所示，设过 A、M、N 三点的 $\odot Q$ 交 AL 于点 V'（不同于点 A）. 只要证明 V' 与 V 重合，即 D、T、V' 三点共线即可. 连接 $V'M$、$V'N$.

设 EF、BC 的延长线交于点 S（可能是无穷远点）.

由完全四边形的性质得 B、K、C、S 是调和点列.

因 $KT \perp EF$，由调和点列的性质得 TK 平分 $\angle BTC$. 从而 $\angle BTE = \angle CTF$.

又因为 $\angle AEF = \angle AFE$，所以 $\angle EBT = \angle FCT$，因此 B、C、M、N 四点共圆.

因为 $\angle QAM = 90° - \dfrac{1}{2}\angle AQM$
$= 90° - \angle ANM = 90° - \angle ACB = \angle LAC$，所以 A、Q、V' 三点共线. 因此 AV' 是 $\odot Q$ 的直径，故
$$\angle V'MA = \angle V'NA = 90°$$

过点 T 作 $TX \perp AB$ 于点 X，$TY \perp AC$ 于点 Y.

易知 $\triangle ETN \sim \triangle FTM$，$TX$、$TY$ 是对应边上的高，所以 $\dfrac{NX}{NE} = \dfrac{MY}{MF}$.

因 $V'N \parallel TX \parallel DE$，$V'M \parallel TY \parallel DF$，故 D、T、V' 三点共线. 证毕.

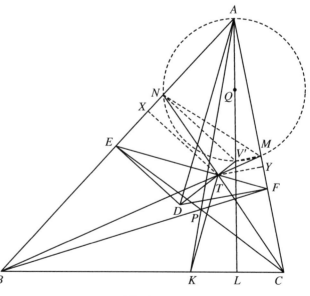

图 15.10

平面几何测试题 16

16.1 如图 16.1 所示,在 △ABC 中,点 E、F 在 ∠BAC 内,使得 ∠BAE = ∠CAF,BE ⊥ AE,CF ⊥ AF,AE 与 BC 交于点 D,DK ⊥ AB 于点 K.求证:KD 平分 ∠EKF.

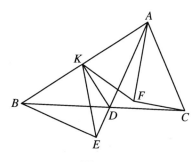

图 16.1

16.2 如图 16.2 所示,在 △ABC 中,点 E、F 在边 BC 上,使得 ∠BAE = ∠CAF.点 D 为 BC 上一点,△ADE 的外接圆与 AB、AC 的第二个交点分别为 M、N,△ADF 的外接圆与 AB、AC 的第二个交点分别为 P、Q,直线 MN 与 PQ 交于点 K.求证:∠ADB = ∠KDC.

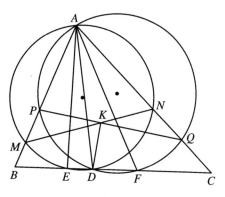

图 16.2

16.3 如图 16.3 所示，在 △ABC 中，点 D、E 分别在 AB、AC 上，使得 BD = CE. 点 F、K 均在 △ABC 的外接圆 Γ 的 $\overset{\frown}{BC}$（不含 A）上，且 FK ∥ BC. FD、KD 与圆 Γ 的第二个交点分别为 P、Q，CP、CQ 分别交 DE 于点 M、N. 求证：DN = EM.

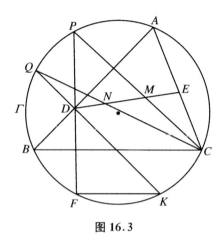

图 16.3

16.4 如图 16.4 所示，$\triangle ABC$ 内接于圆 Γ。点 D、E 分别在 AB、AC 上，$DE \parallel BC$。点 F 在线段 DE 上，点 K 在 $\overset{\frown}{BC}$（不含 A）上，使得 $\angle BAF = \angle CAK$。求证：直线 BF 与 KE 的交点 P 在圆 Γ 上。

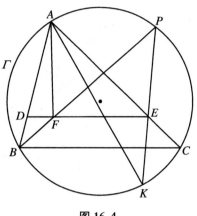

图 16.4

16.5 如图 16.5 所示，在 △ABC 中，点 E 在 BC 上，∠BAC 内的点 D 使得 ∠BAD = ∠CAE，且 BD∥AC．△ABC 的外接圆的过点 B 的切线交直线 AE 于点 F．求证：∠DCB = ∠FCA（或者 π−∠FCA）．

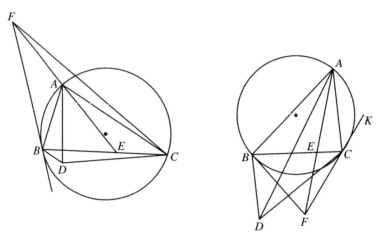

图 16.5

参 考 答 案

16.1 如图 16.6 所示,作 $AP \perp BC$ 于点 P,$CT \perp AD$ 于点 T,连接 PF、PK.

因 A、K、D、P,A、F、P、C 分别四点共圆,故 $\angle DPK = \angle DAK = \angle CAF = \angle DPF$(或 $\angle CPF$),因此 K、P、F 三点共线.

因为 B、K、D、E,A、T、P、C 分别四点共圆,$BE /\!/ CT$,所以 $\angle DKE = \angle DBE = \angle DCT = \angle DAP = \angle DKP = \angle DKF$,即 KD 平分 $\angle EKF$.

16.2 如图 16.7 所示,连接 DM、DN、DQ.

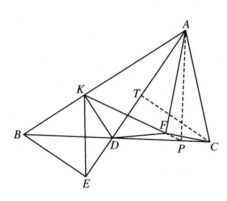

图 16.6

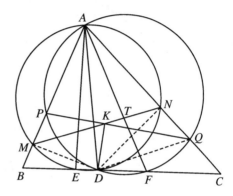

图 16.7

因 $\angle DNK = \angle DAM = \angle DAP = \angle DQK$,故 D、K、N、Q 四点共圆. 所以 $\angle ADM = \angle ANM = \angle KDQ$.

又因 $\angle MDE = \angle MAE = \angle QAF = \angle QDF$,故 $\angle ADB = \angle KDC$.

16.3 如图 16.8 所示,延长 AC 至点 T,使 $CT = BD = CE$. 在射线 CK 上取点 S,使 $CS = BK$. 作 $DV /\!/ CQ$,交直线 AC 于点 V,连接 ST、AK、KV.

因 $\angle TCS = \angle DBK$,故 $\triangle TCS \cong \triangle DBK$,因此 $\angle CTS = \angle BDK$.

因 $\angle KDV = \angle Q = \angle KAV$,故 A、D、K、V 四点共圆. 所以 $\angle AVK = \angle BDK = \angle CTS$,从而 $KV /\!/ ST$.

故 $\dfrac{DN}{NE} = \dfrac{VC}{CE} = \dfrac{VC}{CT} = \dfrac{CK}{CS} = \dfrac{CK}{BK}$.

同理,$\dfrac{DM}{ME} = \dfrac{CF}{BF}$.

由 $FK /\!/ BC$ 知 $CK = BF$,$BK = CF$.

所以 $\dfrac{DN}{NE} = \dfrac{EM}{MD}$,故 $DN = EM$.

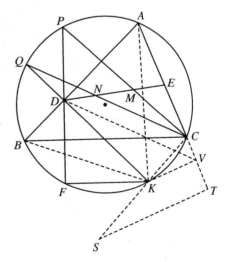

图 16.8

16.4 如图 16.9 所示,作 $EM /\!/ FB$,分别交直线 AB、BC 于点 M、N,连接 BK、CK、KM、KN.

因 $\angle ADF = \angle ABC = \angle AKC$,$\angle DAF = \angle KAC$,故 $\triangle ADF \sim \triangle AKC$.

类似地,△AEF∽△AKB.

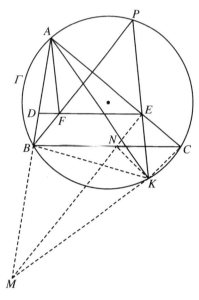

图 16.9

所以 $\dfrac{DF}{KC} = \dfrac{AD}{AK}, \dfrac{EF}{BK} = \dfrac{AE}{AK}$. 两式相除得

$$\dfrac{DF}{FE} \cdot \dfrac{BK}{KC} = \dfrac{AD}{AE}$$

又因为 $\dfrac{DF}{FE} = \dfrac{DB}{BM}, \dfrac{AD}{AE} = \dfrac{DB}{EC}$, 所以 $\dfrac{BK}{KC} = \dfrac{BM}{EC}$.

结合 $\angle MBK = \angle ECK$ 得 △BMK∽△CEK, 故 $\dfrac{KM}{KE} = \dfrac{KB}{KC}$, 而且 $\angle BKM = \angle CKE$, 因此 $\angle MKE = \angle BKC$.

于是 △KEM∽△KCB, 故 $\angle KEN = \angle KCN$. 因此 E、C、K、N 四点共圆.

所以 $\angle CKE = \angle CNE = \angle CBF$, 故点 P 在圆 Γ 上.

16.5 证法1 如图 16.10 所示,设直线 AB、AC 与 △BCF 的外接圆的第二个交点分别为 M、N. 连接 FM、FN、CM、BN.

因 $\angle NAF = \angle CAE = \angle BAD$, 由 $\angle ABF = \angle ACB = \angle DBC$ 得 $\angle FNA = \angle FBC$(或者 $\pi - \angle FBC$) $= \angle ABD$, 故 △AFN∽△ADB.

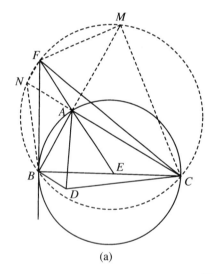

(a)

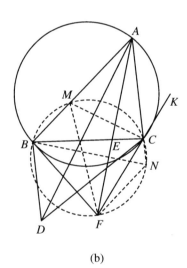

(b)

图 16.10

又因为 △ANB∽△AMC, 所以 $\dfrac{AF}{AD} = \dfrac{AN}{AB} = \dfrac{AM}{AC}$.

结合 $\angle FAM = \angle BAE = \angle DAC$ 得 △AMF∽△ACD, 所以 $\angle AMF = \angle ACD$.

又因为 $\angle BCF = \angle BMF$, 所以 $\angle BCF = \angle ACD$(或者 $\pi - \angle BCF = \angle ACD$), 故 $\angle DCB = \angle FCA$(或者 $\pi - \angle FCA$).

证法2 如图 16.11 所示, 延长 BF, 与 △ACF 的外接圆的第二个交点为 P, 连接 PA、PC.

因 $\angle PBA = \angle ACB = \angle CBD$, 故 $\angle PBC = \angle ABD$.

又因为 $\angle BAD = \angle EAC = \angle BPC$，所以 $\triangle PBC \backsim \triangle ABD$，因此 $\dfrac{BP}{BA} = \dfrac{BC}{BD}$.

结合 $\angle PBA = \angle CBD$ 得 $\triangle PBA \backsim \triangle CBD$，故 $\angle DCB = \angle FPA = \angle FCA$（或 $\pi - \angle FCA$）.

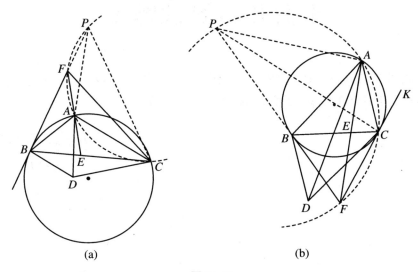

图 16.11

证法 3 因 $BD \parallel AC$，BF 是 $\triangle ABC$ 外接圆的切线，故 $\angle CBD = \angle ACB = \angle ABF$（或 $\angle CBF$）.

又因为 $\angle BAD = \angle CAE$，所以点 D、F 为 $\triangle ABC$ 的等角共轭点，从而 $\angle DCB = \angle FCA$（或 $\pi - \angle FCA$）.

平面几何测试题 17

17.1 如图 17.1 所示，Rt△ABC（∠BAC = 90°）内接于⊙O，点 D、E 分别为劣弧 $\overparen{AB}$、$\overparen{AC}$ 的中点，DE 分别交 AB、AC 于点 F、K．求证：BF + CK = BC．

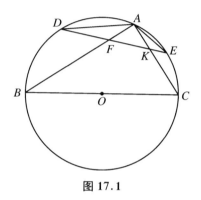

图 17.1

17.2 如图 17.2 所示，在△ABC 中，AB ≠ AC．点 E、F 都在∠BAC 内部，使得∠BAE = ∠CAF，且 AE⊥BE，AF⊥CF．AD⊥BC 于点 D，M 为 BC 的中点．求证：D、E、M、F 四点共圆．

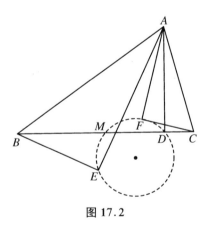

图 17.2

17.3 如图 17.3 所示,在△ABC 中,点 D 与 A 在直线 BC 的同侧,使∠BDC +∠BAC = 180°.在射线 BD 上取点 E,使 BE = BA;在射线 CD 上取点 F,使 CF = CA. M 为 EF 的中点.求证:AE // MC,AF // MB.

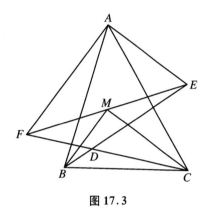

图 17.3

17.4 如图 17.4 所示,在△ABC 中,圆 α_1 过点 A、B,且与 AC 切于点 A;圆 α_2 过点 A、C,且与 AB 切于点 A.圆 α_1 与圆 α_2 交于点 A、D.圆 β 过点 A、B,且与 BC 切于点 B;圆 γ 过点 A、C,且与 BC 切于点 C.圆 β 与圆 γ 交于点 A、E.求证:点 D、E 是△ABC 的等角共轭点.

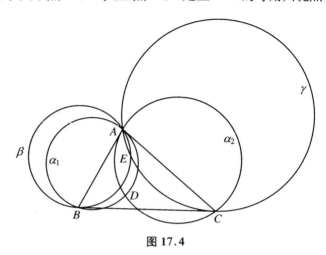

图 17.4

17.5 如图 17.5 所示,在 17.4 题中,设圆 α_1 与圆 γ 相交于点 A、F,圆 α_2 与圆 β 相交于点 A、K. 求证:点 F、K 是 $\triangle ABC$ 的等角共轭点.

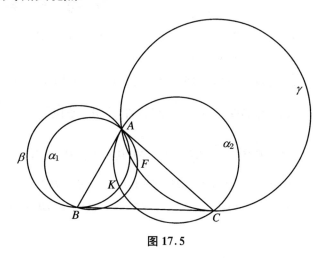

图 17.5

参 考 答 案

17.1 证法1 如图17.6所示,作 $BM \perp DE$ 于点 M,$CN \perp DE$ 于点 N,$OT \perp DE$ 于点 T,连接 OD、OE.

因点 D、E 分别为 $\overparen{AB}$、$\overparen{AC}$ 的中点,故 $\angle DOE = 90°$.

又因为 $OD = OE = \dfrac{1}{2}BC$,$OT \perp DE$,所以 $OT = \dfrac{\sqrt{2}}{2}OD = \dfrac{\sqrt{2}}{4}BC$.

因 $\angle BFD = \angle CKE = 45°$,故 $BM = \dfrac{\sqrt{2}}{2}BF$,$CN = \dfrac{\sqrt{2}}{2}CK$.

因为 $BM + CN = 2OT$,所以 $BF + CK = BC$.

证法2 如图17.7所示,作 $CP /\!/ AB$,交 BE 的延长线于点 P,延长 DE,交 CP 于点 V,连接 CE.

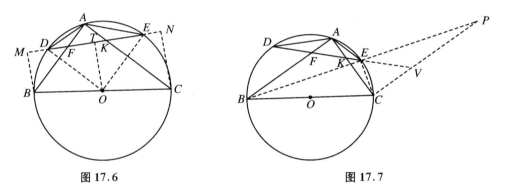

图 17.6　　　　　　　　　　图 17.7

因 $\angle CEB = 90°$,$\angle CBE = \angle ABE = \angle P$,故 $CP = BC$,且 $BE = PE$.

从而 $\triangle BEF \cong \triangle PEV$,因此 $BF = PV$.

又因为 $\angle CKV = 45°$,所以 $\triangle CKV$ 是等腰直角三角形,$CK = CV$,故
$$BF + CK = CP = BC$$

17.2 如图17.8所示,不妨设 $AB > AC$,延长 CF 至 C',使 $C'F = CF$,连接 AC'、BC'、MF、EF、ED.

因 $\angle BAE = \angle CAF = \angle C'AF$,故 $\text{Rt}\triangle ABE \backsim \text{Rt}\triangle AC'F$,所以 $\dfrac{AB}{AC'} = \dfrac{AE}{AF}$.

又因为 $\angle BAE = \angle C'AF$,所以 $\angle BAC' = \angle EAF$,故 $\triangle ABC' \backsim \triangle AEF$,因此 $\angle ABC' = \angle AEF$.

因 $AD \perp BC$,$AE \perp BE$,故 A、B、E、D 四点共圆. 从而 $\angle ABD = \angle AED$.

注意到 MF 为 $\triangle CBC'$ 的中位线,所以 $\angle FMD = \angle C'BD = \angle FED$. 故 D、E、M、F 四点共圆.

注 点 E、F 都在 $\angle BAC$ 外时命题也成立.

17.3 如图17.9所示,延长 CM 至点 K,使 $MK = MC$,连接 AM、EK.

因 M 为 EF 的中点,故 $KE = CF = CA$.

把 $\triangle ABC$ 的三内角简记为 $\angle A$、$\angle B$、$\angle C$. 则

$$\angle CAF = 90° - \frac{1}{2}\angle ACF = 90° - \frac{1}{2}(\angle C - \angle DCB).$$

同理,$\angle BAE = 90° - \frac{1}{2}(\angle B - \angle DBC)$.

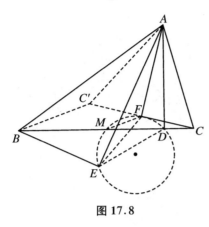

图 17.8

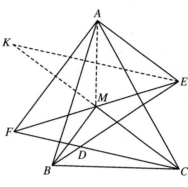

图 17.9

由 $\angle BDC + \angle A = \angle 180°$ 知 $\angle DCB + \angle DBC = \angle A$. 所以
$$\angle FAE = \angle CAF + \angle BAE - \angle A$$
$$= 180° - \frac{1}{2}\angle C - \frac{1}{2}\angle B + \frac{1}{2}(\angle DCB + \angle DBC) - \angle A$$
$$= 90°.$$

从而 $MA = ME$. 故 $\triangle MEK \cong \triangle MAC$(SSS).

因 $MK = MC$, 故点 E、A 到 KC 的距离相等. 所以 $AE \parallel KC$, 即 $AE \parallel MC$.

同理,$AF \parallel MB$.

17.4 如图 17.10 所示,延长 AD,交过 D、B、C 三点的圆于点 M;延长 AE,交过 E、B、C 三点的圆于点 N. 延长 AB 至点 X,延长 AC 至点 Y,连接线段如图所示.

因 $\angle BNE = \angle BCE = \angle EAC$,故 $BN \parallel AC$,因此 $\angle NBX = \angle BAC$.

因为 $\angle MBC = \angle MDC = \angle DCA + \angle DAC = \angle DAB + \angle DAC = \angle BAC$,所以 $\angle NBX = \angle MBC$.

同理,$\angle NCY = \angle MCB$.

故点 N、M 是 $\triangle ABC$ 的等角共轭点.

因此 $\angle EAB = \angle DAC$. 从而 $\angle EBC = \angle EAB = \angle DAC = \angle DBA$.

所以点 D、E 是 $\triangle ABC$ 的等角共轭点.

17.5 如图 17.11 所示,延长 AF,交过 F、B、C 三点的圆于点 P;延长 AK,交过 K、B、C 三点的圆于点 Q. 延长 AB 至点 X,延长 AC 至点 Y,连接线段如图所示.

因 $\angle BPF = \angle BCF = \angle FAC$,故 $BP \parallel AC$,因此 $\angle PBX = \angle BAC$.

又因为 $\angle QBC = \angle QKC = \angle KAC + \angle KCA = \angle KAC + \angle KAB = \angle BAC$,所以 $\angle PBX = \angle QBC$.

同理,$\angle QCY = \angle PCB$.

故点 P、Q 是 $\triangle ABC$ 的等角共轭点.

因此 $\angle KAB = \angle FAC$. 从而 $\angle KBC = \angle KAB = \angle FAC = \angle FBA$.

所以点 F、K 是 $\triangle ABC$ 的等角共轭点.

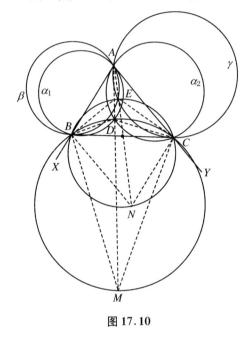

图 17.10

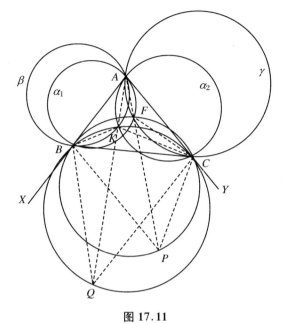

图 17.11

平面几何测试题 18

18.1 如图 18.1 所示，点 D 为 $\triangle ABC$ 的外接圆的 $\overparen{BAC}$ 的中点，点 D 关于 BC 的对称点为 K．延长 AB 至 E，使 $BE = AC$；延长 AC 至点 F，使 $CF = AB$．求证：E、F、K 三点共线．

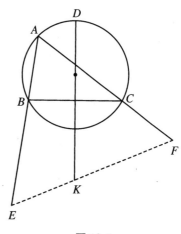

图 18.1

18.2 如图 18.2 所示，在 $\triangle ABC$ 中，$AB \neq AC$，$\angle BAC$ 的平分线交 $\triangle ABC$ 的外接圆于点 D（D 不同于 A），点 D 关于 BC 的对称点为 K．点 E、F 分别在 AB、AC 上，使得 $BE = CF$，BF 与 CE 交于点 P．求证：$PK \parallel AD$．

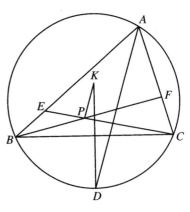

图 18.2

18.3 如图 18.3 所示,在△ABC 中,AB≠AC. AD⊥BC 于点 D,作 DE∥AC,交 AB 于点 E,作 EF∥BC,交 AD 于点 F. DK⊥BF 于点 K. M、N 分别为 BC、AD 的中点. 求证:D、M、K、N 四点共圆.

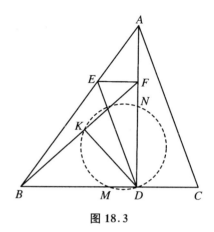

图 18.3

18.4 如图 18.4 所示，在 △ABC 中，O 为外心，点 D 在边 BC 上．过点 A 作直线 d⊥AD，作 BE⊥BC，交 d 于点 E；作 CF⊥BC，交 d 于点 F．作 EP⊥AB，FP⊥AC，EP 与 FP 相交于点 P．求证：点 O 为线段 PD 的中点．

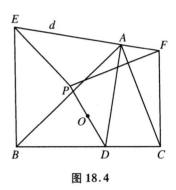

图 18.4

18.5 如图 18.5 所示，$\triangle ABC$ 内接于 $\odot O$，M、N 分别为 $\overparen{BC}$、$\overparen{BAC}$ 的中点，D 为直线 BC 上一点. 作 $DE \parallel AC$，交 AB 于点 E；$DF \parallel AB$，交 AC 于点 F. ND 与 $\odot O$ 的第二个交点为 K，连接 EF、AK，作 $KP \perp AK$，交 AM 于点 P. 求证：$PD \perp EF$.

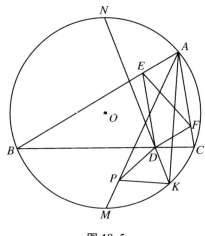

图 18.5

参 考 答 案

18.1 当 $AB=AC$ 时,易知结论成立.当 $AB\neq AC$ 时,不妨设 $AB<AC$.如图 18.6 所示,作平行四边形 $BACP$.

因 $BP=AC=BE$,$\angle EBP=\angle A$,故 $\angle BPE=90°-\dfrac{1}{2}\angle A$.

同理,$\angle CPF=90°-\dfrac{1}{2}\angle A$.

又因为 $\angle BPC=\angle A$,所以 $\angle BPE+\angle BPC+\angle CPF=180°$,因此点 P 在直线 EF 上,且 $\angle BPE=\angle CPF$,EF 是 $\angle BPC$ 的外角平分线.

作 $\triangle BCP$ 的外接圆,交 EF 于点 P、K',连接 BK'、CK'、BD、CD.

则 $\angle K'BC=\angle CPF=90°-\dfrac{1}{2}\angle A=\angle BPE=\angle K'CB$.

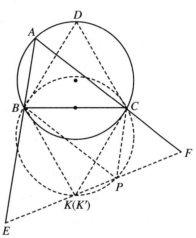

图 18.6

又因 $\angle DBC=\angle DCB=90°-\dfrac{1}{2}\angle A$,故 $\triangle K'BC\cong\triangle DBC$.从而点 K'、D 关于 BC 对称.

故点 K' 与 K 重合.于是 E、F、K 三点共线.

注 类似命题如下:

如图 18.7 所示,在 $\triangle ABC$ 中,$AB<AC$.延长 BA 至 E,使 $BE=AC$,在 AC 上取点 F,使 $CF=AB$.点 D 为 $\triangle ABC$ 的外接圆的 $\overset{\frown}{BC}$(不含 A)的中点,点 D 关于 BC 的对称点为 K.求证:E、F、K 三点共线.

18.2 如图 18.8 所示,可设 DK 与 BC 互相垂直平分于点 T,连接 AT 并延长至点 S,使 $TS=TA$,连接 KS、PS、SC、SB.延长 SB、CE,使之交于点 V.

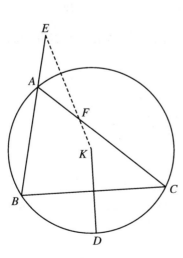

图 18.7

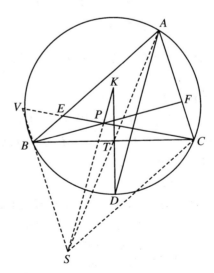

图 18.8

因 $TD = TK$,$TA = TS$,故 $SK \parallel AD$.

因为四边形 $ABSC$ 是平行四边形,所以 $\dfrac{SC}{SV} = \dfrac{BE}{BV} = \dfrac{CF}{BV} = \dfrac{CP}{PV}$,故 SP 平分 $\angle CSB$.

又因 AD 平分 $\angle BAC$,由平行四边形 $ABSC$ 的性质得 $SP \parallel AD$.

所以 S、P、K 三点共线,且 $PK \parallel AD$.

18.3 如图 18.9 所示,不妨设 $AB > AC$,连接 KM、KN.

因 M、N 分别为 BC、AD 的中点,故 $2DM = BD - CD$,$2FN = DF - AF$.

因 $DE \parallel AC$,$EF \parallel BC$,故 $\dfrac{BD}{CD} = \dfrac{BE}{AE} = \dfrac{DF}{AF}$,因此 $\dfrac{BD}{DF} = \dfrac{CD}{AF} = \dfrac{BD - CD}{DF - AF} = \dfrac{DM}{FN}$.

又因 $\mathrm{Rt}\triangle BDK \backsim \mathrm{Rt}\triangle DFK$,故 $\dfrac{DK}{FK} = \dfrac{BD}{DF} = \dfrac{DM}{FN}$.

结合 $\angle MDK = \angle NFK$ 得 $\triangle DKM \backsim \triangle FKN$,因此 $\angle DKM = \angle FKN$,所以 $\angle MKN = \angle DKF = 90° = \angle NDC$.

故 D、M、K、N 四点共圆.

18.4 如图 18.10 所示,设直线 AD、d 与 $\triangle ABC$ 的外接圆 $\odot O$ 的第二个交点分别为 M、N. 因 $d \perp AD$,故 MN 为 $\odot O$ 的直径.

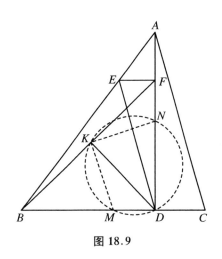

图 18.9

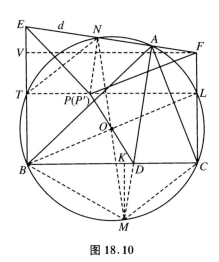

图 18.10

设 BE、CF 与 $\odot O$ 的第二个交点分别为 T、L,则四边形 $BCLT$ 为矩形,BL 为 $\odot O$ 的直径.

所以 $\overparen{BM} = \overparen{NL}$.

作 $NP' \perp EF$,交 TL 于点 P',连接 TN、EP'. 则 E、T、P'、N 四点共圆.

故 $\angle P'EN = \angle P'TN = \angle BAM$. 结合 $EA \perp AM$ 知 $EP' \perp AB$.

同理,$FP' \perp AC$.

所以点 P' 与 P 重合.

连接 BM、CM,作 $MK \perp BC$ 于点 K,$FV \parallel BC$,交 BE 于点 V.

因为 $\angle PEF = \angle BAM = \angle MCB$,同理 $\angle PFE = \angle MBC$,所以 $\triangle PEF \backsim \triangle MCB$,$PN$、$MK$ 是对应边上的高,从而 $\dfrac{PN}{MK} = \dfrac{EF}{BC}$.

因 $MD \perp EF$,由 $MK \perp BC$,$BC \parallel FV$ 知 $MK \perp FV$,故 $\angle EFV = \angle DMK$.

所以 Rt△FVE∽Rt△MKD,从而 $\dfrac{MD}{MK}=\dfrac{EF}{FV}=\dfrac{EF}{BC}$.

故 $PN=MD$,且 $PN\parallel MD$.

注意到 O 为 MN 的中点,得 P、O、D 三点共线,且点 O 为线段 PD 的中点.

18.5 如图 18.11 所示,不妨设 $AB>AC$(当 $AB=AC$ 时,证明更容易).作 △AKP 的外接圆⊙T,与 AB、AC 的第二个交点分别为 V、U,VU 与 BC 交于点 D',AD 与 EF 交于点 X,连接线段如图所示.

因 $\angle AKP=90°$,故 T 是 AP 的中点.

因 M 为 $\overset{\frown}{BC}$ 的中点,故 $\angle VAP=\angle UAP$,$AV=AU$.

考虑 △ABC 被直线 $VD'U$ 截,由梅涅劳斯定理得 $\dfrac{BD'}{D'C}\cdot\dfrac{CU}{UA}\cdot\dfrac{AV}{VB}=1$,从而 $\dfrac{BD'}{D'C}=\dfrac{VB}{CU}$.

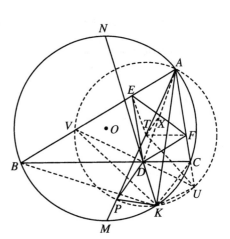

图 18.11

因 N 为 $\overset{\frown}{BAC}$ 的中点,故 KD 平分 $\angle BKC$.从而 $\dfrac{BD}{DC}=\dfrac{BK}{CK}$.

因 $\angle KVB=\angle KUC$,$\angle VBK=\angle UCK$,故 △KVB∽△KUC,所以 $\dfrac{VB}{CU}=\dfrac{BK}{CK}$.

故 $\dfrac{BD'}{D'C}=\dfrac{BD}{DC}$,即 D' 与 D 重合,也即 V、D、U 三点共线.

所以 $\angle FDU=\angle AVU=\angle FUD$.

又由于四边形 $AEDF$ 是平行四边形,于是 $AE=DF=UF$.

又因为 $AT=UT$,$\angle EAT=\angle TAU=\angle FUT$,所以 △TAE≌△TUF,故 $TE=TF$.

注意到 X 为 EF 的中点,得 $TX\perp EF$.

又因 TX 为 △APD 的中位线,故 $TX\parallel PD$,所以 $PD\perp EF$.

平面几何测试题 19

19.1 如图 19.1 所示,在等腰 $\triangle ABC$ 中,$AB = AC$,$AD \perp BC$ 于点 D,点 E、F 在直线 AD 上. $\odot(ABE)$ 与 $\odot(ACF)$ 交于点 A、K,直线 BF 与 CE 交于点 P. 求证:$\dfrac{PE}{PF} = \dfrac{KE}{KF}$.

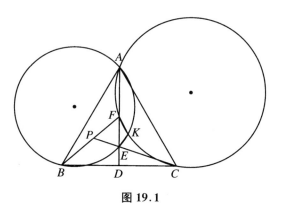

图 19.1

19.2 如图 19.2 所示,在 $\triangle ABC$ 中,O 为外心. 延长 AB 至点 D,延长 AC 至点 E,使得 $BD = CE$. $\odot(ABE)$ 与 $\odot(ACD)$ 交于点 A、F. 求证:$OF \perp DE$.

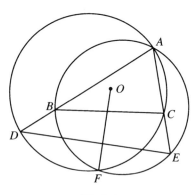

图 19.2

19.3 如图 19.3 所示，⊙O_1 与 ⊙O_2 相交于点 A、B. 任一直线交 ⊙O_1 于点 C、D，交 ⊙O_2 于点 E、F. 过点 B 作 ⊙O_1 的切线 BK，交 ⊙O_2 于点 K. 直线 BC、BD 分别交直线 KE 于点 G、H. 求证：(1) A、B、G、H 四点共圆（记为 ⊙$(ABGH)$）；(2) BF 为 ⊙$(ABGH)$ 的切线.

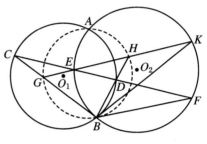

图 19.3

19.4 如图 19.4 所示，四边形 $ABCD$ 内接于 $\odot O$，E 为 AD 上任一点，$EF \perp AB$ 于点 F，交 CD 于点 K；$EG \perp CD$ 于点 G，交 AB 于点 H. $\triangle ABE$ 的外心为 O_1，$\triangle CDE$ 的外心为 O_2. 求证：$O_1O_2 \parallel HK$.

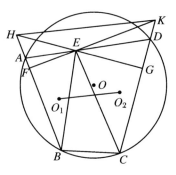

图 19.4

19.5 如图 19.5 所示,在四边形 $ABCD$ 中,$AB = CD$,$AD < BC$ 且 AD 与 BC 不平行,AC 与 BD 交于点 P,E、F 分别为 AD、BC 的中点,$\triangle ABP$、$\triangle CDP$ 两三角形的外接圆交于点 P、K. 求证:直线 EF 平分线段 PK.

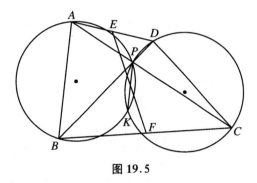

图 19.5

参 考 答 案

19.1 如图 19.6 所示,连接 AK、BE、BK、CF、CK.

因 $AB = AC$,$AD \perp BC$,故 $BD = DC$,$BE = CE$,$BF = CF$.

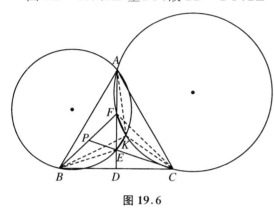

图 19.6

考虑 $\triangle BCP$ 被直线 DEF 截,由梅涅劳斯定理得 $\dfrac{BD}{DC} \cdot \dfrac{CE}{EP} \cdot \dfrac{PF}{FB} = 1$,从而 $\dfrac{PE}{PF} = \dfrac{CE}{BF} = \dfrac{BE}{CF}$.

因 $\angle EBK = \angle EAK = \angle FCK$,$\angle BKE = \angle BAE = \angle CAF = 180° - \angle CKF$,故

$$\dfrac{KE}{BE} = \dfrac{\sin \angle EBK}{\sin \angle BKE} = \dfrac{\sin \angle FCK}{\sin \angle CKF} = \dfrac{KF}{CF}$$

即 $\dfrac{KE}{KF} = \dfrac{BE}{CF}$.故 $\dfrac{PE}{PF} = \dfrac{KE}{KF}$.

19.2 如图 19.7 所示(图形画得不相同时,证明过程稍有改变),连接 OD、OE、BF、CF、DF、EF,作 $FP \perp AD$ 于点 P,$FK \perp AE$ 于点 K.

因 $\angle DBF = \angle CEF$,$\angle BDF = \angle ECF$,$BD = CE$,故 $\triangle BDF \cong \triangle ECF$,从而 $FP = FK$,$AP = AK$,$PB = EK$.所以

$$DF^2 - EF^2 = DP^2 - EK^2 = (DP + EK)(DP - EK)$$
$$= (DP + PB)(DA - AP - EA + AK) = DB(DA - EA)$$

由圆幂定理得

$$DO^2 - EO^2 = DB \cdot DA + R^2 - EC \cdot EA - R^2 \quad (R \text{ 为 } \triangle ABC \text{ 的外接圆半径})$$
$$= DB(DA - EA)$$

所以 $DF^2 - EF^2 = DO^2 - EO^2$,故 $OF \perp DE$.

19.3 (1) 如图 19.8 所示(图形画得不相同时,证明过程要稍作改动.例如两角相等可能变为其中一个角等于另一个角的补角),连接 AB、AC、AD、AE、AG、AH.

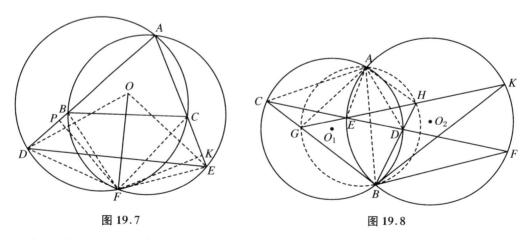

图 19.7   图 19.8

因 BK 为 $\odot O_1$ 的切线,故 $\angle AEK = \angle ABK = \angle ACB = \angle ACG$,从而 A、C、G、E 四点共圆.

故 $\angle ABH = \angle ACD = \angle AGH$，所以 A、B、G、H 四点共圆.

(2) 因 $\angle ABF = \angle AEF = 180° - \angle AEC = 180° - \angle AGC = \angle AGB$，故 BF 为 $\triangle ABG$ 的外接圆的切线，即 BF 为 $\odot(ABGH)$ 的切线.

19.4 当 $AB // CD$ 时，易知命题成立. 当 AB 不平行于 CD 时，如图 19.9 所示，不妨设直线 AB 与 CD 交于点 P，连接 PE.

因为 $KF \perp PH$，$HG \perp PK$，所以 E 为 $\triangle PHK$ 的垂心，故 $PE \perp HK$.

因 A、B、C、D 四点共圆，故 $PB \cdot PA = PC \cdot PD$. 这就是说，点 P 对 $\odot O_1$、$\odot O_2$ 的幂相等，即点 P 在 $\odot O_1$ 与 $\odot O_2$ 的根轴上.

又因点 E 为 $\odot O_1$、$\odot O_2$ 的一个交点，故点 E 在 $\odot O_1$、$\odot O_2$ 的根轴上.

所以 PE 为 $\odot O_1$、$\odot O_2$ 的根轴，$PE \perp O_1 O_2$.

故 $O_1 O_2 // HK$.

19.5 如图 19.10 所示，可设直线 BA 与 CD 相交于点 T，PT 的中点为 V，则由牛顿线定理知 V、E、F 三点共线.

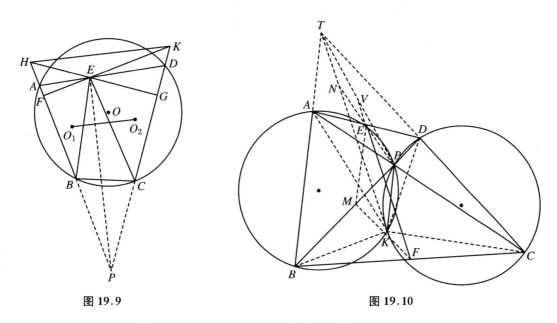

图 19.9　　　　　图 19.10

延长 PE 至点 N，使 $EN = PE$，M 为 BD 的中点，连接 ME、MF、TN、TK.

因 VE 是 $\triangle PTN$ 的中位线，故 $VE // TN$，即 $EF // TN$.

因 $EM \underline{\underline{//}} \dfrac{1}{2} AB$，$FM \underline{\underline{//}} \dfrac{1}{2} CD$，$AB = CD$，故 $EM = FM$.

因此 $\angle ATN = \angle MEF = \angle MFE = \angle NTD$，即点 N 在 $\angle ATD$ 的平分线上.

连接 KA、KB、KC、KD.

因 $\angle KAB = \angle KPB = \angle KCD$，$\angle KBA = \angle KPC = \angle KDC$，$AB = CD$，故 $\triangle KAB \cong \triangle KCD$，因此 $KB = KD$.

又由 $\angle KBA = \angle KPC = \angle KDC$ 知 B、K、D、T 四点共圆. 所以 TK 平分 $\angle ATD$.

故 T、N、K 三点共线，且 $EF // NK$. 结合 E 为 PN 的中点得直线 EF 平分线段 PK.

注　类似命题如下：

如图 19.11 所示，在 $\triangle ABC$ 中，点 M、N 分别在 AB、AC 上，使得 $BN = CM$，BN 与 CM

相交于点 P,$\triangle PBM$、$\triangle PNC$ 两三角形的外接圆交于点 P、K,E、F 分别为 MN、BC 的中点.
求证:直线 EF 平分线段 AK.

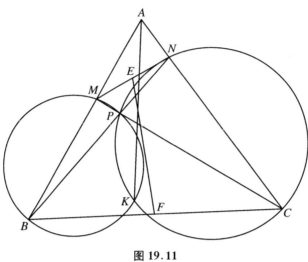

图 19.11

平面几何测试题 20

20.1 如图 20.1 所示,在锐角 $\triangle ABC$ 的外接圆 φ 中,弦 $DE \parallel BC$,直线 BD 与 CE 交于点 F,BE 与 CD 交于点 K(过 A 作直线 $l \parallel BC$,点 K、F、B、C 位于直线 l 的同侧). 求证:$\angle BAK = \angle CAF$.

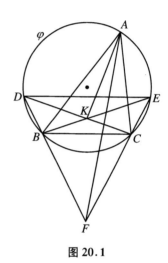

图 20.1

20.2 如图 20.2 所示,在定 $\odot O$ 中作定弦 AB,动点 C 在 $\odot O$ 上(不与点 A、B 重合),$BD \perp AC$ 于点 D,E 为 BD 的中点,直线 CE 交 $\odot O$ 于点 C、F. 求证:点 F 为定点.

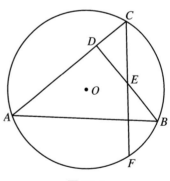

图 20.2

20.3 如图 20.3 所示,在 $\triangle ABC$ 中,过点 B、C 的圆与 AB、AC 还分别交于点 D、E. 过 A 作直线,分别交 $\overparen{DE}$、$\overparen{BC}$ 于点 F、K. 作任意直线 $XY \parallel AC$,分别交 CK、CF、EK、EF、BC、DE 于点 X、Y、U、V、M、N. 求证:$\dfrac{MX}{MY} = \dfrac{NV}{NU}$.

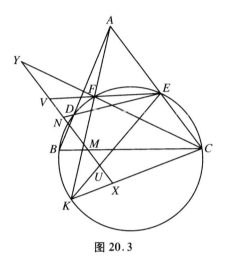

图 20.3

20.4 如图 20.4 所示，在等腰 $\triangle ABC$ 中，$AB = AC$. 过点 B、C 的一个圆 φ 还分别与 AB、AC 相交于点 D、E. 点 F 在 $\overset{\frown}{DE}$ 上，作 $DN \parallel CF$，分别交直线 AF、AC 于点 M、N. 作 $BV \parallel EF$，分别交直线 AF、AC 于点 U、V. DN 与 BV 相交于点 P. 求证：$BU \cdot DM = PV \cdot PN$.

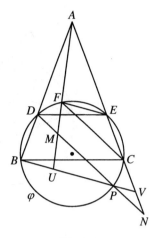

图 20.4

20.5 如图 20.5 所示，四边形 $ABCD$ 内接于圆 φ，且 $AD \parallel BC$，AC 与 BD 交于点 P．E 为 $\overparen{AD}$（不含点 B、C）的中点，F 在 BA 的延长线上，直线 FE 与 DC 交于点 K，直线 FC 与 BK 交于点 N．求证：直线 PN 与 FK 的交点在圆 φ 上．

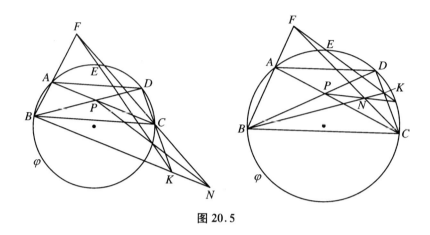

图 20.5

参 考 答 案

20.1 证法 1 如图 20.6 所示,设 $\angle BAK = x$,$\angle CAF = y$.

由正弦定理得 $\dfrac{BK}{\sin x} = \dfrac{AK}{\sin \angle ABK}$,$\dfrac{CK}{\sin(A-x)} = \dfrac{AK}{\sin \angle ACK}$.

又由四边形 $BDEC$ 为等腰梯形有 $BK = CK$,所以 $\dfrac{\sin(A-x)}{\sin x} = \dfrac{\sin \angle ACK}{\sin \angle ABK}$.

又因为 $\dfrac{CF}{\sin y} = \dfrac{AF}{\sin \angle ACE}$,$\dfrac{BF}{\sin(A-y)} = \dfrac{AF}{\sin \angle ABD}$,注意到 $CF = BF$,$\angle ACE = \angle ABK$,$\angle ABD = \angle ACK$,所以 $\dfrac{\sin(A-y)}{\sin y} = \dfrac{\sin \angle ACK}{\sin \angle ABK}$.

故 $\dfrac{\sin(A-x)}{\sin x} = \dfrac{\sin(A-y)}{\sin y}$,因此 $x = y$,即 $\angle BAK = \angle CAF$.

证法 2 如图 20.7 所示,以 K 为圆心、KB 长为半径作 $\odot K$,交 AB 于点 P,连接 PK、CP、FK. 取点 K 关于 BC 的对称点 N,连接 CN.

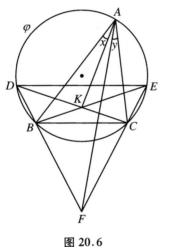
图 20.6

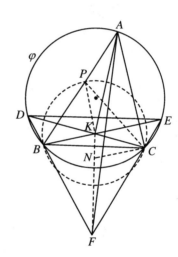
图 20.7

因四边形 $BCED$ 是等腰梯形,故 FK 是 BC 的中垂线,点 N 在 FK 上.

因 $\angle NCB = \angle KCB = \angle BED$,故 $\angle FCN = \angle FCB - \angle NCB = \angle FED - \angle BED = \angle BEC = \angle BAC$.

又因为 $\angle APC = 180° - \angle BPC = 180° - \angle CKN = 180° - \angle CNK = \angle CNF$,所以 $\triangle FCN \sim \triangle CAP$. 故 $\dfrac{CF}{AC} = \dfrac{CN}{AP} = \dfrac{PK}{AP}$(因 $CN = CK = PK$).

又由 $\angle ACE = \angle ABE = \angle KPB$ 得 $\angle FCA = \angle KPA$,所以 $\triangle ACF \sim \triangle APK$. 从而 $\angle BAK = \angle CAF$.

20.2 如图 20.8 所示,作 $OP \perp AB$ 于点 P,连接 FP 并延长,交 $\odot O$ 于点 K,连接 BK、PE、BF.

由垂线定理知 P 是 AB 的中点,PE 是 $\triangle BAD$ 的中位线,则 $PE \parallel AC$.

所以 $\angle EPB = \angle A = \angle BFE$,从而 P、E、B、F 四点共圆.

又因 $\angle PEB = \angle ADB = 90°$,故 $\angle BFP = 90°$,BK 是 $\odot O$ 的直径.

注意到点 B 是定点,P 为 AB 的中点,也是定点,从而点 F 是定点.

20.3 如图 20.9 所示,过 B 作 $PQ \parallel AC$,分别交 CF、CK 于点 P、Q;过 D 作 $TL \parallel AC$,分别交 EF、EK 于点 T、L.连接线段如图所示.

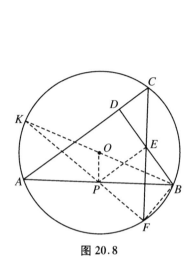

图 20.8

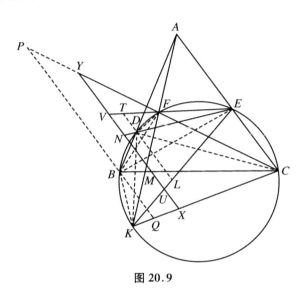

图 20.9

因 $\angle CBQ = \angle ECB = \angle EKB$,$\angle BCQ = \angle KEB$,故 $\triangle CBQ \sim \triangle EKB$,从而 $\dfrac{BQ}{BK} = \dfrac{BC}{EK}$,因此 $BQ = \dfrac{BC \cdot BK}{EK}$.

因 $\angle P = \angle ECF = \angle EBF$,$\angle BCP = \angle FEB$,故 $\triangle CBP \sim \triangle EFB$,从而 $\dfrac{BP}{BF} = \dfrac{BC}{EF}$,因此 $BP = \dfrac{BC \cdot BF}{EF}$.

因 $PQ \parallel AC \parallel XY$,故

$$\dfrac{MX}{MY} = \dfrac{BQ}{BP} = \dfrac{BK}{EK} \cdot \dfrac{EF}{BF} \qquad ①$$

因 $\angle DTE = \angle AEF = \angle FDC$,$\angle DET = \angle DCF$,故 $\triangle DTE \sim \triangle FDC$,从而 $\dfrac{DT}{DF} = \dfrac{DE}{CF}$,因此 $DT = \dfrac{DE \cdot DF}{CF}$.

因 $\angle LDE = \angle AED = \angle DKC$,$\angle DEL = \angle DCK$,故 $\triangle EDL \sim \triangle CKD$,从而 $\dfrac{DL}{DK} = \dfrac{DE}{CK}$,因此 $DL = \dfrac{DE \cdot DK}{CK}$.

又因 $TL \parallel AC \parallel XY$,故

$$\dfrac{NV}{NU} = \dfrac{DT}{DL} = \dfrac{DF}{CF} \cdot \dfrac{CK}{DK} \qquad ②$$

因 $\dfrac{FA}{KA} = \dfrac{S_{\triangle FBD}}{S_{\triangle KBD}} = \dfrac{DF \cdot BF}{BK \cdot DK}$,$\dfrac{FA}{KA} = \dfrac{S_{\triangle FCE}}{S_{\triangle KCE}} = \dfrac{EF \cdot CF}{EK \cdot CK}$,故 $\dfrac{DF \cdot BF}{BK \cdot DK} = \dfrac{EF \cdot CF}{EK \cdot CK}$,因此

$$\frac{BK \cdot EF}{EK \cdot BF} = \frac{DF \cdot CK}{CF \cdot DK} \qquad ③$$

由式①~式③得 $\frac{MX}{MY} = \frac{NV}{NU}$.

20.4 如图 20.10 所示,易知四边形 $BCED$ 是等腰梯形, $DE \parallel BC$. 由 $DN \parallel CF$, $BV \parallel EF$ 知 $\angle BPD = \angle CFE = \angle CBE = \angle BED$, 从而点 P 在圆 φ 上.

延长 CF、EF, 分别交 AB 于点 T、L. 连接 BE、CD、BF、PE、DF、CP.

因 $DP \parallel CF$, $BP \parallel EF$, 故 $DF = PC$, $BF = PE$.

于是 $\frac{BU}{BV} = \frac{LF}{LE} = \frac{S_{\triangle BDF}}{S_{\triangle BDE}} = \frac{DF \cdot BF}{DE \cdot BE}$.

又因为 $\frac{PV}{BV} = \frac{S_{\triangle CEP}}{S_{\triangle CEB}} = \frac{PC \cdot PE}{BC \cdot BE}$, 所以 $\frac{BU}{PV} = \frac{BC}{DE}$.

因 $\frac{DM}{DN} = \frac{TF}{TC} = \frac{S_{\triangle BDF}}{S_{\triangle BDC}} = \frac{DF \cdot BF}{BC \cdot DC}$, $\frac{PN}{DN} = \frac{S_{\triangle CEP}}{S_{\triangle CED}} = \frac{PC \cdot PE}{DE \cdot DC}$, 故 $\frac{DM}{PN} = \frac{DE}{BC}$.

所以 $\frac{BU}{PV} \cdot \frac{DM}{PN} = \frac{BC}{DE} \cdot \frac{DE}{BC} = 1$, 故 $BU \cdot DM = PV \cdot PN$.

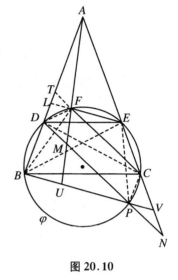

图 20.10

20.5 如图 20.11 所示, 给出两种有代表性的情形. 设直线 FK 交圆 φ 于点 M(不同于 E), FK 与 BC 交于点 T, BA 与 CD 相交于点 S(可能为无穷远点), 连接 BE、CE、BM、CM.

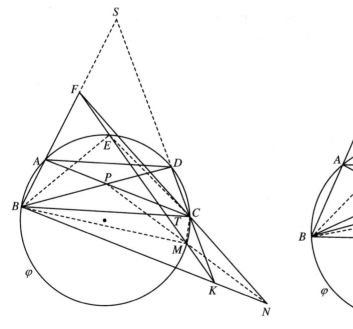 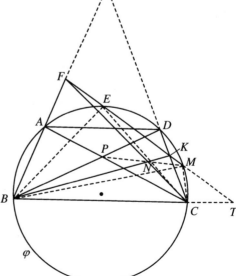

图 20.11

直线 PN 与 FK 的交点在圆 φ 上

$\Leftrightarrow$ P、M、N 三点共线

$\Leftrightarrow \dfrac{S_{\triangle BPN}}{S_{\triangle CPN}} = \dfrac{S_{\triangle BMN}}{S_{\triangle CMN}}$

$\Leftrightarrow \dfrac{\sin \angle PBN}{\sin \angle PCN} = \dfrac{BM \cdot \sin \angle MBN}{CM \cdot \sin \angle MCN}$.

$\Leftrightarrow \dfrac{DK \cdot \sin \angle BDK}{BK} \cdot \dfrac{CF}{AF \cdot \sin \angle FAC} = \dfrac{BM}{CM} \cdot \dfrac{MK \cdot \sin \angle BMF}{BK} \cdot \dfrac{CF}{FM \cdot \sin \angle FMC}$

$\Leftrightarrow \dfrac{DK}{AF} = \dfrac{BM}{CM} \cdot \dfrac{MK}{FM}$

$\Leftrightarrow \dfrac{DK}{AF} = \dfrac{BM}{CM} \cdot \dfrac{CK \cdot DK}{KE} \cdot \dfrac{EF}{AF \cdot BF}$

$\Leftrightarrow \dfrac{BM}{CM} \cdot \dfrac{CK}{BF} \cdot \dfrac{EF}{KE} = 1$ ①

因 $BE = CE$,故 $\angle BME = \angle CME$,从而 $\dfrac{BM}{CM} = \dfrac{BT}{CT}$.

由梅涅劳斯定理得 $\dfrac{KC}{CS} \cdot \dfrac{SB}{BF} \cdot \dfrac{FT}{TK} = 1$,又因 $CS = SB$,故 $\dfrac{CK}{BF} = \dfrac{TK}{FT}$.

因此

式① $\Leftrightarrow \dfrac{BT}{CT} \cdot \dfrac{TK}{FT} \cdot \dfrac{EF}{KE} = 1$

$\Leftrightarrow \dfrac{BT}{CT} \cdot \dfrac{TK}{KE} \cdot \dfrac{EF}{FT} = 1$

$\Leftrightarrow \dfrac{BT}{CT} \cdot \dfrac{S_{\triangle CTK}}{S_{\triangle CKE}} \cdot \dfrac{S_{\triangle BEF}}{S_{\triangle BFT}} = 1$

$\Leftrightarrow \dfrac{BT}{CT} \cdot \dfrac{CT \cdot \sin \angle BCD}{CE \cdot \sin \angle ECD} \cdot \dfrac{BE \cdot \sin \angle FBE}{BT \cdot \sin \angle FBC} = 1$

上式显然成立.

平面几何测试题 21

21.1 如图 21.1 所示，四边形 $ABCD$ 内接于圆 Γ，且 $AB \cdot CD = AD \cdot BC$. 点 P 在直线 AC 上，BP、DP 与圆 Γ 的第二个交点分别为 E、F. 求证：$AE \cdot CF = AF \cdot CE$.

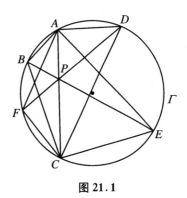

图 21.1

21.2 如图 21.2 所示，在等腰 $\triangle ABC$ 中，$AB = AC$. D 为 $\triangle ABC$ 所在平面上一点，$BD \neq CD$，$\triangle DBC$ 的外心为 O. 直线 BD 与 AC 相交于点 E，直线 CD 与 AB 相交于点 F. 求证：$\triangle BDF$、$\triangle CDE$、$\triangle ADO$ 的外心共线.

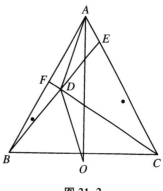

图 21.2

21.3 如图 21.3 所示,过 ⊙O 外一点 A 作 ⊙O 的两条割线 ADB 和 AEC,点 M、N 在 ⊙O 上,⊙(ABN) 与 ⊙(ACM) 交于点 A、F,⊙(ADM) 与 ⊙(AEN) 交于点 A、K.求证:A、K、F 三点共线.

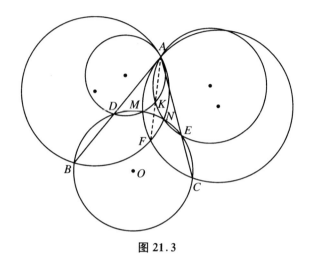

图 21.3

21.4 如图 21.4 所示,四边形 $ABCD$ 内接于 $\odot O$. 点 E、F 分别在直线 AB、AD 上,使得 $\angle ECD = \angle FCB = 90°$. 求证:$E$、$O$、$F$ 三点共线.

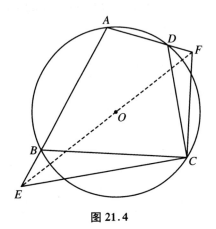

图 21.4

21.5 如图 21.5 所示,在 △ABC 中,AB = AC. ⊙O 过点 B、C,且与 AB、AC 还分别交于点 D、E,BE 与 CD 交于点 P. 点 F 为 AP 的中点,点 K 在 ⊙O 上,直线 KP 与 ⊙O 的第二个交点为 M,直线 FM 与 ⊙O 的第二个交点为 N. 作 PL∥BC,交 KO 于点 L. 求证:P、K、N、L 四点共圆.

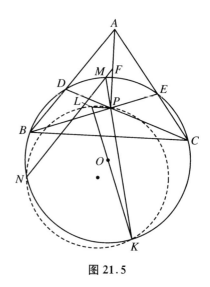

图 21.5

参 考 答 案

21.1 如图 21.6 所示,因 △ABP∽△ECP,故

$$\frac{AB}{CE} = \frac{AP}{EP} \qquad ①$$

因 △CFP∽△DAP,故

$$\frac{CF}{AD} = \frac{CP}{DP} \qquad ②$$

因 △CDP∽△FAP,故

$$\frac{CD}{AF} = \frac{DP}{AP} \qquad ③$$

因 △AEP∽△BCP,故

$$\frac{AE}{BC} = \frac{EP}{CP} \qquad ④$$

①×②×③×④ 得 $\frac{AB \cdot CF \cdot CD \cdot AE}{CE \cdot AD \cdot AF \cdot BC} = 1$.

又因为 $AB \cdot CD = AD \cdot BC$,所以 $AE \cdot CF = AF \cdot CE$.

21.2 如图 21.7 所示(图形画得不相同时,证明过程要稍作改动),由密克尔点定理知, △BDF、△CDE、△ABE、△ACF 的外接圆共点,记此点为 M. 连接线段如图所示.

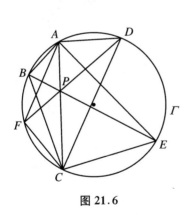

图 21.6

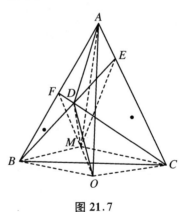

图 21.7

于是,只需要证明 △ADO 的外接圆也过点 M(因为在这种情况下三角形的外心都在 DM 的垂直平分线上).

$$\angle DMA = \angle DMC - \angle AMC = \angle AED - (\angle EMC + \angle EMA)$$
$$= \angle AED - \angle EDC - \angle ABD = \angle ACD - \angle ABD$$
$$= \angle ACB - \angle DCB - (\angle ABC - \angle DBC)$$
$$= \angle DBC - \angle DCB$$

因为

$$\angle DOA = \angle DOC - \angle AOC = 2\angle DBC - \angle AOC$$
$$\angle DOA = \angle AOB - \angle DOB = \angle AOB - 2\angle DCB$$

易知 $\angle AOC = \angle AOB$,所以 $\angle DOA = \angle DBC - \angle DCB$.

故 $\angle DMA = \angle DOA$.

于是 A、O、M、D 四点共圆,即 $\triangle ADO$ 的外接圆也过点 M.

21.3 如图 21.8 所示,设直线 BN 与 CM 交于点 X,直线 DM 与 EN 交于点 Y.

对圆内接六边形 $BDMCEN$,由帕斯卡定理得,BD 与 CE 的交点 A、DM 与 EN 的交点 Y、MC 与 BN 的交点 X 三点共线.

因 $YM \cdot YD = YN \cdot YE$,即点 Y 对 $\odot(ADM)$ 与 $\odot(AEN)$ 的幂相等,故点 Y 在 $\odot(ADM)$ 与 $\odot(AEN)$ 的根轴 AK 上,即点 K 在直线 AY 上.

因 $XB \cdot XN = XC \cdot XM$,即点 X 对 $\odot(ABN)$ 与 $\odot(ACM)$ 的幂相等,故点 X 在 $\odot(ABN)$ 与 $\odot(ACM)$ 的根轴 AF 上,即点 F 在直线 AY 上.

故 A、K、F 三点共线.

21.4 如图 21.9 所示,不妨设 $\angle C < 90°$(当 $\angle C = 90°$ 时,命题显然成立;当 $\angle C > 90°$ 时,证明类似).作 $OK \perp BC$ 于点 K,$OP \perp CD$ 于点 P.设 $\angle BCE = \angle DCF = \alpha$.

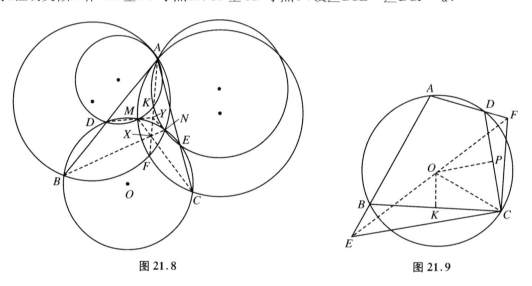

图 21.8   图 21.9

E、O、F 三点共线 $\Leftrightarrow \dfrac{\sin \angle ECO}{CF} + \dfrac{\sin \angle FCO}{CE} = \dfrac{\sin \angle ECF}{OC}$(张角定理)

$\Leftrightarrow \dfrac{\cos \angle OCP}{CF} + \dfrac{\cos \angle OCK}{CE} = \dfrac{\cos \alpha}{OC}$

$\Leftrightarrow \dfrac{CP}{OC \cdot CF} + \dfrac{CK}{OC \cdot CE} = \dfrac{\cos \alpha}{OC}$

$\Leftrightarrow \dfrac{CD}{CF} + \dfrac{CB}{CE} = 2\cos \alpha$

$\Leftrightarrow \dfrac{\sin \angle CFD}{\sin \angle CDF} + \dfrac{\sin \angle CEB}{\sin \angle CBE} = 2\cos \alpha$

$\Leftrightarrow \sin(\angle ADC - \alpha) + \sin(\angle ABC - \alpha) = 2\sin \angle ABC \cdot \cos \alpha$

(因 $\sin \angle CDF = \sin \angle CBE = \sin \angle ABC$)

$\Leftrightarrow \sin \angle ADC \cdot \cos \alpha - \cos \angle ADC \cdot \sin \alpha + \sin \angle ABC \cdot \cos \alpha$
$\quad - \cos \angle ABC \cdot \sin \alpha = 2\sin \angle ABC \cdot \cos \alpha$

注意到 $\sin \angle ADC = \sin \angle ABC$,$-\cos \angle ADC = \cos \angle ABC$,知上式成立.

21.5 如图 21.10 所示(图形画得不相同时,证明过程类似),设过 P、K、L 三点的圆与 $\odot O$ 交于点 N',$N'M$ 交 AP 于点 F'. AK 与 $\odot O$ 的第二个交点为 Q,延长 LP 至点 X,连接线段如图所示.

只要证明 F' 为 AP 的中点即可.

由等腰 $\triangle ABC$ 的对称性知 O、P、A 三点共线,且 $AO \perp BC$,从而 $AO \perp PX$.

因 $\angle BOP = \frac{1}{2}\angle BOC = 180° - \angle BDC = \angle BEA$,故 B、O、P、D 四点共圆,B、O、E、A 四点共圆.

所以 $AP \cdot AO = AD \cdot AB = AQ \cdot AK$,故 P、O、K、Q 四点共圆;$AP \cdot PO = BP \cdot PE = MP \cdot PK$,故 A、M、O、K 四点共圆.

从而 $\angle MPA = \angle OPK = \angle OQK = \angle OKQ = \angle QPA$,因此点 M、Q 关于 AO 对称.于是 PX 平分 $\angle KPQ$.

所以 $\angle LN'K = \angle XPK = \frac{1}{2}\angle QPK = \frac{1}{2}\angle QOK = \angle QN'K$,因此 N'、L、Q 三点共线.

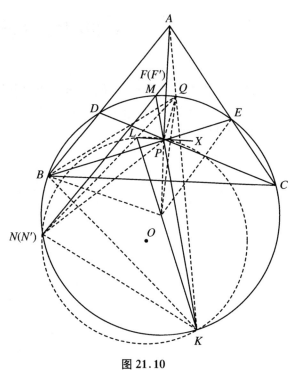

图 21.10

故 $\angle F'N'P = \angle MN'Q + \angle QN'P = \angle MKQ + \angle LKP = \angle OKQ = \angle OQK = \angle OPK = \angle MPF'$.因此 $F'P^2 = F'M \cdot F'N = F'O^2 - OB^2$.

又因为 $\angle OBP = \angle OEB = \angle OAB$,所以 $OP \cdot OA = OB^2 = F'O^2 - F'P^2 = (F'O - F'P) \cdot (F'O + F'P) = OP(F'O + F'P)$,故 $OA = F'O + F'P$,即 $F'P = OA - F'O = F'A$,F' 为 AP 的中点.

平面几何测试题 22

22.1 如图 22.1 所示,过圆 φ 外一点 P 作圆 φ 的两条割线 PBA、PCD($PB<PA$,$PC<PD$). E 为圆 φ 上任一点,过 P 作 $PK \parallel CE$. 直线 AE、BE 分别交 PK 于点 F、K. 求证:D、E、F、K 四点共圆.

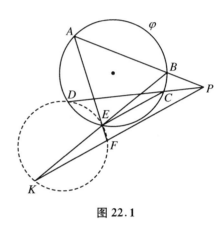

图 22.1

22.2 如图 22.2 所示,在锐角 $\triangle ABC$ 中,$AD \perp BC$ 于点 D. E 为边 BC 上一点,$BF \perp AE$ 于点 F. 过点 B、C 且与 AB 切于点 B 的圆与过 C、E、F 三点的圆交于点 C、K. 求证:$\angle CKD = 90°$.

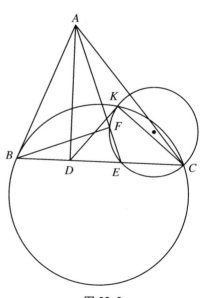

图 22.2

22.3 如图 22.3 所示,从 ⊙O 外一点 P 作 ⊙O 的三条割线 PBA、PFL、PDC. E 为 ⊙O 上一点,直线 $MK \parallel EL$,MK 分别交 EA、EB、EF、ED、EC 于点 M、N、X、T、K. 求证:$XN \cdot XM = XT \cdot XK$.

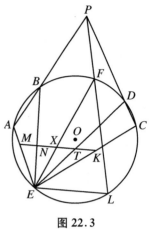

图 22.3

22.4 如图 22.4 所示，过 ⊙O 外一点 P 作 ⊙O 的两条割线 PBA、PDC. 点 F 在 $\overparen{BD}$ 上（不同于点 B、D），过点 F 作直线 $l \perp PF$，l 分别与 $\angle AOF$、$\angle BOF$、$\angle COF$、$\angle DOF$ 的平分线交于点 M、N、K、T. 求证：$FN \cdot FM = FT \cdot FK$.

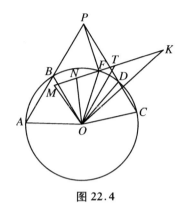

图 22.4

22.5 如图 22.5 所示,四边形 $ABCD$ 内接于 $\odot O$, BA、CD 的延长线交于点 P. 过点 P 作割线 PEF, 分别交 $\overparen{AD}$、$\overparen{BC}$ 于点 E、F. 作 $EH \parallel PC$, 分别交 AD、BC 于点 G、H. 直线 FG、FH 分别交 PC 于点 M、N. 求证:$\dfrac{PM}{CN} = \dfrac{PD}{PC}$.

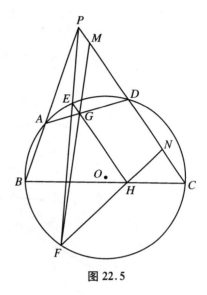

图 22.5

参 考 答 案

22.1 如图 22.6 所示,连接 DB、DE、DK.

因 $CE \parallel PK$,故 $\angle KPD = \angle ECD = \angle EBD$,从而 P、B、D、K 四点共圆.

所以 $\angle DKF = \angle ABD = \angle AED$,故 D、E、F、K 四点共圆.

22.2 如图 22.7 所示,连接 AK、BK、FK.

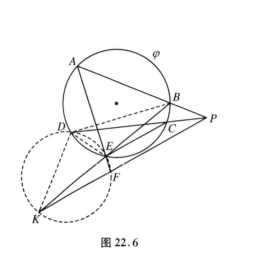

图 22.6

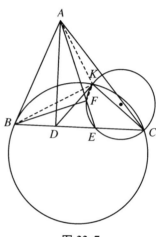

图 22.7

因 AB 是过 B、K、C 三点的圆的切线,故 $\angle ABK = \angle KCE = \angle AFK$,从而 A、B、F、K 四点共圆.

故 $\angle AKB = \angle AFB = 90° = \angle ADB$,从而 A、B、D、F、K 五点共圆.

所以 $\angle CKD = \angle CKF + \angle FKD = \angle AED + \angle FAD = 90°$.

22.3 连接线段如图 22.8 所示.

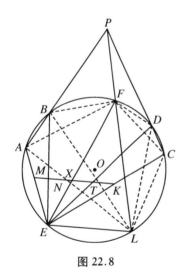

图 22.8

$$\begin{aligned}
1 &= \frac{PF}{PL} \cdot \frac{PL}{PF} = \frac{S_{\triangle ABF}}{S_{\triangle ABL}} \cdot \frac{S_{\triangle CDL}}{S_{\triangle CDF}} \\
&= \frac{AF \cdot BF}{AL \cdot BL} \cdot \frac{CL \cdot DL}{CF \cdot DF} \\
&= \frac{\sin \angle AEF \cdot \sin \angle BEF}{\sin \angle AEL \cdot \sin \angle BEL} \cdot \frac{\sin \angle CEL \cdot \sin \angle DEL}{\sin \angle CEF \cdot \sin \angle DEF} \\
&= \frac{\sin \angle MEX \cdot \sin \angle NEX}{\sin \angle EMK \cdot \sin \angle ENK} \cdot \frac{\sin \angle EKM \cdot \sin \angle ETN}{\sin \angle KEX \cdot \sin \angle TEX} \\
&= \frac{EM \cdot \sin \angle MEX}{EK \cdot \sin \angle KEX} \cdot \frac{EN \cdot \sin \angle NEX}{ET \cdot \sin \angle TEX} \\
&= \frac{S_{\triangle EMX}}{S_{\triangle EKX}} \cdot \frac{S_{\triangle ENX}}{S_{\triangle ETX}} \\
&= \frac{XM}{XK} \cdot \frac{XN}{XT}
\end{aligned}$$

故 $XN \cdot XM = XT \cdot XK$.

注 下列漂亮命题是本题特例:

如图 22.9 所示,从 $\odot O$ 外一点 P 作 $\odot O$ 的两条切线 PA、PB,A、B 为切点. EF 为 $\odot O$

的直径.作直线 $MK \perp PF$,分别交 EA、EF、EB 于点 M、X、K.求证:$XM = XK$.

22.4 如图 22.10 所示,延长 PF,交 $\odot O$ 于点 L;延长 FO,交 $\odot O$ 于点 E.过点 O 作 $M'K' \parallel EL$,分别交 EA、EB、EC、ED 于点 M'、N'、K'、T'.连接线段如图所示.

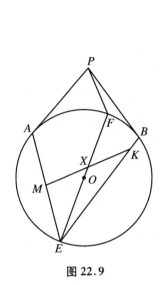

图 22.9

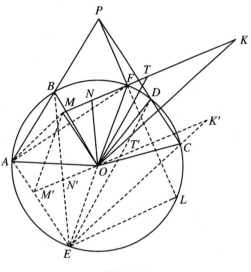

图 22.10

由 22.3 题知 $ON' \cdot OM' = OT' \cdot OK'$.

因 $\angle AOM = \angle FOM$,$OA = OF$,OM 为公共边,故 $\triangle AOM \cong \triangle FOM$.

因 $MF \perp PL$,由 $M'O \parallel EL$,$EL \perp PL$ 知 $M'O \perp PL$,故 $MF \parallel M'O$.

所以 $\angle AMO = \angle FMO = \angle M'OM$.

由 $OA = OE$,OM 平分 $\angle AOF$ 知 $OM \parallel AE$.

故四边形 $AM'OM$ 是等腰梯形或矩形.从而 $OM' = AM = FM$.

同理,$ON' = FN$,$OT' = FT$,$OK' = FK$.

故 $FN \cdot FM = FT \cdot FK$.

注 下列命题是本题特例:

如图 22.11 所示,PA、PB 为 $\odot O$ 的切线,A、B 为切点.点 C 在劣弧 $\overset{\frown}{AB}$ 上(不同于点 A、B),过点 C 作直线 PC 的垂线 l,与 $\angle AOC$ 的平分线交于点 D,与 $\angle BOC$ 的平分线交于点 E.求证:$CD = CE$.(这是 2013 年中国西部数学邀请赛试题.)

22.5 如图 22.12 所示,连接 DF,交 EH 于点 K;连接 CF,交 EH 于点 T.作 $GX \parallel DF$,交 EF 于点 X;$HY \parallel CF$,交 EF 于点 Y.连接线段如图所示.

因 $EK \parallel PD$,$GX \parallel DF$,故 $\dfrac{PM}{PD} = \dfrac{EG}{EK} = \dfrac{EX}{EF}$.

因 $ET \parallel PC$,$HY \parallel CF$,故 $\dfrac{CN}{PC} = \dfrac{TH}{ET} = \dfrac{FY}{EF}$.

要证 $\dfrac{PM}{PD} = \dfrac{CN}{PC}$,只要证 $EX = FY$.

因 $\angle AGX = \angle ADF = \angle AEX$,故 A、E、G、X 四点共圆.

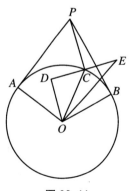

图 22.11

从而 $\angle XAG = \angle XEG = \angle XPD$,所以 P、A、X、D 四点共圆.

类似地,P、B、Y、C 四点共圆.

由正弦定理得 $\dfrac{EX}{\sin\angle EDX} = \dfrac{DE}{\sin\angle EXD}$.

又因为 $\angle EDX = \angle EDA + \angle ADX = \angle EFA + \angle APX = \angle BAF$,$\angle EXD = \angle PAD = \angle BCD$,所以 $EX = \dfrac{DE\sin\angle BAF}{\sin\angle BCD} = \dfrac{DE\cdot BF}{BD}$.

因 $\dfrac{FY}{\sin\angle FCY} = \dfrac{CF}{\sin\angle FYC}$,$\angle FCY = \angle BCF - \angle BCY = \angle BEF - \angle BPE = \angle ABE$,$\angle FYC = 180° - \angle PYC = 180° - \angle ABC$,故 $FY = \dfrac{CF\sin\angle ABE}{\sin\angle ABC} = \dfrac{CF\cdot AE}{AC}$.

所以
$$EX = FY \Leftrightarrow \dfrac{DE\cdot BF}{BD} = \dfrac{CF\cdot AE}{AC}$$
$$\Leftrightarrow \dfrac{DE}{CF}\cdot\dfrac{BF}{AE} = \dfrac{BD}{AC} \qquad ①$$

因 $\triangle PDE \backsim \triangle PFC$,故 $\dfrac{DE}{CF} = \dfrac{PD}{PF}$.

因 $\triangle PBF \backsim \triangle PEA$,故 $\dfrac{BF}{AE} = \dfrac{PF}{PA}$.

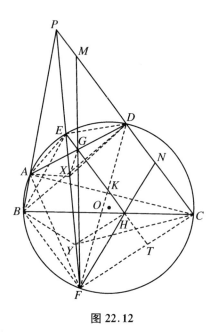

图 22.12

因 $\triangle PBD \backsim \triangle PCA$,故 $\dfrac{BD}{AC} = \dfrac{PD}{PA}$.

因此式①成立.证毕.

平面几何测试题 23

23.1 如图 23.1 所示,在△ABC 中,点 D、E 分别在 AB、AC 上,且 BD = CE,BE 与 CD 交于点 F. 求证:△BCF 的垂心 H_1、△DEF 的垂心 H_2、△ABC 的外接圆的 $\overparen{BAC}$ 的中点 K 三点共线.

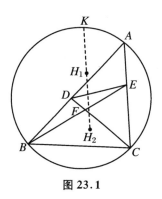

图 23.1

23.2 如图 23.2 所示,在△ABC 中,点 D、E 分别在 AB、AC 上,且 BD = CE. △ABC、△ADE 的垂心分别为 H_1、H_2. 点 M、N 分别为 BC、DE 的中点. 求证:直线 H_1H_2 与 MN 平行或重合.

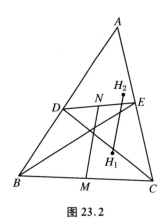

图 23.2

23.3 如图 23.3 所示,在 △ABC 中,AB≠AC.点 D 在 ∠BAC 的平分线上,M 是边 BC 的中点,直线 MD 交 AC 于点 E.作 EF∥BC,交直线 BD 于点 F.求证:∠DAF = 90°.

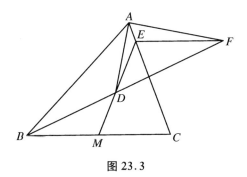

图 23.3

23.4 如图 23.4 所示，在△ABC 中，O 是外心，H 是垂心．△OBC 的外接圆交 AB 于点 B、D，交 AC 于点 C、E．直线 BE 与 CD 交于点 F．求证：O、H、F 三点共线．

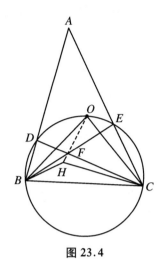

图 23.4

23.5 如图 23.5 所示,锐角△ABC 内接于⊙O,点 E、D 分别在边 BC 的延长线和反向延长线上,使得 CE = BD. 作 DF⊥BC,EK⊥BC,点 F、K 与 A 在直线 BC 的同侧,且∠BAF = ∠CAK. AM 为⊙O 的直径. 求证:∠DFM = ∠AMK.

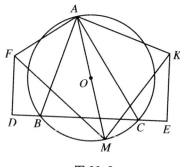

图 23.5

参 考 答 案

23.1 如图 23.6 所示,可设 $H_1B \perp CD$ 于点 M,$H_1C \perp BE$ 于点 N,$H_2D \perp BE$ 于点 T,$H_2E \perp CD$ 于点 L.

则点 M、T 在以 BD 为直径的 $\odot O_1$ 上,点 N、L 在以 CE 为直径的 $\odot O_2$ 上.

因 B、C、N、M 四点共圆,故 $H_1M \cdot H_1B = H_1N \cdot H_1C$,即 H_1 对 $\odot O_1$、$\odot O_2$ 的幂相等,因此 H_1 在 $\odot O_1$、$\odot O_2$ 的根轴上.

因 D、E、L、T 四点共圆,故 $H_2T \cdot H_2D = H_2L \cdot H_2E$,即 H_2 对 $\odot O_1$、$\odot O_2$ 的幂相等,因此 H_2 在 $\odot O_1$、$\odot O_2$ 的根轴上.

因 $BO_1 = CO_2$,$\angle O_1BK = \angle O_2CK$,$BK = CK$,故 $\triangle BO_1K \cong \triangle CO_2K$,所以 $KO_1 = KO_2$.

注意到 $\odot O_1$、$\odot O_2$ 的直径相等,所以点 K 对 $\odot O_1$、$\odot O_2$ 的幂相等,因此点 K 在 $\odot O_1$、$\odot O_2$ 的根轴上.

故 H_1、H_2、K 三点共线.

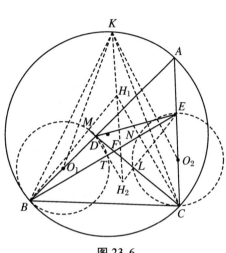

图 23.6

23.2 如图 23.7 所示,可设 $BH_1 \perp AC$ 于点 B_1,$CH_1 \perp AB$ 于点 C_1,$DH_2 \perp AC$ 于点 D_1,$EH_2 \perp AB$ 于点 E_1,设 BE、CD 的中点分别为 O_1、O_2,连接 NO_1、NO_2、MO_1、MO_2、O_1O_2.

因 $\angle BB_1E = 90° = \angle BE_1E$,故 B、B_1、E、E_1 四点共圆,O_1 为其圆心,记为 $\odot O_1$.

因 $\angle CC_1D = 90° = \angle CD_1D$,故 C、C_1、D、D_1 四点共圆,O_2 为其圆心,记为 $\odot O_2$.

因为 B、C、B_1、C_1 四点共圆,所以 $BH_1 \cdot H_1B_1 = CH_1 \cdot H_1C_1$,即 H_1 对 $\odot O_1$、$\odot O_2$ 的幂相等,因此 H_1 在 $\odot O_1$、$\odot O_2$ 的根轴上.

因 D、E、D_1、E_1 四点共圆,故 $EH_2 \cdot H_2E_1 = DH_2 \cdot H_2D_1$,即 H_2 对 $\odot O_1$、$\odot O_2$ 的幂相等,因此 H_2 在 $\odot O_1$、$\odot O_2$ 的根轴上.

所以 H_1H_2 是 $\odot O_1$、$\odot O_2$ 的根轴,$H_1H_2 \perp O_1O_2$.

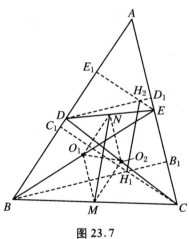

图 23.7

由三角形中位线定理得 $NO_1 = \frac{1}{2}BD = MO_2$,$NO_2 = \frac{1}{2}CE = MO_1$. 又因为 $BD = CE$,所以 $NO_1 = MO_2 = NO_2 = MO_1$,四边形 NO_1MO_2 是菱形. 故 $MN \perp O_1O_2$.

于是 H_1H_2 与 MN 平行或重合.

23.3 如图 23.8 所示,设 BF 与 AC 交于点 K.

考虑 $\triangle BCK$ 被直线 MDE 截,由梅涅劳斯定理得 $\dfrac{BD}{DK} \cdot \dfrac{KE}{EC} \cdot \dfrac{CM}{MB} = 1$.

又因为 $CM = MB$，$EF \parallel BC$，所以 $\dfrac{BD}{DK} = \dfrac{EC}{KE} = \dfrac{BF}{FK}$，即 D、F 调和分割 BK。

又因为 AD 平分 $\angle BAK$，所以 $\angle DAF = 90°$。

23.4 如图 23.9 所示（图形画得不相同时，证明过程类似）。

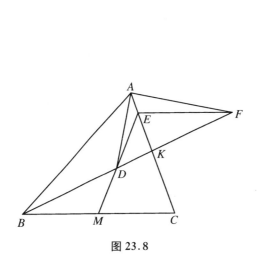
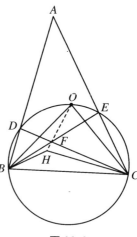

图 23.8　　　　　　　图 23.9

O、H、F 三点共线 $\Leftrightarrow \dfrac{S_{\triangle BOH}}{S_{\triangle COH}} = \dfrac{S_{\triangle BOF}}{S_{\triangle COF}}$

$\Leftrightarrow \dfrac{BH \sin \angle OBH}{CH \sin \angle OCH} = \dfrac{BF \sin \angle OBF}{CF \sin \angle OCF}$

$\Leftrightarrow \dfrac{\sin \angle BCH}{\sin \angle CBH} \cdot \dfrac{\sin \angle OBH}{\sin \angle OCH} = \dfrac{\sin \angle BCF}{\sin \angle CBF} \cdot \dfrac{\sin \angle OBF}{\sin \angle OCF}$ ①

为方便计，把 $\triangle ABC$ 的三内角简记为 $\angle A$、$\angle B$、$\angle C$。

因 $\angle BEC = \angle BOC = 2\angle A$，故 $\angle ABE = \angle BEC - \angle A = \angle A$。

从而 $\angle OBF = \angle ABE - \angle OBA = \angle A - (90° - \angle C) = 90° - \angle B = \angle BCH$。

同理，$\angle OCF = \angle CBH$。

易知 $\angle OBH = \angle OBC - \angle HBC = 90° - \angle A - (90° - \angle C) = \angle C - \angle A = \angle BCF$。

同理，$\angle OCH = \angle CBF$。

故式①成立，证毕。

23.5 如图 23.10 所示，设直线 MB 分别交 AF、FD 于点 X、N，MC 与 AK 交于点 Y，点 X、A、O、M、Y 在直线 BC 上的投影分别为 U、H、P、G、V。

因 $XU \parallel FD \parallel AH$，故 $\dfrac{XF}{XA} = \dfrac{UD}{UH}$。

因 $XU \parallel MG$，$\text{Rt}\triangle BMG \sim \text{Rt}\triangle AMC$，故 $\dfrac{XM}{UG} = \dfrac{BM}{BG} = \dfrac{AM}{AC}$。

所以 $\dfrac{XF}{XM} = \dfrac{UD \cdot XA \cdot AC}{UH \cdot UG \cdot AM}$。

同理，$\dfrac{YK}{YM} = \dfrac{VE \cdot YA \cdot AB}{VH \cdot VG \cdot AM}$。

因 $\text{Rt}\triangle BUX \sim \text{Rt}\triangle ACM$，故 $BU = \dfrac{BX \cdot AC}{AM}$。

因 Rt△CVY∽Rt△ABM，故 $CV = \dfrac{CY \cdot AB}{AM}$．

因 Rt△ABX∽Rt△ACY，故 $BX \cdot AC = CY \cdot AB$．

所以 $BU = CV$．

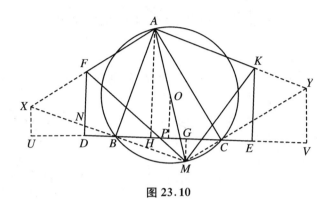

图 23.10

由 O 为 AM 的中点，知 P 为 HG 的中点．又因为 P 也是 BC 的中点，$BD = CE$，所以 $UD = VE$，$UH = VG$，$UG = VH$．

因 Rt△ABX∽Rt△ACY，故 $XA \cdot AC = AB \cdot YA$．

所以 $\dfrac{XF}{XM} = \dfrac{YK}{YM}$．

又因 $\angle FXM = \angle KYM$，故 △XFM ∽ △YKM，从而 $\angle FMX = \angle KMY$．

又因为 $\angle KMY + \angle AMK = \angle AMC = \angle ABC = 90° - \angle DBN = \angle DNB = \angle FMX + \angle DFM$，所以 $\angle AMK = \angle DFM$．

注 本题是下列竞赛题的推广：

如图 23.11 所示，已知锐角 △ABC 的外接圆为 ⊙O，AD 为 ⊙O 的直径，过点 B、C 且垂直于 BC 的直线分别与 CA、BA 的延长线交于点 E、F．证明：$\angle ADF = \angle BED$．（这是第四届陈省身杯全国高中数学奥林匹克试题．）

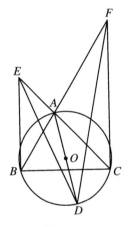

图 23.11

平面几何测试题 24

24.1 如图 24.1 所示,在 △ABC 中,点 D、E 分别在直线 AB、AC 上,BE、CD 交于点 M。P 为直线 BC 上任一点,作 PF∥CD,交 AB 于点 F;PK∥BE,交 AC 于点 K。△ADC、△AEB 的外接圆相交于点 A、N;△BPF、△CPK 的外接圆相交于点 P、T。直线 TP、MN 相交于点 V。求证:(1) A、F、T、N、K 五点共圆;(2) B、T、N、C、V 五点共圆。

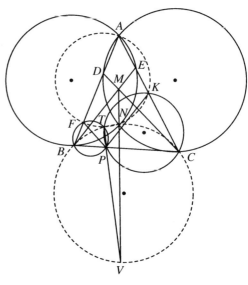

图 24.1

24.2 如图 24.2 所示,△ABC 内接于 ⊙O,点 P 在 ∠BAC 的平分线上,以 P 为圆心的 ⊙P 与 ⊙O 相切(内切或外切)于点 D。作 PE⊥BC,交 ⊙P 于点 E,E 与 D 在直线 AP 的两侧。求证:AP 平分 ∠DAE。

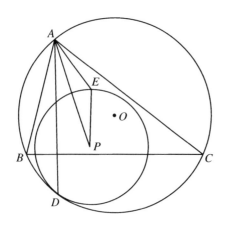 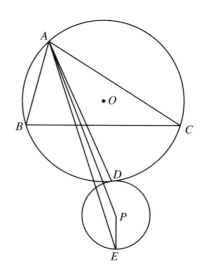

图 24.2

24.3 如图 24.3 所示，⊙O 的弦 AB、CD 所在的直线相交于点 F．MN 是⊙O 的直径，作 $CV \perp MN$，分别交 MB、MF 于点 V、Q．作 $DU \perp MN$，分别交 MA、MF 于点 U、P．求证：$CQ \cdot DP = QV \cdot PU$．

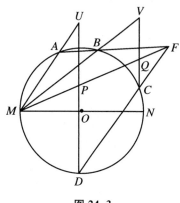

图 24.3

24.4 如图 24.4 所示，在锐角 △ABC 中，AD⊥BC 于点 D，点 P 在直线 AD 上．以 P 为圆心、PA 为半径的⊙P 分别交 AB、AC 于点 F、K（F、K 都不同于 A）．点 E 在中线 AM 所在的直线上，EF、EK 与⊙P 的第二个交点分别为点 T、V．求证：FV、KT、AM 三线共点（三直线互相平行，视其共点于无穷远点处）．

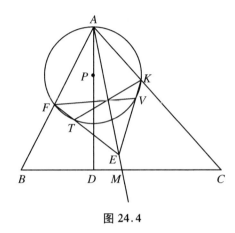

图 24.4

24.5 如图 24.5 所示,过⊙O 外一点 P 作⊙O 的两条割线 PBA、PCD($PB<PA$,$PC<PD$). E 为 PD 的延长线上一点,AE 交⊙O 于点 F. 作⊙O 的弦 $BG \parallel CK \parallel DT \parallel AE$. 直线 PK 交 AE 于点 M,直线 BG 分别交 PT、PE 于点 N、H. 求证:$BN \cdot AM = HG \cdot EF$.

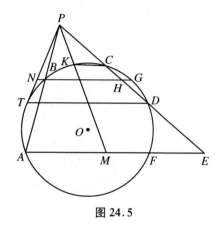

图 24.5

参 考 答 案

24.1 如图 24.6 所示,作出辅助线.

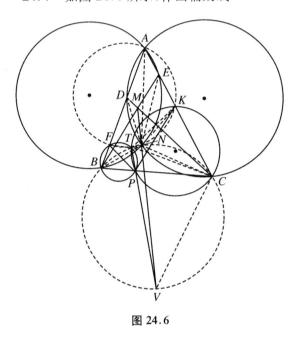

图 24.6

(1) 因 $\angle AFT + \angle AKT = \angle BPT + \angle CPT = 180°$,故 A、F、T、K 四点共圆.

因 $\angle NDB = \angle NCE$,$\angle NBD = \angle NEC$,故 $\triangle NBD \sim \triangle NEC$. 又因 $\dfrac{BF}{FD} = \dfrac{BP}{PC} = \dfrac{EK}{KC}$,故点 F、K 是上述相似三角形的对应点,$\angle NFB$、$\angle NKE$ 是对应位置的角. 从而 $\angle NFB = \angle NKE$,所以 A、F、N、K 四点共圆.

故 A、F、T、N、K 五点共圆.

（2）因 $\angle NDM = \angle NAE = \angle NBM$,故 D、B、N、M 四点共圆.

类似地,E、C、N、M 四点共圆.(N 是完全四边形 $ADBMCE$ 的密克尔点.)

于是
$$\angle BTC = \angle BTP + \angle PTC = \angle BFP + \angle PKC$$
$$= \angle BDM + \angle MEC = \angle BNV + \angle VNC = \angle BNC$$

所以 B、T、N、C 四点共圆.

因 $\angle PTC = \angle PKC = \angle MEC = \angle VNC$,故 T、N、C、V 四点共圆.

因此 B、T、N、C、V 五点共圆.

注 下列命题都是本题的特例:

(1) 设 D 是 $\triangle ABC$ 的边 BC 上一点,DC 的垂直平分线交 CA 于点 E,BD 的垂直平分线交 AB 于点 F,O 是 $\triangle ABC$ 的外心. 求证:A、E、D、F 四点共圆.(这是第 27 届俄罗斯数学奥林匹克试题.)

(2) P 为 $\triangle ABC$ 的边 AB 上任一点,作 $PQ // AC$,交 BC 于点 Q;作 $PR // BC$,交 AC 于点 R. 求证:过 C、Q、R 三点的圆经过一定点.

(3) 设 D、E、F 分别为 $\triangle ABC$ 三边 BC、CA、AB 上的点,且 $DB = DF$,$DC = DE$,H 为 $\triangle ABC$ 的垂心. 求证:A、E、H、F 四点共圆.

(4) 设 D、E、F 分别为 $\triangle ABC$ 三边 BC、CA、AB 上的点,且 $BD = BF$,$CD = CE$,I 为 $\triangle ABC$ 的内心. 求证:A、E、I、F 四点共圆.

24.2 如图 24.7 所示,过 O 作 $MN \perp BC$,分别交 $\overparen{BAC}$、$\overparen{BC}$ 于点 M、N.

显然 O、P、D 三点共线.

又因为 $PE // MN$,且 $\dfrac{DP}{DO} = \dfrac{PE}{OM}$,所以 M、E、D 三点共线.

故 $\angle DEP = \angle M = \angle DAN = \angle DAP$,从而 A、D、P、E 四点共圆.

又因为 $PD = PE$，所以 AP 平分 $\angle DAE$.

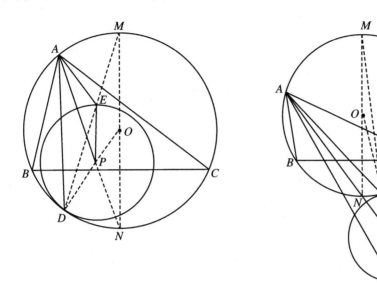

图 24.7

注 下列命题是本题的特例：

如图 24.8 所示，已知 $\odot O$ 是 $\triangle ABC$ 的外接圆，$\odot I$ 与 AC、BC 相切，且与 $\odot O$ 内切于点 P，一条平行于 AB 的直线与 $\odot I$ 切于点 Q（在 $\triangle ABC$ 内部）.证明：$\angle ACP = \angle QCB$.（这是 2013 年欧洲女子数学奥林匹克试题.）

24.3 设 MF 与 $\odot O$ 的第二个交点为 X，连接线段如图 24.9 所示（图形画得不相同时，证明过程类似）.

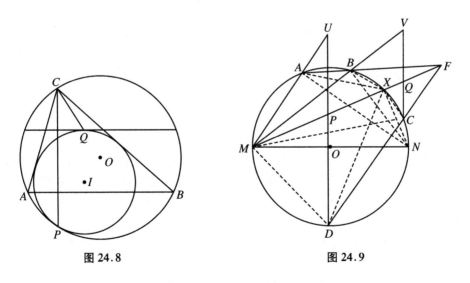

图 24.8　　　　　图 24.9

因 $\angle MCX = \angle MNX = \angle MQC$，故 $\triangle MCX \sim \triangle MQC$，所以 $CQ = \dfrac{MQ \cdot XC}{MC}$.

因 $\angle MXB = \angle MNB = \angle MVQ$，故 $\triangle MBX \sim \triangle MQV$，所以 $QV = \dfrac{MQ \cdot XB}{MB}$.

因 $\angle MDP = 90° - \angle DMN = 90° - \angle DXN = \angle MXD$,故 $\triangle MDP \sim \triangle MXD$,因此 $DP = \dfrac{MP \cdot XD}{MD}$.

因 $\angle MUP = \angle MNA = \angle MXA$,故 $\triangle MUP \sim \triangle MXA$,因此 $PU = \dfrac{MP \cdot XA}{MA}$.

要证 $CQ \cdot DP = QV \cdot PU$,只要证 $\dfrac{XC \cdot XD}{MC \cdot MD} = \dfrac{XB \cdot XA}{MB \cdot MA}$.

因 $\dfrac{S_{\triangle XCD}}{S_{\triangle MCD}} = \dfrac{XF}{MF} = \dfrac{S_{\triangle XAB}}{S_{\triangle MAB}}$,故要证的结论成立.

注 下面是一道类似题:

如图 24.10 所示,$\odot O$ 的弦 AB、CD 所在的直线交于点 E,MN 是 $\odot O$ 的直径. 作 $BV \perp MN$,分别交直线 MC、ME 于点 V、T;作 $DU \perp MN$,分别交直线 MA、ME 于点 U、L. 求证:$\dfrac{VT}{TB} = \dfrac{UL}{LD}$.

24.4 如图 24.11 所示,设 AD 与 $\odot P$ 的第二个交点为 X,KX 与 AF 交于点 B_1,FX 与 AK 交于点 C_1,$B_1 C_1$ 与 AM 交于点 Z,连接 FZ、KZ. 设 FV 与 KT 交于点 S(可能 S 是无穷远点).

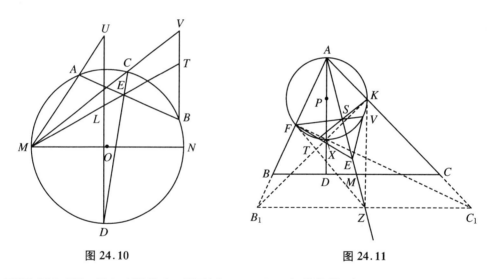

图 24.10　　　　　　图 24.11

要证 FV、KT、AM 三线共点,只要证 Z、E、S 三点共线即可.

因 $\angle AFX = 90° = \angle AKX$,故 X 为 $\triangle AB_1 C_1$ 的垂心,$AX \perp B_1 C_1$. 从而 $BC \parallel B_1 C_1$.

因 M 是 BC 的中点,故 Z 是 $B_1 C_1$ 的中点. 于是在 Rt$\triangle FB_1 C_1$ 中,$ZF = ZC_1$.

所以 $\angle ZFC_1 = \angle ZC_1 F = \angle FAX$,从而 FZ 与 $\odot P$ 相切于点 F.

同理,KZ 与 $\odot P$ 相切于点 K.

对退化的圆内接六边形 $FFTKKV$,由帕斯卡定理得 FF 与 KK 的交点 Z、FT 与 KV 的交点 E、FV 与 KT 的交点 S 三点共线. 证毕.

24.5 如图 24.12 所示,设直线 KT 分别交 BG、AE 于点 R、X,直线 CK、PA 交于点 L.

因 $CK \parallel TD \parallel XE$,故 $AX = EF$,$FX = AE$.

于是

$$\frac{AM}{FX} = \frac{AM}{AE} = \frac{LK}{LC} = \frac{S_{\triangle KAB}}{S_{\triangle CAB}} = \frac{AK \cdot BK}{AC \cdot BC}$$

$$\frac{EF}{FX} = \frac{AX}{FX} = \frac{S_{\triangle ATK}}{S_{\triangle FTK}} = \frac{AT \cdot AK}{FT \cdot FK}$$

所以 $\dfrac{AM}{EF} = \dfrac{BK \cdot FT}{BC \cdot AT}$（注意 $AC = FK$）.

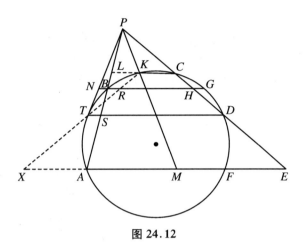

图 24.12

因 $CK // BG // TD$，故 $BR = HG$，$BH = RG$.

于是

$$\frac{HG}{RG} = \frac{BR}{RG} = \frac{S_{\triangle BKT}}{S_{\triangle GKT}} = \frac{BK \cdot BT}{GK \cdot GT}$$

$$\frac{BN}{RG} = \frac{BN}{BH} = \frac{TS}{SD} = \frac{S_{\triangle TAB}}{S_{\triangle DAB}} = \frac{AT \cdot BT}{AD \cdot BD}$$

所以 $\dfrac{HG}{BN} = \dfrac{BK \cdot AD}{GK \cdot AT} = \dfrac{BK \cdot FT}{BC \cdot AT}$（注意 $GT = BD$，$GK = BC$，$AD = FT$）.

故 $\dfrac{AM}{EF} = \dfrac{HG}{BN}$，即 $BN \cdot AM = HG \cdot EF$.

平面几何测试题 25

25.1 如图 25.1 所示,在圆内接四边形 $ABCD$ 中,P 为 BC 上一点,$PE \perp AB$ 于点 E,交 DC 于点 G;$PF \perp DC$ 于点 F,交 AB 于点 H.$\triangle ABP$、$\triangle CDP$ 的外心分别为 O_1、O_2,HO_1 与 GO_2 相交于点 K.求证:点 K 在直线 AD 上,且 $KP \perp BC$.

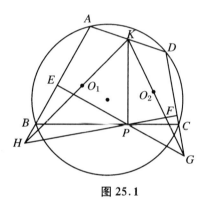

图 25.1

25.2 如图 25.2 所示,锐角 $\triangle ABC$ 的外接圆为 $\odot O$,$AD \perp BC$ 于点 D.点 P、K 分别在 AO、AD 上,使得 $\angle ABP = \angle CBK$.作 $PE \parallel AD$,交劣弧 $\overset{\frown}{BC}$ 于点 E;作 $PF \parallel AE$,交 BC 于点 F.求证:$\angle AEK = \angle PEF$.

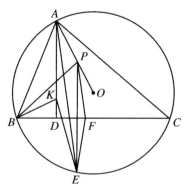

图 25.2

25.3 如图 25.3 所示，△ABC 内接于⊙O，点 P、Q 为△ABC 内的等角共轭点，延长 AQ，交⊙O 于点 D．作 DE⊥BC，交⊙O 于点 D、E．延长 EQ，交⊙O 于点 F．点 K 是点 A 关于 OP 的对称点．求证：△QFK 的外心在直线 BC 上．

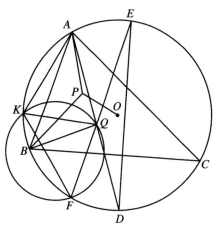

图 25.3

25.4 如图 25.4 所示,点 P 在 $\triangle ABC$ 内部,$PD \perp BC$ 于点 D,$PE \perp AC$ 于点 E,$PF \perp AB$ 于点 F. 在 $\triangle ABC$ 的外接圆的 $\overparen{BC}$(不包含点 A)上取点 K,过 P、D、K 三点的圆与 AK 的第二个交点为 V. 点 L 在射线 DP 上,使得 $\angle LBC = \angle VFP$. 求证:$\angle LCB = \angle VEP$.

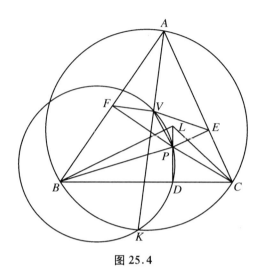

图 25.4

25.5 如图 25.5 所示,在△ABC 中,点 U、V 在∠BAC 内,使得∠BAU = ∠CAV.点 R 是 BC 的中点,点 D、E 分别在射线 RB、RC 上,使得 RD = RE.作 DP⊥BC,交直线 AU 于点 P.PF⊥AB 于点 F,PK⊥AC 于点 K,⊙(DFK)交直线 BC 于点 D、X.作 EQ⊥BC,交直线 AV 于点 Q,QM⊥AB 于点 M,QN⊥AC 于点 N,⊙(EMN)交直线 BC 于点 E、Y.求证:DX = EY.

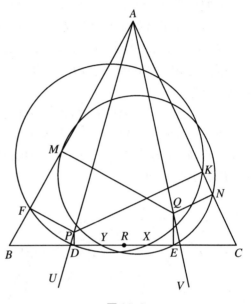

图 25.5

参 考 答 案

25.1（湖南省长沙市一中学生叶世卿提供） 如图 25.6 所示，重新定义点 K，设 $PK' \perp BC$，PK' 交 AD 于点 K'.

下面证明：H、O_1、K' 三点共线，G、O_2、K' 三点共线.

由对称性知只要证 H、O_1、K' 三点共线.

设 PK'、PH、AD 与 $\odot O_1$ 的第二个交点分别为 T、S、R.

因为 $\angle SPT = 180° - \angle TPF = 180° - \angle PCD = \angle BAR$，$B$、$O_1$、$T$ 三点共线，所以 S、O_1、R 三点共线.

对圆内接六边形 $ABTPSR$，由帕斯卡定理得 H、O_1、K' 三点共线. 证毕.

25.2（湖南省长沙市一中学生叶世卿提供） 如图 25.7 所示，延长 AO，交 $\odot O$ 于点 V，VK 交 BC 于点 S，则由 P、K 是 $\triangle ABC$ 的等角共轭点知 $PS /\!/ AK$（参阅 15.1 题），故 $PS \perp BC$，P、S、E 三点共线.

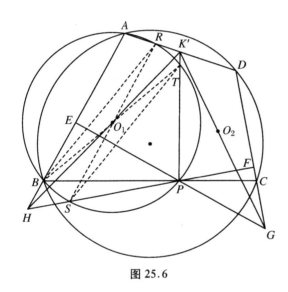

图 25.6

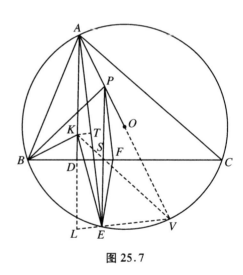

图 25.7

设直线 VE 与 AD 交于点 L，作 $KT \perp AE$ 于点 T.

则 $KT /\!/ EL$. 从而 $\dfrac{AT}{AE} = \dfrac{AK}{AL} = \dfrac{PS}{PE}$，故 $\dfrac{AT}{PS} = \dfrac{AE}{PE}$.

又因为 $\angle KAT = \angle AEP = \angle SPF$，所以 $\triangle KAT \backsim \triangle FPS$，因此 $\dfrac{AK}{PF} = \dfrac{AT}{PS} = \dfrac{AE}{PE}$，$\triangle AEK \backsim \triangle PEF$，故 $\angle AEK = \angle PEF$.

25.3（湖南省长沙市一中学生叶世卿提供） 设点 Q 关于 BC 的对称点为 T，下面证明 D、T、K 三点共线.

设以 P 为圆心、PA 为半径的圆与 AB、AC 的第二个交点分别为 A_1、A_2，连接线段如图 25.8 所示.

$$D、T、K \text{ 三点共线} \iff \dfrac{S_{\triangle BDT}}{S_{\triangle CDT}} = \dfrac{S_{\triangle BDK}}{S_{\triangle CDK}}$$

$$\Leftrightarrow \frac{\sin\angle BDT}{\sin\angle CDT} = \frac{BK}{CK} \qquad \text{①}$$

因 $\angle KBA_1 = \angle KCA_2$, $\angle KA_1A = \angle KA_2A$, 故 $\triangle KBA_1 \backsim \triangle KCA_2$, 因此 $\frac{BK}{CK} = \frac{BA_1}{CA_2}$.

因 $\angle DBT = \angle DBC - \angle TBC = \angle QAC - \angle QBC = \angle PAA_1 - \angle PBA = \angle A_1PB$, 同理, $\angle DCT = \angle A_2PC$, 故

$$\frac{\sin\angle BDT}{\sin\angle CDT} = \frac{BT\sin\angle DBT}{CT\sin\angle DCT} = \frac{BQ\sin\angle A_1PB}{CQ\sin\angle A_2PC}$$

$$= \frac{\sin\angle QCB \cdot \sin\angle A_1PB}{\sin\angle QBC \cdot \sin\angle A_2PC} = \frac{\sin\angle PCA_2}{\sin\angle PBA_1} \cdot \frac{\sin\angle A_1PB}{\sin\angle A_2PC}$$

$$= \frac{PA_2}{CA_2} \cdot \frac{BA_1}{PA_1} = \frac{BA_1}{CA_2}$$

所以式①成立.

故 $\angle FQT = \angle FED = \angle FKD = \angle FKT$, 因此点 T 在 $\triangle QFK$ 的外接圆上.

因为点 Q、T 关于直线 BC 对称, 所以 $\triangle QFK$ 的外心在直线 BC 上.

25.4 (湖南省长沙市一中学生叶世卿提供) 如图 25.9 所示, 在 DP 的延长线上取点 T, 连接 BK、CK、DK.

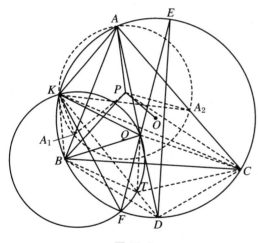
图 25.8

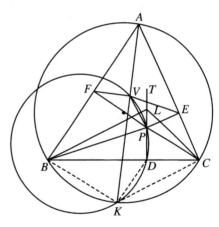
图 25.9

则 $\angle TPV = \angle AKD$, $\angle AKC = \angle ABC = \angle TPF$.

所以 $\angle VPF = \angle TPF - \angle TPV = \angle AKC - \angle AKD = \angle DKC$.

又因 $\angle TPE = \angle ACB = \angle AKB$, 故 $\angle VPE = \angle TPV + \angle TPE = \angle AKD + \angle AKB = \angle DKB$.

所以

$$\frac{\sin\angle VPF}{\sin\angle VPE} \cdot \frac{\sin\angle VEP}{\sin\angle VEA} \cdot \frac{\sin\angle VAE}{\sin\angle VAF} \cdot \frac{\sin\angle VFA}{\sin\angle VFP} = 1$$

$$\Rightarrow \frac{\sin\angle DKC}{\sin\angle DKB} \cdot \frac{\tan\angle VEP}{\tan\angle VFP} \cdot \frac{\sin\angle VAE}{\sin\angle VAF} = 1$$

$$\Rightarrow \frac{\tan\angle VEP}{\tan\angle VFP} = \frac{\sin\angle DKB}{\sin\angle DKC} \cdot \frac{\sin\angle VAF}{\sin\angle VAE} = \frac{\sin\angle DKB \cdot BK}{\sin\angle DKC \cdot CK} = \frac{BD}{CD}$$

$$\Rightarrow \quad \frac{BD}{CD} = \frac{\tan\angle VEP}{\tan\angle LBD}$$

$$\Rightarrow \quad \tan\angle VEP = \frac{LD}{CD} = \tan\angle LCD$$

$$\Rightarrow \quad \angle VEP = \angle LCB$$

25.5（湖南省长沙市一中学生叶世卿提供） 如图 25.10 所示，设 AP、AQ 分别与 $\odot(ABC)$ 交于点 U、V，取点 P 关于 $\triangle ABC$ 的等角共轭点 P'，点 Q 关于 $\triangle ABC$ 的等角共轭点 Q'.

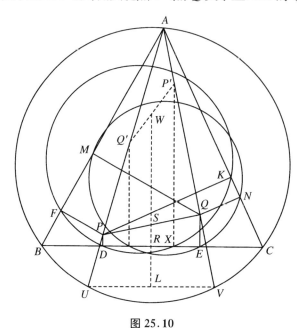

图 25.10

由戴维斯定理有 $P'X \perp BC$，$Q'Y \perp BC$.

记 UV 的中点为 L，PQ 的中点为 S，$Q'P'$ 的中点为 W. 则

$$\angle PBU = \angle PBC + \angle CBU = \angle P'BA + \angle CAU$$
$$= \angle P'BA + \angle P'AB = \angle BP'V$$

$$\angle QBV = \angle QBC + \angle CBV = \angle Q'BA + \angle CAV$$
$$= \angle Q'BA + \angle Q'AB = \angle BQ'U$$

所以

$$\frac{Q'P}{PU} = \frac{BQ'\sin\angle Q'BP}{BU\sin\angle PBU} = \frac{\sin\angle BUA \cdot \sin\angle Q'BP}{\sin\angle BQ'U \cdot \sin\angle BP'V}$$

$$\frac{P'Q}{QV} = \frac{BP'\sin\angle P'BQ}{BV\sin\angle QBV} = \frac{\sin\angle BVA \cdot \sin\angle P'BQ}{\sin\angle BP'V \cdot \sin\angle BQ'U}$$

又因为 $\angle BUA = \angle BVA$，$\angle Q'BP = \angle P'BQ$，所以 $\dfrac{Q'P}{PU} = \dfrac{P'Q}{QV}$.

由牛顿轨迹定理得 W、S、L 三点共线.

又因为 RS 是 DE 的中垂线，也是 BC 的中垂线，RL 是 BC 的中垂线，所以 S、R、L 三点共线，且此直线是 BC 的中垂线，点 W 在此直线上.

因 $Q'Y \parallel WR \parallel P'X$，且 $P'W = WQ'$，故 $RX = RY$.

因此 $DX = EY$.

平面几何测试题 26

26.1 如图 26.1 所示,在锐角△ABC 中,AD⊥BC 于点 D,H 是垂心.作直线 DE,分别交 BH、AC 于点 E、F,DE 交△AHE 的外接圆于点 E、K.求证:△AFK 的外接圆在点 A 处的切线 l 平行于 BC.

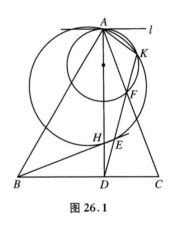

图 26.1

26.2 如图 26.2 所示,在△ABC 中,过点 B、C 的圆 Γ 还分别交边 AC、AB 于点 D、E,BD 与 CE 相交于点 P,AP 交 $\overparen{DE}$ 于点 F,M 为 BC 的中点.求证:∠BFM = ∠CFP.

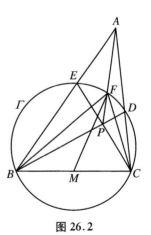

图 26.2

26.3 如图 26.3 所示，P 为 $\triangle ABC$ 内一点，$PB = PC$，直线 AP 与 $\triangle ABC$、$\triangle PBC$ 的外接圆的第二个交点分别为 D、E．作 $EF \mathbin{/\mkern-5mu/} DB$，交直线 AB 于点 F；作 $EK \mathbin{/\mkern-5mu/} DC$，交直线 AC 于点 K．四边形 $FEKT$ 为平行四边形．点 R 在 BC 上，使得 $\angle BAR = \angle CAP$．求证：$TR \mathbin{/\mkern-5mu/} AP$．

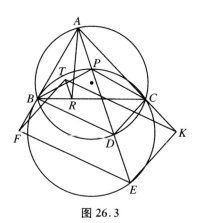

图 26.3

26.4 如图 26.4 所示，$\triangle ABC$ 内接于 $\odot O$．点 K 在 $\angle BAC$ 的平分线上，以 K 为圆心的 $\odot K$ 与 $\odot O$ 交于点 M、N．过 A 作 $\odot K$ 的切线 AD、AE，D、E 为切点，DE 与 AK 交于点 P．求证：$\angle BMP = \angle CNP$．

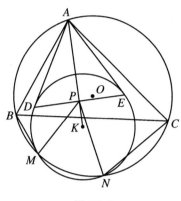

图 26.4

26.5 如图 26.5 所示，锐角 △ABC 内接于圆 Γ，点 D、E 在圆 Γ 上．直线 BD 与 CE 交于点 P，PF⊥AB 于点 F，PK⊥AC 于点 K．直线 BE 与 CD 交于点 Q，QU⊥AB 于点 U，QV⊥AC 于点 V．求证：△AFK 的垂心 H_1、△AUV 的垂心 H_2、BC 的中点 M 三点共线．

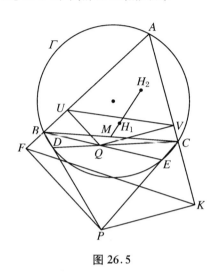

图 26.5

参　考　答　案

26.1 如图 26.6 所示,设 P 为 $\triangle AFK$ 的外心,连接 PF.

因 $\angle AKF = \angle DHE = 180° - \angle C$,在锐角 $\triangle ABC$ 中,$\angle C < 90°$,故 $\angle AKF > 90°$,点 P 在 $\triangle AFK$ 外面.

因 $\angle PAF = \dfrac{180° - \angle APF}{2} = \dfrac{180° - (360° - 2\angle AKF)}{2} = 90° - \angle C = \angle DAC$,故点 P 在高线 AD 上.

从而 $\triangle AFK$ 的外接圆在点 A 处的切线 l 垂直于 AD.

但 $AD \perp BC$,故 $l \parallel BC$.

26.2 如图 26.7 所示,延长 AP,交 $\overset{\frown}{BC}$ 于点 K,连接 BK、CK、DK、EK、DF、EF.

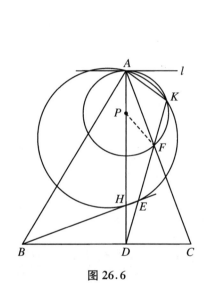

图 26.6

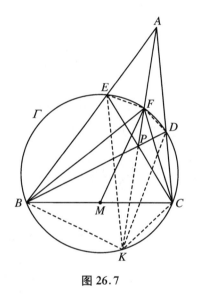

图 26.7

因 $\dfrac{S_{\triangle FBE}}{S_{\triangle KBE}} = \dfrac{FA}{KA} = \dfrac{S_{\triangle FCD}}{S_{\triangle KCD}}$,故

$$\dfrac{EF \cdot BF}{EK \cdot BK} = \dfrac{DF \cdot CF}{DK \cdot CK} \qquad ①$$

因 $\dfrac{S_{\triangle FEC}}{S_{\triangle KEC}} = \dfrac{FP}{KP} = \dfrac{S_{\triangle FBD}}{S_{\triangle KBD}}$,故

$$\dfrac{EF \cdot CF}{EK \cdot CK} = \dfrac{DF \cdot BF}{DK \cdot BK} \qquad ②$$

①÷②得 $\dfrac{BF}{BK} \cdot \dfrac{CK}{CF} = \dfrac{CF}{CK} \cdot \dfrac{BK}{BF}$,即 $BF \cdot CK = BK \cdot CF$.

故 $2BM \cdot KF = BC \cdot FK = BF \cdot CK + BK \cdot CF = 2BF \cdot CK$,因此 $\dfrac{BM}{CK} = \dfrac{BF}{KF}$.

又因为 $\angle FBM = \angle FKC$,所以 $\triangle FBM \sim \triangle FKC$,故 $\angle BFM = \angle CFP$.

26.3 如图 26.8 所示,作平行四边形 $FRKN$,连接 BE、CE.

下面证明 A、N、E 三点共线.

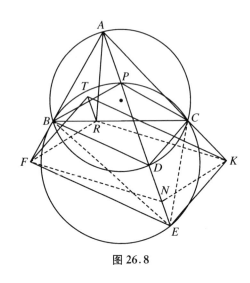

图 26.8

因 $\angle BAR = \angle EAK$,$\angle ABR = \angle ADC = \angle AEK$,故 $\triangle ABR \backsim \triangle AEK$,因此 $\dfrac{AB}{AE} = \dfrac{AR}{AK}$.

又因 $\angle BAE = \angle RAK$,故 $\triangle ABE \backsim \triangle ARK$,所以 $\angle AKR = \angle AEB$,且 $\dfrac{RK}{BE} = \dfrac{AR}{AB}$.

同理,$\angle AFR = \angle AEC$,且 $\dfrac{RF}{CE} = \dfrac{AR}{AC}$.

故 $\dfrac{RK}{RF} = \dfrac{AC}{AB} \cdot \dfrac{BE}{CE}$.

因 $PB = PC$,故 $\angle AEB = \angle AEC$,从而 $\angle AKR = \angle AFR$.

在平行四边形 $FRKN$ 中,$\angle RKN = \angle RFN$,于是 $\angle AKN = \angle AFN$.

因

$$\dfrac{BD}{\sin \angle BED} = \dfrac{BE}{\sin \angle BDA} = \dfrac{BE}{\sin \angle ACB}$$

$$\dfrac{CD}{\sin \angle CED} = \dfrac{CE}{\sin \angle ADC} = \dfrac{CE}{\sin \angle ABC}$$

故 $\dfrac{BD}{CD} = \dfrac{BE}{CE} \cdot \dfrac{\sin \angle ABC}{\sin \angle ACB} = \dfrac{BE}{CE} \cdot \dfrac{AC}{AB}$.

因 $\dfrac{BD}{EF} = \dfrac{AD}{AE} = \dfrac{CD}{EK}$,故 $\dfrac{EF}{EK} = \dfrac{BD}{CD}$,于是 $\dfrac{RK}{RF} = \dfrac{EF}{EK}$,即 $\dfrac{FN}{KN} = \dfrac{EF}{EK}$.

因此

A、N、E 三点共线 $\Leftrightarrow \dfrac{S_{\triangle AFN}}{S_{\triangle AKN}} = \dfrac{S_{\triangle AFE}}{S_{\triangle AKE}}$

$\Leftrightarrow \dfrac{AF \cdot FN \sin \angle AFN}{AK \cdot KN \sin \angle AKN} = \dfrac{AF \cdot EF \sin \angle AFE}{AK \cdot EK \sin \angle AKE}$

$\Leftrightarrow \dfrac{FN}{KN} = \dfrac{EF}{EK}$

显然,$\triangle FEN \cong \triangle KTR$.

又因 $KT \parallel FE$,$KR \parallel FN$,故 $TR \parallel EN$,即 $TR \parallel AP$.

26.4 (湖南省长沙市一中学生叶世卿提供) 延长 AD、AE,分别交 $\odot O$ 于点 B_1、C_1,延长 AP,交 $\odot O$ 于点 L,连接线段如图 26.9 所示.

因 $KM^2 = KN^2 = KD^2 = KP \cdot KA$,故 $\triangle KMP \backsim \triangle KAM$,$\triangle KNP \backsim \triangle KAN$,所以 $\angle PMK = \angle MAL = \angle MNL$,$\angle PNK = \angle NAL = \angle NML$.

由 $KM = KN$ 知 $\angle KMN = \angle KNM$.

下面证明 $\angle B_1 MP = \angle C_1 NP$:

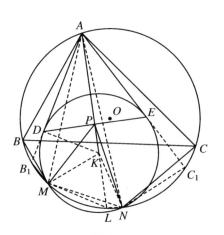

图 26.9

$$\angle B_1 MP = \angle C_1 NP$$
$$\Leftrightarrow \angle B_1 MK - \angle PMK = \angle C_1 NK - \angle PNK$$
$$\Leftrightarrow \angle B_1 MK + \angle KMN + \angle NML = \angle C_1 NK + \angle KNM + \angle MNL$$
$$\Leftrightarrow \angle B_1 ML = \angle C_1 NL$$
$$\Leftrightarrow \angle B_1 AL = \angle C_1 AL$$

显然成立.

又因 $\angle BAL = \angle CAL$, 故 $\angle BAB_1 = \angle CAC_1$, 从而 $\angle BMB_1 = \angle CNC_1$. 故 $\angle BMP = \angle CNP$.

26.5 (湖南省长沙市一中学生叶世卿提供) 如图 26.10 所示, 设圆 Γ 的过点 B、C 的切线交于点 S, 作 $SX \perp AB$ 于点 X, $SY \perp AC$ 于点 Y, 连接 SM、XM、YM、FH_1、KH_1、UH_2、VH_2.

显然, $SM \perp BC$. 所以 S、X、B、M 四点共圆.

故 $\angle BXM = \angle BSM = 90° - \angle SBM = 90° - \angle BAC$, 因此 $XM \perp AC$.

同理, $YM \perp AB$.

于是 $XM \parallel FH_1 \parallel UH_2$, $YM \parallel KH_1 \parallel VH_2$.

对圆内接六边形 $BBDCCE$, 由帕斯卡定理得 S、P、Q 三点共线.

又因 $SX \parallel PF \parallel QU$, $SY \parallel PK \parallel QV$, 故 $\dfrac{XF}{FU} = \dfrac{SP}{PQ} = \dfrac{YK}{KV}$.

所以 M、H_1、H_2 三点共线.

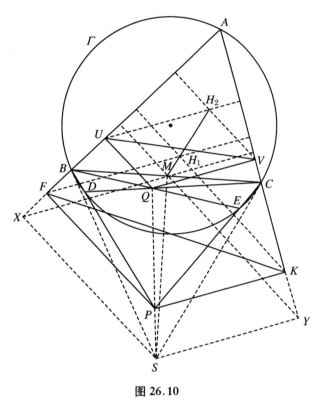

图 26.10

平面几何测试题 27

27.1 如图 27.1 所示，△ABC 内接于圆 φ，直线 t 为圆 φ 在点 A 处的切线.过点 B 作圆 ε，分别交直线 AB、BC 于点 D、E，交圆 φ 于点 K（不同于 B）.直线 AE 与圆 ε 交于点 E、F，直线 DE、DF 与直线 t 分别交于点 M、N，直线 CM 交圆 φ 于点 C、P.求证：M、N、K、D、P 五点共圆.

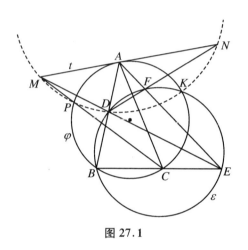

图 27.1

27.2 如图 27.2 所示，△ABC 的外接圆为圆 φ.P 为 △ABC 内一点，直线 BP 交圆 φ 于点 B、G，CP 交圆 φ 于点 C、K，过点 P 的直线 EF 分别交 AC、AB 于点 E、F，△PBF、△PCE 的外接圆交于点 P、T.求证：△TEG∽△TFK.

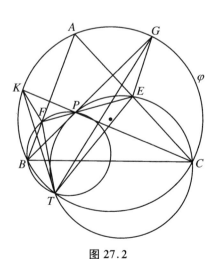

图 27.2

27.3 如图 27.3 所示，在 △ABC 中，AD 是 ∠BAC 的平分线. 直线 t 过点 A 且 $t \perp AD$. P 是直线 t 上不同于点 A 的的任一点，过点 P、A 的一个圆 φ 与直线 PB、PC 的第二个交点分别为 E、F. 求证：∠PED = ∠PFD.

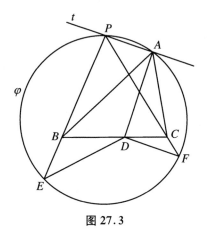

图 27.3

27.4 如图 27.4 所示,⊙O 是△ABC 的外接圆,直线 t 为⊙O 在点 A 处的切线.点 E 使得 $AE \perp AC$,$BE \perp AB$,点 F 使得 $AF \perp AB$,$CF \perp AC$.求证:(1) E、O、F 三点共线.(2) t、EF、BC 三线共点或互相平行.

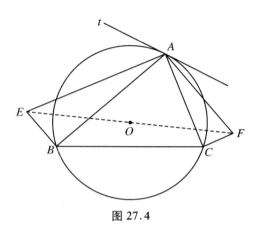

图 27.4

27.5 如图 27.5 所示,四边形 $ABCD$ 内接于圆 φ,对角线 AC 与 BD 交于点 P,直线 AB 与 DC 交于点 K,AD 与 BC 交于点 M. 过 K 作一直线,分别交 $\overparen{BC}$、$\overparen{AD}$ 于点 E、F,PE 与 KC 交于点 V,FP 与 KB 交于点 T. 求证:T、V、M 三点共线.

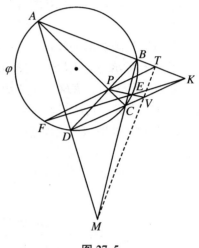

图 27.5

参 考 答 案

27.1 如图 27.6 所示(图形画得不相同时,证明过程要稍作改动),连接线段 KA、KF、KP、KD、KB.

因 AN 为圆 φ 的切线,故 $\angle NAK = \angle ABK = \angle NFK$,因此 A、F、K、N 四点共圆.

于是 $\angle ANK = \angle KFE = \angle KDE$,所以 M、N、K、D 四点共圆.

因为 $\angle KPC = \angle KBC = \angle KBE = \angle KFE = \angle ANK$,所以 M、N、K、P 四点共圆.

故 M、N、K、D、P 五点共圆.

27.2 如图 27.7 所示,连接 BT、CT、AT、PT.

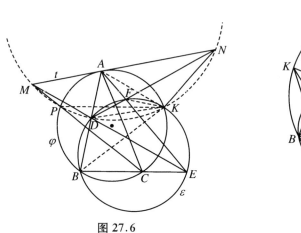

图 27.6

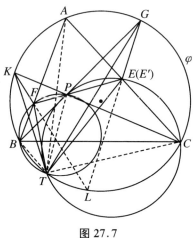

图 27.7

因 $\angle BTC = \angle BTP + \angle CTP = \angle AFP + \angle AEP = 180° - \angle BAC$,故点 T 在圆 φ 上.

因 $\angle BAT = \angle BGT$,由 $\angle BFT = \angle BPT$ 知 $\angle AFT = \angle GPT$,故 $\triangle TFA \backsim \triangle TPG$,因此 $\angle FTA = \angle PTG$.

同理,$\angle ETA = \angle PTK$.

故 $\angle ETG = \angle FTK$.

延长 KF,交圆 φ 于点 L,GL 与 AC 交于点 E'.

对圆内接六边形 $ABGTKC$,由帕斯卡定理得 F、P、E' 三点共线,于是点 E' 与 E 重合.

所以 $\angle TGE = \angle TKF$.

故 $\triangle TEG \backsim \triangle TFK$.

27.3 如图 27.8 所示(图形画得不相同时,证明过程要稍作改动),不妨设 $AB \geq AC$,$\triangle ABC$ 的三内角简记为 $\angle A$、$\angle B$、$\angle C$.$\triangle BDE$、$\triangle CDF$ 的外接圆交于点 D、T.连接线段如图所示.

因 $\angle ETF = \angle ETD + \angle DTF = \angle PBC + \angle PCB = 180° - \angle BPC$,故点 T 在圆 φ 上.

由已知条件有

$\angle ATD = \angle DTF - \angle ATF = \angle PCB - \angle APC$

$\qquad = \angle C - \angle ACP - (180° - \angle ACP - \angle PAC) = \angle C + \left(90° + \dfrac{\angle A}{2}\right) - 180°$

$$= 180° - \angle B - \angle A + \frac{\angle A}{2} - 90° = 90° - \left(\angle B + \frac{\angle A}{2}\right) = 90° - \angle ADC$$

当 $AB = AC$ 时, $\angle ATD = 90° - \angle ADC = 0°$, A、D、T 三点共线,此时 AD 是 BC 的中垂线,所以 $\angle BTD = \angle CTD$.

当 $AB > AC$ 时,可设直线 t 与 BC 相交于点 K,则 $\angle ATD = 90° - \angle ADC = \angle AKD$.

故 A、D、T、K 四点共圆,此圆为关于定点 B、C 的比值为 $\frac{AB}{AC}$ 的阿波罗尼斯圆.

所以 $\angle BTD = \angle CTD$.

故 $\angle PED = \angle BTD = \angle CTD = \angle PFD$.

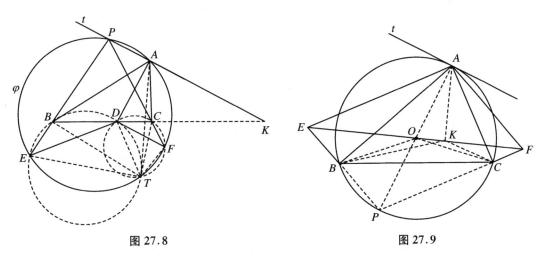

图 27.8　　　　　　　　　　图 27.9

27.4 如图 27.9 所示.

(1) 设直线 BE、CF 相交于点 P. 因 $BE \perp AB$, $CF \perp AC$, 故点 P 在 $\odot O$ 上, AP 为 $\odot O$ 的直径.

因为 $BE \perp AB$, $AF \perp AB$, 所以 $EP \parallel AF$.

同理, $FP \parallel AE$.

故四边形 $AEPF$ 为平行四边形, AP 与 EF 互相平分于点 O, 即 E、O、F 三点共线.

(2) 作 $AK \perp EF$ 于点 K, 连接 BK、CK、BO、CO.

因 $BE \perp AB$, $AK \perp EF$, $CF \perp AC$, 故 A、E、B、K, A、K、C、F 分别四点共圆. 所以 $\angle BKE = \angle BAE = |90° - \angle BAC| = \angle CAF = \angle CKF$.

又因 $OB = OC$, 故 B、C、K、O 四点共圆.

显然, 直线 t 也与以 AO 为直径的圆, 即 $\odot(AOK)$ 相切.

考虑 $\odot(AOK)$、$\odot O$、$\odot(BCKO)$, 由蒙日定理(根心定理)得两两的根轴 t、OK、BC 三线共点或互相平行, 即 t、EF、BC 三线共点或互相平行.

27.5 如图 27.10 所示, 设 FP 与圆 φ 的第二个交点为 X. 连接 AF、FD、BE.

下面证明 X、E、M 三点共线.

因 XF、BD、AC 三弦共点, 由三弦共点定理得

$$\frac{XB}{BA} \cdot \frac{AF}{FD} \cdot \frac{DC}{CX} = 1 \qquad ①$$

因 $\triangle KAF \sim \triangle KEB$, 故 $\frac{AF}{EB} = \frac{KA}{KE}$.

因 $\triangle KEC \sim \triangle KDF$，故 $\dfrac{CE}{FD} = \dfrac{KE}{KD}$.

因 $\triangle KAC \sim \triangle KDB$，故 $\dfrac{KA}{KD} = \dfrac{AC}{BD}$.

所以

$$\dfrac{AF}{FD} = \dfrac{KA}{KD} \cdot \dfrac{EB}{CE} = \dfrac{AC \cdot EB}{BD \cdot CE} \qquad ②$$

把式②代入式①得

$$\dfrac{XB}{BA} \cdot \dfrac{AC \cdot EB}{BD \cdot CE} \cdot \dfrac{DC}{CX} = 1$$

$$\Leftrightarrow \dfrac{AC \cdot DC}{BA \cdot BD} = \dfrac{CE \cdot CX}{XB \cdot EB}$$

$$\Leftrightarrow \dfrac{S_{\triangle ADC}}{S_{\triangle ADB}} = \dfrac{S_{\triangle EXC}}{S_{\triangle EXB}}$$

$$\Leftrightarrow X、E、M \text{ 三点共线}$$

要证 $T、V、M$ 三点共线,由梅涅劳斯定理的逆定理知只要证

$$\dfrac{XT}{TP} \cdot \dfrac{PV}{VE} \cdot \dfrac{EM}{MX} = 1 \qquad ③$$

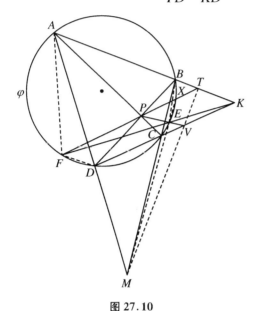

图 27.10

因

$$\dfrac{XT}{TP} = \dfrac{S_{\triangle BXT}}{S_{\triangle BTP}} = \dfrac{BX\sin\angle XBT}{PB\sin\angle PBT} = \dfrac{BX \cdot AX}{PB \cdot AD}$$

$$\dfrac{PV}{VE} = \dfrac{S_{\triangle CPV}}{S_{\triangle CVE}} = \dfrac{PC\sin\angle PCV}{CE\sin\angle ECV} = \dfrac{PC \cdot AD}{CE \cdot DE}$$

$$\dfrac{EM}{MX} = \dfrac{S_{\triangle EBC}}{S_{\triangle XBC}} = \dfrac{EB \cdot CE}{BX \cdot CX}$$

故只要证

$$\dfrac{AX \cdot PC \cdot EB}{PB \cdot DE \cdot CX} = 1 \qquad ④$$

因 $\triangle MAX \sim \triangle MED$，故

$$\dfrac{AX}{DE} = \dfrac{MA}{ME} \qquad ⑤$$

因 $\triangle PDC \sim \triangle PAB$，$\triangle MCD \sim \triangle MAB$，故

$$\dfrac{PC}{PB} = \dfrac{DC}{AB} = \dfrac{MC}{MA} \qquad ⑥$$

因 $\triangle MEB \sim \triangle MCX$，故

$$\dfrac{EB}{CX} = \dfrac{ME}{MC} \qquad ⑦$$

⑤×⑥×⑦得式④. 证毕.

平面几何测试题 28

28.1 如图 28.1 所示,定⊙O 与⊙P 相交于点 A、B,过点 A 任作一直线,分别另交⊙O、⊙P 于点 C、D. 求证:线段 CD 的中垂线 t 过一个定点.

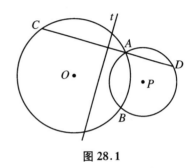

图 28.1

28.2 如图 28.2 所示,点 P 在 $\triangle ABC$ 内,$PD \perp BC$ 于点 D,$PE \perp CA$ 于点 E,$PF \perp AB$ 于点 F. 过 D、E、F 三点的⊙K 还分别交 BC、CA、AB 于点 M、N、L. AD 还交⊙K 于点 V,$VX \perp AD$,VX 交直线 NL 于点 X,MK 与 AX 交于点 Y. 求证:X、Y、V、M 四点共圆.

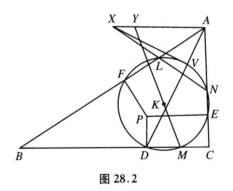

图 28.2

28.3 如图 28.3 所示，△ABC 的内切圆⊙I 与 BC 切于点 D，点 D 关于 B、C 的对称点分别为 M、N. AD 交⊙I 于点 P（不同于 D）. 求证：PD 平分∠MPN.

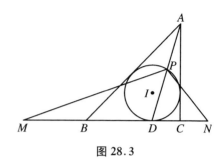

图 28.3

28.4 如图 28.4 所示,在 △ABC 中,AP⊥BC 于点 P,AD 是外接圆⊙O 的直径. 延长 CA 至点 E,延长 BA 至点 F,使得 BE∥CF. 作 DK⊥EF 于点 K. 求证:B、P、K、E 四点共圆.

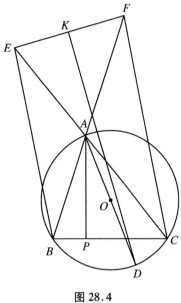

图 28.4

28.5 如图 28.5 所示，△ABC 内接于⊙O．在直线 AB、AC 上分别取点 D、E，使得 DE ⊥OB．过点 E 作一直线，交⊙O 于点 F、G，直线 BF、BG 分别交直线 DE 于点 M、N．直线 AM、CN 与⊙O 的第二个交点分别为 T、V，直线 AN、CM 与⊙O 的第二个交点分别为 L、K．求证：TV∥LK．

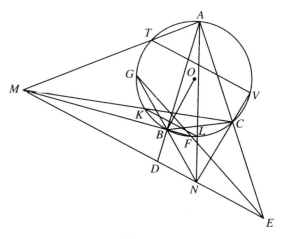

图 28.5

参 考 答 案

28.1 如图 28.6 所示(图画得不相同时,证明过程要稍作改动),作 ▱OAPE,连接 CE、DE、CO、DP.

下面证明直线 t 过定点 E,这只要证明 $CE = DE$.

因为

$$\begin{aligned}
\angle COE &= 360° - \angle COA - \angle AOE \\
&= 360° - (180° - 2\angle CAO) - \angle APE \\
&= 180° + 2(\angle APE - \angle PAD) - \angle APE \\
&= \angle APE + \angle APD \\
&= \angle EPD
\end{aligned}$$

$OE = AP = PD$,$OC = OA = PE$

所以 $\triangle OCE \cong \triangle PED$,于是 $CE = DE$.

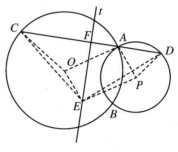

图 28.6

28.2 如图 28.7 所示,作 $MQ \perp BC$,$NQ \perp CA$,MQ 与 NQ 交于点 Q,连接 LQ,可知 $LQ \perp AB$(点 P、Q 是 $\triangle ABC$ 的等角共轭点). 作 $AZ \parallel BC$,设直线 MQ 分别交 VX、AZ 于点 T、R,连接 TD、VM.

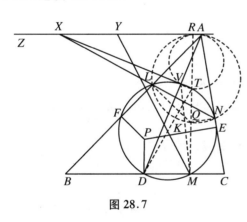

图 28.7

因 $TV \perp VD$,$TM \perp DM$,故点 T 在 $\odot K$ 上.

因 $AZ \parallel BC$,$MQ \perp BC$,故 $AR \perp RQ$. 于是 A、R、V、T 四点共圆,A、R、L、Q、N 五点共圆.

$\odot(ARVT)$、$\odot(ARLQN)$、$\odot K$ 两两的根轴 AR、TV、NL 三线共点或互相平行. 考虑到直线 TV 与 NL 有交点 X,故 AR、TV、NL 三线共点于 X.

所以 $AX \parallel BC$.

因 $MT \perp BC$,故 DT 是 $\odot K$ 的直径,点 K 在 DT 上.

因此 $\angle AYM = \angle KMD = \angle KDM = \angle TDM = \angle TVM$,故 $\angle XYM = \angle XVM$,所以 X、Y、V、M 四点共圆.

28.3 当 $AB = AC$ 时,结论显然成立.

当 $AB \neq AC$ 时,不妨设 $AB > AC$,如图 28.8 所示,过 P 作 $\odot I$ 的切线,交 BC 的延长线于点 K.

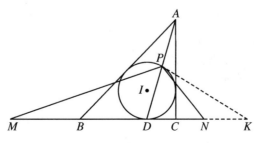

图 28.8

则 D、K 调和分割 BC，即 $BD \cdot CK = BK \cdot DC$.

所以
$$KN \cdot KM = (KD - 2DC)(KD + 2BD)$$
$$= KD^2 + 2KD \cdot BD - 2DC \cdot KD - 4BD \cdot DC$$
$$= KD^2 + 2KD \cdot BD - 2BD \cdot CD - 2DC \cdot KD - 2BD \cdot DC$$
$$= KD^2 + 2BD \cdot CK - 2BK \cdot DC$$
$$= KD^2 = KP^2$$

故 KP 也是 $\triangle PMN$ 的外接圆的切线. 于是 $\angle KPN = \angle M$.

因 $\angle NPD + \angle KPN = \angle KPD = \angle KDP = \angle MPD + \angle M$，故 $\angle NPD = \angle MPD$，即 PD 平分 $\angle MPN$.

28.4 如图 28.9 所示（图形画得不相同时，证明过程要稍作改动），连接 BD、BK、PE、DF、CD.

因 $\angle ABP = \angle ADC$，故 $\text{Rt}\triangle ABP \backsim \text{Rt}\triangle ADC$，所以
$$\frac{AP}{AC} = \frac{AB}{AD} \qquad ①$$

因 $BE \parallel CF$，故
$$\frac{AC}{AE} = \frac{AF}{AB} \qquad ②$$

①×②得 $\dfrac{AP}{AE} = \dfrac{AF}{AD}$.

又因为 $\angle PAE = \angle FAD$，所以 $\triangle APE \backsim \triangle AFD$.

因为 $\angle FBD = \angle ABD = 90° = \angle FKD$，所以 B、D、F、K 四点共圆.

故 $\angle APE = \angle AFD = \angle BKD$，从而 $\angle BPE = \angle BKE$（等角的余角相等），于是 B、P、K、E 四点共圆.

28.5 如图 28.10 所示，过 B 作 $\odot O$ 的切线 BX，连接 AF、DF、FV.

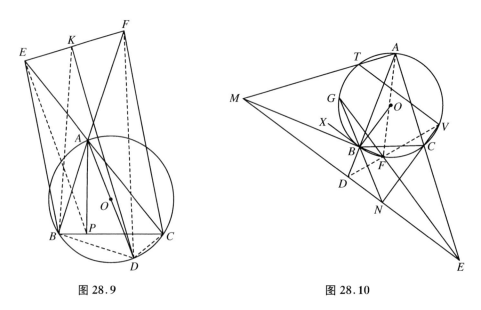

图 28.9　　　　　　　　　　　图 28.10

因 $BX \perp OB$，$DE \perp OB$，故 $BX \parallel DE$.

所以$\angle MDA = \angle XBA = \angle MFA$，从而 A、M、D、F 四点共圆.

对圆内接六边形 $ABGFVC$，由帕斯卡定理得直线 AB 与 FV 的交点、BG 与 VC 的交点 N、GF 与 AC 的交点 E 三点共线，从而 V、F、D 三点共线.

故$\angle ATV = \angle AFV = \angle AMD$，因此 $TV \parallel DE$.

类似地，$LK \parallel DE$.

所以 $TV \parallel LK$.

平面几何测试题 29

29.1 如图 29.1 所示,在 $\triangle ABC$ 中,点 E、F 分别在 CA、AB 上,$AE = AF$. BE 与 CF 交于点 P,直线 AP 与 BC 交于点 D,$DT \perp EF$ 于点 T. $\triangle ABC$、$\triangle AEF$ 的外接圆交于点 A、K. 求证:$\angle AKT = 90°$.

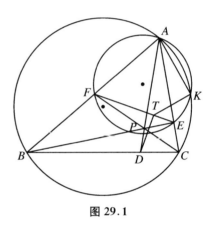

图 29.1

29.2 如图 29.2 所示,过圆 φ 外一点 E 作圆 φ 的两条割线 EBA 和 ECD($EB < EA$,$EC < ED$),使得 $AB = CD$,AC 与 BD 交于点 F. 点 P 为 $\overparen{AD}$(不含 B、C)上一点,点 G、H 分别在线段 PA、PD 上. 求证:$\angle GFH = \dfrac{1}{2} \angle AFD \Leftrightarrow \angle GEH = \dfrac{1}{2} \angle AED$.

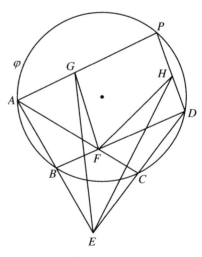

图 29.2

29.3 如图 29.3 所示，四边形 $ABCD$ 内接于 $\odot O$，对角线 AC 与 BD 交于点 E. 延长 AD、BC，使之相交于点 F，作 $EH \perp OF$ 于点 H. 求证：$\dfrac{BH}{CH} = \dfrac{AB \cdot BD}{AC \cdot CD}$.

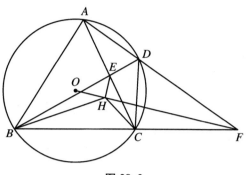

图 29.3

29.4 如图 29.4 所示，△ABC 内一点 P 在边 BC、CA、AB 上的射影分别为点 D、E、F，过 D、E、F 三点作⊙K. DL 是⊙K 的直径，AL 与⊙K 的第二个交点为 V，直线 DV 与 EF 交于点 X. 求证：AX∥BC.

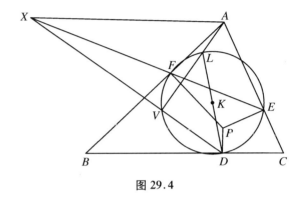

图 29.4

29.5 如图 29.5 所示,四边形 $ABCD$ 内接于圆 φ,圆 ε 与圆 φ 的 $\overset{\frown}{CD}$(不含点 A、B)外切于点 P,直线 BC、AD 与圆 ε 的交点之一分别为 E、F. 直线 BP、CP 与圆 ε 的第二个交点分别为 M、N. 直线 MF 与 AB 交于点 T,FN 与 CD 交于点 V. 求证:$\angle FET = \angle CEV$.

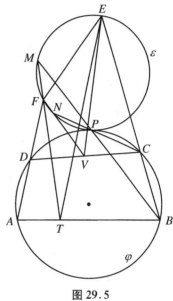

图 29.5

参 考 答 案

29.1 如图 29.6 所示,设点 B、C 在直线 EF 上的射影分别为 M、N,连接 BK、CK、EK、FK.

对 $\triangle ABC$ 及点 P,由塞瓦定理得 $\dfrac{AF}{FB} \cdot \dfrac{BD}{DC} \cdot \dfrac{CE}{EA} = 1$. 又因 $AF = EA$,故 $\dfrac{BD}{DC} = \dfrac{BF}{CE}$.

因 $BM \parallel DT \parallel CN$,$\text{Rt}\triangle BFM \sim \text{Rt}\triangle CEN$,故 $\dfrac{TM}{TN} = \dfrac{BD}{DC} = \dfrac{BF}{CE} = \dfrac{FM}{EN} = \dfrac{TM-FM}{TN-EN} = \dfrac{FT}{TE}$.

因 $\angle AFK = \angle AEK$,故 $\angle BFK = \angle CEK$,又因 $\angle FBK = \angle ECK$,故 $\triangle FBK \sim \triangle ECK$,所以 $\dfrac{KF}{KE} = \dfrac{BF}{CE} = \dfrac{FT}{TE}$,因此 $\angle FKT = \angle TKE = \dfrac{1}{2}\angle FKE$.

故 $\angle AKT = \angle AKF + \angle FKT = \angle AFE + \dfrac{1}{2}\angle FKE = \angle AFE + \dfrac{1}{2}\angle FAE = 90°$.

29.2 如图 29.7 所示,因 $AB = CD$,故 $EA = ED$,$FA = FD$,可把 $\triangle EAG$ 绕点 E 顺时针旋转 $\angle AED$ 至 $\triangle EDK$ 位置,把 $\triangle FAG$ 绕点 F 顺时针旋转 $\angle AFD$ 至 $\triangle FDT$ 位置,连接 HG、HT、HK. 设 $\angle BAC = \angle BDC = \alpha$.

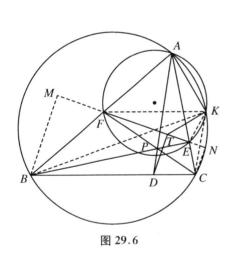

图 29.6

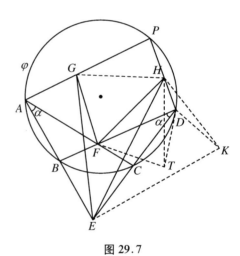

图 29.7

下面证明:若 $\angle GFH = \dfrac{1}{2}\angle AFD$,则 $\angle GEH = \dfrac{1}{2}\angle AED$.

因 $\angle GFH = \dfrac{1}{2}\angle AFD$,故 $\angle TFH = \angle TFD + \angle DFH = \angle AFG + \angle DFH = \dfrac{1}{2}\angle AFD = \angle GFH$.

又因为 $FG = FT$,$FH = FH$,所以 $\triangle FGH \cong \triangle FTH$,故 $HG = HT$.

因

$$\angle HDT = \angle HDF + \angle FDT = 180° - \angle BAG + \angle BAG - \alpha = 180° - \alpha$$
$$\angle TDK = \angle EDK - \angle EDT = \angle BAG - (\angle BAG - \alpha - \alpha) = 2\alpha$$

故 $\angle HDK = 360° - \angle HDT - \angle TDK = 180° - \alpha = \angle HDT$.

又因为 $DK = AG = DT$,$HD = HD$,所以 $\triangle HDK \cong \triangle HDT$,故 $HK = HT = HG$.

又因为 $EK = EG$，$EH = EH$，所以 $\triangle EHK \cong \triangle EHG$．

故 $\angle GEH = \angle KEH = \dfrac{1}{2}\angle GEK = \dfrac{1}{2}\angle AED$．

类似地，若 $\angle GEH = \dfrac{1}{2}\angle AED$，则 $\angle GFH = \dfrac{1}{2}\angle AFD$．

所以 $\angle GFH = \dfrac{1}{2}\angle AFD \Leftrightarrow \angle GEH = \dfrac{1}{2}\angle AED$．

29.3 如图 29.8 所示，过点 F 作 $\odot O$ 的两条切线，切点为 X、Y，则点 E 在点 F 关于 $\odot O$ 的极线 XY 上．连接 OB、OC、OX．由 $EH \perp OF$ 于点 H 知 $XY \perp OF$ 于点 H．又有 $\angle OXF = 90°$．

所以 $FH \cdot FO = FX^2 = FC \cdot FB$．故 H、O、B、C 四点共圆，因此 $\angle OBH = \angle OCH$．

于是 $\dfrac{S_{\triangle OBH}}{S_{\triangle OCH}} = \dfrac{BF}{CF} = \dfrac{S_{\triangle ABD}}{S_{\triangle ACD}}$，故 $\dfrac{OB \cdot BH}{OC \cdot CH} = \dfrac{AB \cdot BD}{AC \cdot CD}$，因此 $\dfrac{BH}{CH} = \dfrac{AB \cdot BD}{AC \cdot CD}$．

29.4 如图 29.9 所示，设 BC 与 $\odot K$ 交于点 D、M，连接 AM，交 $\odot K$ 于点 S（异于 M），作 $AR \parallel BC$，直线 DP 交 $\odot K$ 于点 T（异于 D），交 AR 于点 R．连接 TS．

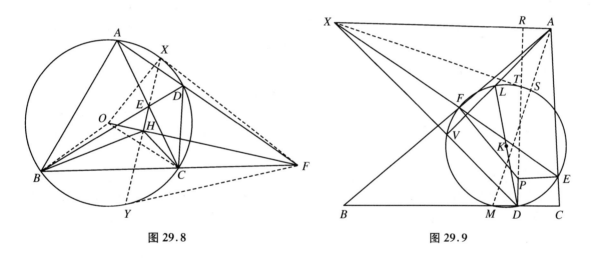

图 29.8　　　　　图 29.9

因 $PD \perp BC$，故 $AR \perp RD$，$\angle TSM = \angle TDM = 90°$，所以 A、R、T、S 四点共圆．

又因为 $PE \perp AC$，$PF \perp AB$，所以 A、R、F、P、E 五点共圆．

对 $\odot(ARTS)$、$\odot(ARFPE)$、$\odot K$，由根心（蒙日）定理知两两的根轴 AR、ST、EF 三线共点或互相平行．

因 EF 不平行于 BC，故 EF 不平行于 AR，于是 AR、ST、EF 三线共点．

因 $\angle ARD = 90° = \angle AVD$，故 A、R、V、D 四点共圆．

对 $\odot(ARTS)$、$\odot(ARVD)$、$\odot K$，由根心（蒙日）定理知两两的根轴 AR、ST、DV 三线共点或互相平行．

因 AR 与 ST 相交，故 AR、ST、DV 三线共点．

从而 AR、ST、EF、DV 四线共点于 X．

故 $AX \parallel BC$．

29.5 如图 29.10 所示（图形画得不相同时，证明过程要稍作改动），设直线 BE 与圆 ε 的第二个交点为 K，过 P 作圆 φ 与圆 ε 的公切线，分别交 DF、CK 于点 S、R．连接线段如图所示.

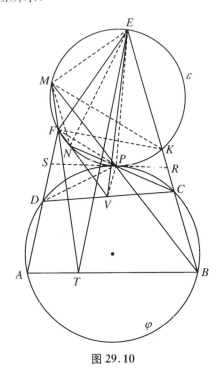

图 29.10

因 $\angle PFN = \angle NPS = \angle CPR = \angle PDV$，故 F、D、V、P 四点共圆. 所以 $\angle PVN = \angle PDF = \angle TBM$.

又因 $\angle PNV = \angle FMP = \angle TMB$，故 $\triangle MTB \backsim \triangle NPV$，所以

$$\frac{MT}{NP} = \frac{MB}{NV} \quad \text{①}$$

因 $\angle NEP = \angle NPS = \angle CPR = \angle PBC = \angle MBE$，$\angle ENP = \angle EMP = \angle EMB$，故 $\triangle ENP \backsim \triangle BME$，所以

$$\frac{NP}{ME} = \frac{EN}{MB} \quad \text{②}$$

①×②得 $\frac{MT}{ME} = \frac{EN}{NV}$. 结合 $\angle EMT = \angle VNE$ 得 $\triangle MET \backsim \triangle NVE$. 于是 $\angle MET = \angle NVE$.

因 $\angle NMP = \angle NPS = \angle CPR = \angle CBP$，故 $MN \parallel EK$.

因此 $\overset{\frown}{KN} = \overset{\frown}{EM}$，所以 $\angle KFN = \angle EKM$. 从而

$\angle MET = \angle FET + \angle MEF = \angle FET + \angle MKF = \angle FET + \angle EKF - \angle EKM$

$\angle NVE = 180° - \angle EFV - \angle FEV = 180° - \angle EFK - \angle KFN - (\angle FEK - \angle CEV)$

$\qquad = \angle CEV + \angle EKF - \angle EKM$

于是 $\angle FET = \angle CEV$.

注 关于本题图形还有如下结论：(1) 设 MF 与 BD 交于点 X，FN 与 AC 交于点 Y，则 $\angle FEX = \angle CEY$；(2) 把圆 φ 与圆 ε 相外切改为相内切，有类似结论.

平面几何测试题 30

30.1 如图 30.1 所示,在锐角△ABC 中,AD、BE、CF 分别为边 BC、CA、AB 上的高线,H 是垂心.点 P 是不在直线 BC 上的任一点,HK⊥PB 于点 K,HT⊥PC 于点 T,⊙(AFK)与⊙(AET)相交于点 A、S.求证:D、K、S、T 四点共圆.

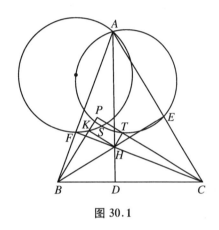

图 30.1

30.2 如图 30.2 所示,在△ABC 中,∠BAC 的平分线 AD 交 BC 于点 D.延长 CB 至点 E,使 BE = AB.过点 E 的一条直线分别交 AD、AC 于点 F、K.直线 BF、AC 交于点 T.求证:$\dfrac{CK}{CE} = \dfrac{KT}{TA}$.

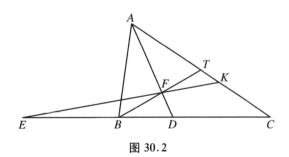

图 30.2

30.3 如图 30.3 所示,在圆内接四边形 $ABCD$ 中,对角线 AC 与 BD 交于点 E,边 AD、BC 延长后交于点 F. CD 与 EF 交于点 P,点 K 在 AB 上,使得 $\angle AFK = \angle BFE$. 点 M 为 AB 的中点,FM 与 PK 交于点 N. 求证:$PN = NK$.

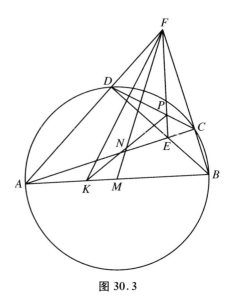

图 30.3

30.4 如图 30.4 所示,圆 Γ 是 $\triangle ABC$ 的外接圆. 点 M 是 BC 的中点,延长 AM,交圆 Γ 于点 D. 点 P 在边 BC 上,作 $PE /\!/ AB$,交 AC 于点 E;作 $PF /\!/ AC$,交 AB 于点 F. 直线 DP 与圆 Γ 交于点 D、K. 求证:A、K、E、F 四点共圆.

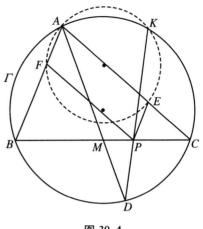

图 30.4

30.5 如图 30.5 所示，⊙O 与 ⊙Q 相交于点 A、B. ⊙O 的弦 AC 交 ⊙Q 于点 A、D，⊙O 的弦 AE 交 ⊙Q 于点 A、F. ⊙Q 过 D、F 的切线交于点 P，⊙O 过 C、E 的切线交于点 K. 直线 AP 交 ⊙O 于点 A、M，AK 交 ⊙Q 于点 A、N. 直线 CK 与 DP 交于点 T，PF 与 KE 交于点 V. 求证：B、N、P、M、K、T、V 七点共圆.

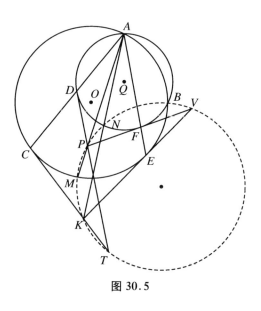

图 30.5

参 考 答 案

30.1 如图 30.6 所示(图形画得不相同时,证明过程要稍作改动),连接线段 KF、KS、KD、ST、TD、TE、AS.

因 B、D、H、K、F，C、D、H、T、E 分别五点共圆,故

$$\begin{aligned}\angle KST &= 360° - \angle ASK - \angle AST \\ &= 360° - (180° - \angle AFK) - (180° - \angle AET) \\ &= \angle BDK + \angle CDT \\ &= 180° - \angle KDT\end{aligned}$$

所以 D、K、S、T 四点共圆.

30.2 证法 1 如图 30.7 所示,设 EK 与 AB 交于点 N.

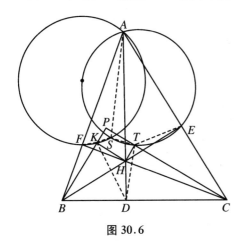

图 30.6　　　　　　　　　　图 30.7

考虑 $\triangle ADC$ 被直线 EFK 截,由梅涅劳斯定理得

$$\frac{CK}{KA} \cdot \frac{AF}{FD} \cdot \frac{DE}{EC} = 1 \qquad ①$$

由 $\triangle ANK$ 被直线 TFB 截得

$$\frac{AT}{TK} \cdot \frac{KF}{FN} \cdot \frac{NB}{BA} = 1 \qquad ②$$

由 $\triangle ABD$ 被直线 ENF 截得

$$\frac{AN}{NB} \cdot \frac{BE}{ED} \cdot \frac{DF}{FA} = 1 \qquad ③$$

由 AF 平分 $\angle BAC$ 得

$$\frac{KF}{FN} = \frac{AK}{AN} \qquad ④$$

① × ② × ③,并利用式④和 $BE = AB$ 得 $\dfrac{CK}{EC} \cdot \dfrac{AT}{TK} = 1$,即 $\dfrac{CK}{CE} = \dfrac{KT}{TA}$.

证法 2 如图 30.8 所示,过 B 作 $MN \parallel AC$,分别交直线 AD、EK 于点 M、N.

因为 $\angle M = \angle CAD = \angle BAD$,所以 $BM = AB = BE$.

故 $\dfrac{KT}{TA} = \dfrac{BN}{BM} = \dfrac{BN}{BE} = \dfrac{CK}{CE}$.

证法 3 如图 30.9 所示,作 $TM \parallel BC$,交直线 EK 于点 M.

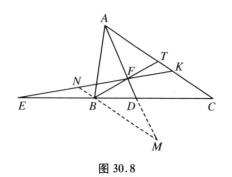

图 30.8

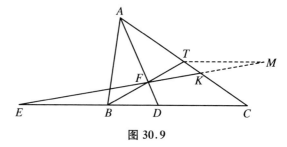

图 30.9

因 AF 平分 $\angle BAT$,故 $\dfrac{TM}{BE}=\dfrac{TF}{FB}=\dfrac{TA}{AB}$.

又因 $BE=AB$,故 $TM=TA$.

所以 $\dfrac{CK}{CE}=\dfrac{KT}{TM}=\dfrac{KT}{TA}$.

证法 4 如图 30.10 所示,作 $TM/\!/EK$,交直线 CE 于点 M.

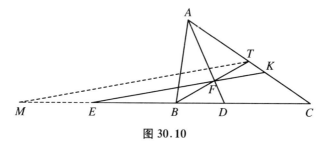

图 30.10

则 $EF/\!/MT$,又因 AF 平分 $\angle BAT$,故 $\dfrac{BE}{EM}=\dfrac{BF}{FT}=\dfrac{AB}{TA}$.

又因为 $BE=AB$,所以 $EM=TA$.

故 $\dfrac{CK}{CE}=\dfrac{KT}{EM}=\dfrac{KT}{TA}$.

注 对这类题,试作平行线是常规的思路.此题还有很多证法.

30.3 如图 30.11 所示,作 ▱$AEBX$,连接 KX、EX.

因 M 为 AB 的中点,故 M 也为 EX 的中点.

因 $\angle AFK=\angle CFP$,$\angle FAK=\angle FCP$,故 $\triangle FAK\backsim\triangle FCP$.

又因为 $\triangle FAB\backsim\triangle FCD$,$\triangle ABE\backsim\triangle DCE$,所以 $\dfrac{FK}{FP}=\dfrac{AK}{CP}=\dfrac{FA}{FC}=\dfrac{AB}{CD}=\dfrac{BE}{CE}=\dfrac{AX}{CE}$.

结合 $\angle XAK=\angle ABD=\angle ECP$ 得 $\triangle AKX\backsim\triangle CPE$.

所以 $\angle FKA+\angle AKX=\angle FPC+\angle CPE=180°$,故 F、K、X 三点共线.

又因为 $\dfrac{FK}{FP}=\dfrac{AK}{CP}=\dfrac{KX}{PE}$,所以 $PK/\!/EX$.

因 $EM=MX$,故 $PN=NK$.

30.4 如图 30.12 所示,连接 BD、CD、BK、CK、EK、FK.

因 $BM=CM$,故 $S_{\triangle ABD}=S_{\triangle ACD}$,从而 $AB\cdot BD=AC\cdot CD$,即 $\dfrac{BD}{CD}=\dfrac{AC}{AB}$.

因为 $\dfrac{S_{\triangle BKD}}{S_{\triangle CKD}}=\dfrac{BP}{CP}$,所以 $\dfrac{BK\cdot BD}{CK\cdot CD}=\dfrac{BP}{CP}$.

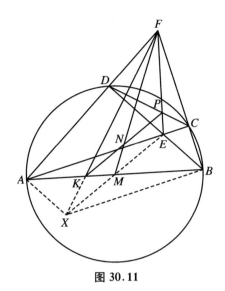

图 30.11

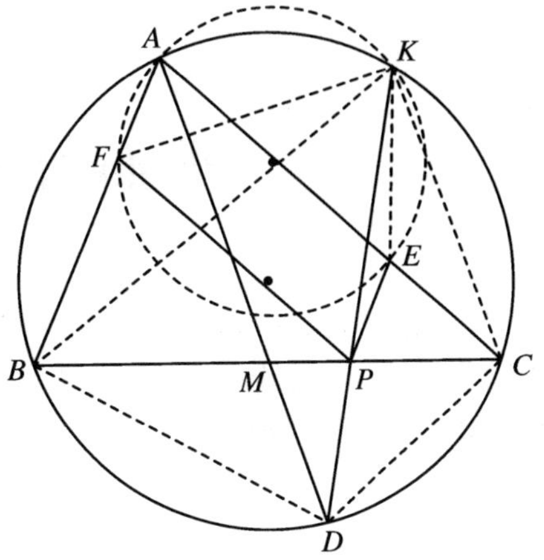

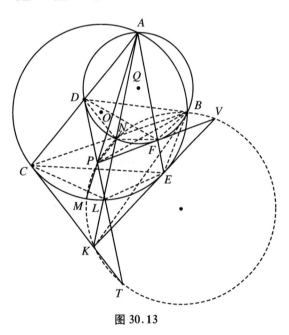

图 30.12

注意到 $PE \parallel AB$，$AEPF$ 是平行四边形，$\triangle ABC \backsim \triangle EPC$，故
$$\frac{BK}{CK} = \frac{BP}{CP} \cdot \frac{AB}{AC} = \frac{BF}{AF} \cdot \frac{PE}{CE} = \frac{BF}{CE}$$

又因为 $\angle FBK = \angle ECK$，所以 $\triangle BFK \backsim \triangle CEK$，因此 $\angle BFK = \angle CEK$，故 $\angle AFK = \angle AEK$，所以 A、F、E、K 四点共圆.

30.5 如图 30.13 所示（图形画得不相同时，证明过程要稍作改动），设 KA 交 $\odot O$ 于点 A、L. 连接线段如图所示.

因 $\angle PDF = \angle DAF = \angle KCE$，故等腰 $\triangle PDF \backsim$ 等腰 $\triangle KCE$，于是 $\angle VPT = \angle VKT$. 从而 V、P、K、T 四点共圆.

因 $\angle ACB = \angle AEB$，$\angle ADB = \angle AFB$，故 $\triangle BDC \backsim \triangle BFE$，因此 $\frac{BD}{BF} = \frac{BC}{BE}$.

又因为 $\angle DBF = \angle DAF = \angle CBE$，所以 $\triangle BDF \backsim \triangle BCE$，故 $\frac{BF}{BE} = \frac{DF}{CE} = \frac{PF}{KE}$.

又因为 $\angle BFP = \angle BFD + \angle DFP = \angle BEC + \angle CEK = \angle BEK$，所以 $\triangle PBF \backsim \triangle KBE$，故 $\angle BPV = \angle BKV$，因此点 B 在 $\odot(VPKT)$ 上.

图 30.13

因 $\angle NDF = \angle NAF = \angle LCE$，$\angle NFD = \angle NAD = \angle LEC$，故 $\triangle NDF \backsim \triangle LCE$，于是
$$\frac{NF}{LE} = \frac{DF}{CE} = \frac{PF}{KE}$$

又因为 $\angle PFN = \angle FAN = \angle KEL$，所以 $\triangle PFN \backsim \triangle KEL$，故 $\angle NPF = \angle LKE$，因此点 N 在 $\odot(VPKL)$ 上.

类似可证，点 M 在 $\odot(VPKL)$ 上.

故 B、N、P、M、K、T、V 七点共圆.

平面几何测试题 31

31.1 如图 31.1 所示，$\triangle ABC$ 的外接圆为 $\odot O$. 延长 BC 至点 P，过点 P 作 $\odot O$ 的一条切线 PD，切点 D 在 $\overset{\frown}{AC}$ 上. 过点 P 作直线 $PE \parallel AD$，分别交 $\overset{\frown}{AB}$、$\overset{\frown}{CD}$ 于点 E、F，分别交边 AB、AC 于点 M、N. 求证：$EM = FN$.

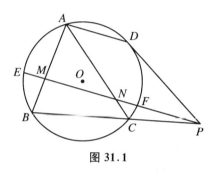

图 31.1

31.2 如图 31.2 所示，在 $\triangle ABC$ 中，点 D、E、F 分别在边 BC、CA、AB 上，AD、BE、CF 相交于点 P，DE、DF 的中点分别为 M、N，直线 MN 交 AB 于点 K. 求证：$DK \parallel CF$.

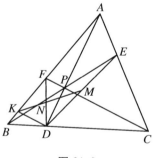

图 31.2

31.3 如图 31.3 所示，△ABC 的外接圆为 ⊙O，D 为 $\overparen{BAC}$ 的中点. △ABC 的内心为 I，过 I 作 EF⊥AI，分别交 AB、AC 于点 E、F，BF 与 CE 交于点 K，直线 AK 交 BC 于点 M. 求证：D、I、M 三点共线.

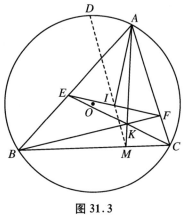

图 31.3

31.4 如图 31.4 所示,在△ABC 中,点 P、K 是形内的等角共轭点,延长 AK,交 △ABC 的外接圆⊙O 于点 D,点 K 关于 BC 的对称点为 E,直线 DE 与⊙O 的第二个交点为 F. 求证:PA = PF.

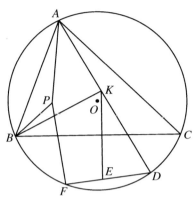

图 31.4

31.5 如图 31.5 所示，△ABC 内接于⊙O，⊙O 的过点 B、C 的切线相交于点 P，AP 交 ⊙O 于点 M．过点 B、C 作⊙S，分别交 AB、AC 于点 D、E，BE 与 CD 交于点 F，直线 AF 交 BC 于点 X，交⊙O 于点 A、N．直线 MX 与 PN 交于点 K．求证：A、D、E、K 四点共圆．

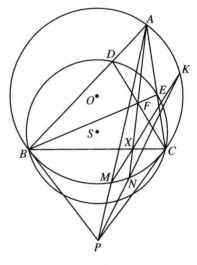

图 31.5

参考答案

31.1 如图 31.6 所示,连接 AE、DN、DC、DF、CE.

因 $PE \parallel AD$,PD 是 $\odot O$ 切线,故 $\angle CNP = \angle CAD = \angle CDP$,因此 P、C、N、D 四点共圆. 所以 $\angle NDC = \angle NPC$.

于是 $\angle EAM = \angle ECB = \angle NPC + \angle CEF = \angle NDC + \angle CDF = \angle FDN$.

由 $PE \parallel AD$ 得 $AE = AF$,$\angle AEM = \angle DFN$. 所以 $\triangle AEM \cong \triangle DFN$,故 $EM = FN$.

31.2 若 $EF \parallel BC$,则 $BD = DC$,由三角形中位线定理易知结论成立.

若 EF 与 BC 不平行,如图 31.7 所示,可设直线 EF 与 BC 交于点 T,MN 与 BC 交于点 V.

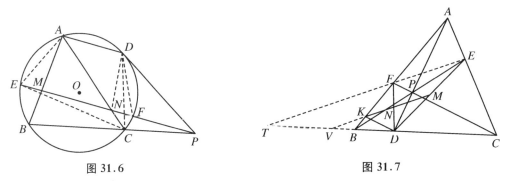

图 31.6   图 31.7

因 AD、BE、CF 三线共点,故点 D、T 调和分割线段 BC.

因 MN 是 $\triangle DEF$ 的中位线,故 V 是 DT 的中点.

由调和点列的性质得 $\dfrac{BD}{BC} = \dfrac{BV}{BT}$.

因为 $KV \parallel FT$,所以 $\dfrac{BV}{BT} = \dfrac{BK}{BF}$.

故 $\dfrac{BD}{BC} = \dfrac{BK}{BF}$,因此 $DK \parallel CF$.

注 下列网络热门题是本题的特例:

如图 31.8 所示,在 $\triangle ABC$ 中,内切圆与边 BC、CA、AB 分别切于点 D、E、F,DE、DF 的中点分别为 M、N,直线 MN 交 AB 于点 K. 求证: $DK \parallel CF$.

31.3 如图 31.9 所示,不妨设 $\angle B \leqslant \angle C$,连接 BD、CD、BI、CI. 对 $\triangle ABC$ 及点 K,由塞瓦定理得 $\dfrac{AE}{EB} \cdot \dfrac{BM}{MC} \cdot \dfrac{CF}{FA} = 1$.

因 AI 平分 $\angle EAF$,$EF \perp AI$,故 $AE = FA$. 所以 $\dfrac{BM}{MC} = \dfrac{BE}{CF}$.

$$D、I、M \text{ 三点共线} \Leftrightarrow \dfrac{S_{\triangle BDI}}{S_{\triangle CDI}} = \dfrac{BM}{MC}$$

$$\Leftrightarrow \dfrac{BD \cdot BI \sin \angle DBI}{CD \cdot CI \sin \angle DCI} = \dfrac{BE}{CF}$$

$$\Leftrightarrow \dfrac{BI \sin \dfrac{\angle C}{2}}{CI \sin \dfrac{\angle B}{2}} = \dfrac{BE}{CF}$$

在△BEI、△CFI中分别运用正弦定理,知上式成立.

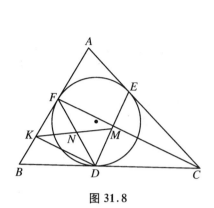

图 31.8

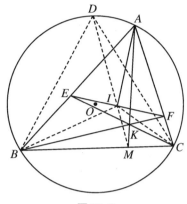

图 31.9

31.4 如图 31.10 所示,设 KD、KE 分别交 BC 于点 L、S,延长 AP,交⊙O 于点 T,延长 TO、BP,分别交⊙O 于点 V、N. 连接线段如图所示.

因 $\angle KLS = \angle KAC + \angle ACB = \angle PAB + \angle ATB = \angle AVT$,故 Rt△$KSL$∽Rt△$TAV$. 因此 $\dfrac{KL}{TV} = \dfrac{KS}{AT}$,所以

$$AT \cdot KL = TV \cdot KS = AO \cdot KE \quad ①$$

因 $\angle KBL = \angle ABN = \angle ATN$,$\angle KLB = \angle ANT$,故 △$BKL$∽△$TAN$,所以

$$\dfrac{KL}{AN} = \dfrac{BK}{AT} \quad ②$$

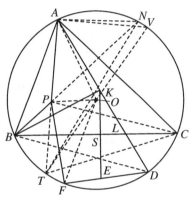

图 31.10

因 $\angle APN = \angle PAB + \angle PBA = \angle KAC + \angle KBC = \angle KBD$,$\angle ANP = \angle KDB$,故 △$APN$∽△$KBD$,所以

$$\dfrac{AN}{KD} = \dfrac{AP}{BK} \quad ③$$

②×③得 $\dfrac{KL}{KD} = \dfrac{AP}{AT}$. 故 $AP \cdot KD = AT \cdot KL = AO \cdot KE$,即 $\dfrac{AP}{KE} = \dfrac{AO}{KD}$.

又因为 $\angle PAO = \angle BAO - \angle BAP = 90° - \angle ACB - \angle CAK = \angle SKL = \angle EKD$,所以 △$APO$∽△$KED$.

故 $\angle AOP = \angle ADF = \dfrac{1}{2}\angle AOF$,因此 $\angle AOP = \angle FOP$,从而 △AOP≌△FOP,所以 $PA = PF$.

31.5 首先证明点 K 在⊙O 上.

设 PN 与⊙O 的第二个交点为点 K'. 连接线段如图 31.11 所示.

因 PB、PC 是⊙O 的切线,故直线 BC 是点 P 关于⊙O 的极线.

对割线 PMA,PNK',AN 与 MK' 的交点在 P 关于⊙O 的极线 BC 上,即 M、X、K' 三点共线,点 K' 与 K 重合.

所以点 K 在⊙O 上,$\angle ABK = \angle ACK$.

易知

$$\dfrac{BX}{XC} = \dfrac{S_{\triangle BMK}}{S_{\triangle CMK}} = \dfrac{BK \cdot BM}{CK \cdot CM} \quad ①$$

对 $\triangle ABC$ 及点 F,由塞瓦定理得 $\dfrac{AD}{DB} \cdot \dfrac{BX}{XC} \cdot \dfrac{CE}{EA} = 1$.

因 $\triangle AED \backsim \triangle ABC$,故 $\dfrac{EA}{AD} = \dfrac{AB}{AC}$.

由 PB、PC 是 $\odot O$ 的切线得四边形 $ABMC$ 是调和四边形.故 $\dfrac{EA}{AD} = \dfrac{AB}{AC} = \dfrac{BM}{CM}$.

于是
$$\dfrac{BX}{XC} = \dfrac{DB \cdot EA}{CE \cdot AD} = \dfrac{DB}{CE} \cdot \dfrac{BM}{CM} \qquad ②$$

由式①、式②得 $\dfrac{BK}{CK} = \dfrac{DB}{CE}$.

所以 $\triangle BDK \backsim \triangle CEK$,因此 $\angle ADK = \angle AEK$.

故 A、D、E、K 四点共圆.

注 如图 31.12 所示,设 PX 交 DE 于点 T,则 T、F、S 三点共线.证此结论稍难.

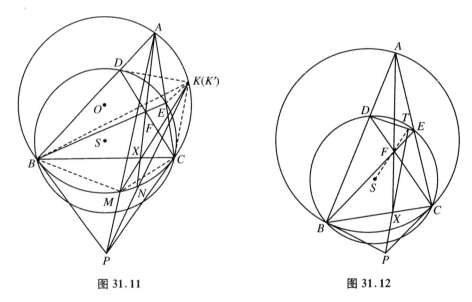

图 31.11   图 31.12

平面几何测试题 32

32.1 如图 32.1 所示,在斜△ABC 中,BE⊥AC 于点 E,CF⊥AB 于点 F.P 为直线 BC 上一点,PM⊥AC 于点 M,PN⊥AB 于点 N.求证:△AMN 的垂心在直线 EF 上.

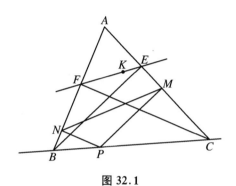

图 32.1

32.2 如图 32.2 所示,在△ABC 中,AB>AC,AD 为角平分线,E 为 AB 的中点,直线 ED 与 AC 交于点 F.△ABC 的外接圆过点 A 的切线交 BC 的延长线于点 P.求证:PF∥AD.

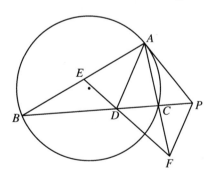

图 32.2

32.3 如图 32.3 所示,在定△ABC 中,AB≠BC,点 D 为△ABC 的外接圆的 $\overparen{AB}$(不含点 C)上的动点,点 D 不与点 A、B 重合.点 E 在线段 CD 上,使得∠CAE=∠BAD,直线 AE 与 DB 交于点 F. 求证:$\dfrac{S_{\triangle ABD}}{S_{\triangle CEF}}$ 为定值.

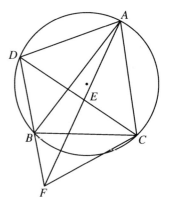

图 32.3

32.4 如图32.4所示,O 为$\triangle ABC$ 的外心.作 $BD\perp CO$,交直线 CA 于点 D;作 $CE\perp BO$,交直线 AB 于点 E.BD、CE 的中点分别为 P、K.求证:$AO\perp PK$.

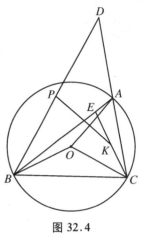

图 32.4

32.5 如图 32.5 所示，四边形 $ABCD$ 外切于 $\odot I$，边 AB、BC、CD、DA 分别与 $\odot I$ 切于点 E、F、G、H，对角线 AC 与 BD 交于点 P．$EM \perp BD$ 于点 T，EM 交 $\odot I$ 于点 E、M；$HN \perp BD$ 于点 L，HN 交 $\odot I$ 于点 H、N．直线 MF 与 BD 交于点 X，直线 NG 与 BD 交于点 Y．求证：$\dfrac{BX}{BP} = \dfrac{DY}{DP}$．

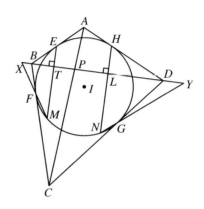

图 32.5

参 考 答 案

32.1 如图 32.6 所示，作 $MK \perp AN$，交 EF 于点 K，连接 NK.

则 $MK /\!/ CF$，$PM /\!/ BE$，$PN /\!/ CF$.

故 $\dfrac{EK}{KF} = \dfrac{EM}{MC} = \dfrac{BP}{PC} = \dfrac{BN}{NF}$，因此 $NK /\!/ BE$.

又因 $BE \perp AC$，故 $NK \perp AM$.

所以 K 为 $\triangle AMN$ 的垂心，即 $\triangle AMN$ 的垂心 K 在直线 EF 上.

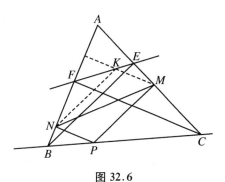

图 32.6

32.2 考虑 $\triangle ABC$ 被直线 EDF 截，由梅涅劳斯定理得 $\dfrac{BE}{EA} \cdot \dfrac{AF}{FC} \cdot \dfrac{CD}{DB} = 1$.

又因为 $BE = EA$，$\dfrac{CD}{DB} = \dfrac{AC}{AB}$，所以 $\dfrac{AF}{FC} = \dfrac{AB}{AC}$.

因 $\angle PAC = \angle B$，故 $\angle PAD = \angle PAC + \angle CAD = \angle B + \angle DAB = \angle PDA$，所以 $AP = DP$.

因为 $\triangle PAC \sim \triangle PBA$，所以 $\dfrac{AB}{AC} = \dfrac{AP}{PC} = \dfrac{DP}{PC}$.

故 $\dfrac{AF}{FC} = \dfrac{DP}{PC}$，因此 $PF /\!/ AD$.

32.3 如图 32.7 所示，作 $FK /\!/ DC$，交直线 AC 于点 K，连接 KB.

则 $\angle ABD = \angle ACD = \angle AKF$，从而 A、B、F、K 四点共圆.

所以 $\angle KBF = \angle FAC = \angle BAD$，故 BK 为 $\triangle ABC$ 的外接圆的切线.

从而对定 $\triangle ABC$，CK 是定线段.

因 $\angle ABD = \angle ACE$，$\angle BAD = \angle CAE$，故 $\triangle ABD \sim \triangle ACE$，所以

$$\dfrac{S_{\triangle ABD}}{S_{\triangle CEF}} = \dfrac{S_{\triangle ABD}}{S_{\triangle ACE}} \cdot \dfrac{S_{\triangle ACE}}{S_{\triangle CEF}} = \dfrac{AB^2}{AC^2} \cdot \dfrac{AE}{EF}$$

$$= \dfrac{AB^2}{AC^2} \cdot \dfrac{AC}{CK} = \dfrac{AB^2}{AC \cdot CK} \quad (\text{定值})$$

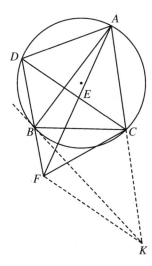

图 32.7

32.4 **证法 1** 如图 32.8 所示，过点 A 作 $\odot O$ 的切线，交 BD 于点 F，则 $AO \perp AF$.

要证 $AO \perp PK$，只要证明 $AF /\!/ PK$.

设直线 PK 分别交 AB、AC、BC 于点 T、S、N（可能 N 为无穷远点），设 BC 的中点为 M，连接 MP、MT.

考虑直线 PK 截 $\triangle DBC$、$\triangle EBC$，由梅涅劳斯定理得

$$\dfrac{DS}{SC} \cdot \dfrac{CN}{NB} \cdot \dfrac{BP}{PD} = 1 = \dfrac{BT}{TE} \cdot \dfrac{EK}{KC} \cdot \dfrac{CN}{NB}$$

又因 $BP = PD$,$EK = KC$,故 $\dfrac{DS}{SC} = \dfrac{BT}{TE}$.

因为 $\angle BEC = 180° - \angle ABC - \angle BCE = 180° - \angle ABC - (90° - \angle OBC) = \angle DCB$,同理,$\angle BDC = \angle EBC$,所以 $\triangle BCE \backsim \triangle DBC$. 又因为 $\angle BMT$ 与 $\angle DPS$ 是对应位置的角,所以 $\angle BMT = \angle DPS$.

故 B、M、T、P 四点共圆. 又因 $PM /\!/ DC$,从而 $\angle PTB = \angle PMB = \angle ACB = \angle FAB$,所以 $AF /\!/ PK$.

证法 2 如图 32.9 所示,连接 AP、AK、OP、OK、OD、OE.

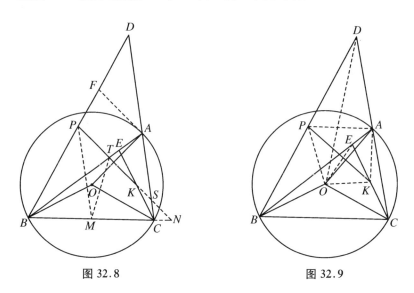

图 32.8　　　　　　　　图 32.9

$$AO \perp PK \iff AP^2 - AK^2 = OP^2 - OK^2 \qquad ①$$

由三角形中线长定理得

$$式① \iff \dfrac{1}{2}AD^2 + \dfrac{1}{2}AB^2 - \dfrac{1}{4}BD^2 - \dfrac{1}{2}AE^2 - \dfrac{1}{2}AC^2 + \dfrac{1}{4}CE^2$$
$$= \dfrac{1}{2}OD^2 + \dfrac{1}{2}OB^2 - \dfrac{1}{4}BD^2 - \dfrac{1}{2}OE^2 - \dfrac{1}{2}OC^2 + \dfrac{1}{4}CE^2$$
$$\iff AD^2 - AC^2 + AB^2 - AE^2 = OD^2 - OE^2$$
$$\iff DC \cdot (AD - AC) + BE \cdot (AB + AE)$$
$$= AD \cdot DC + r^2 - (r^2 - AE \cdot BE) \quad (\text{其中 } r \text{ 是} \odot O \text{ 的半径})$$
$$\iff BE \cdot AB = AC \cdot DC \qquad ②$$

因 $\angle BCE = 90° - \angle OBC = \angle BAC$,$\angle CBD = 90° - \angle OCB = \angle CAB$,故 $BE \cdot AB = BC^2 = AC \cdot DC$,即式②成立.

32.5 证法 1 如图 32.10 所示,设直线 EM 与 BC 交于点 U,HN 与 CD 交于点 V,连接线段如图所示.

考虑 $\triangle UBT$ 被直线 MFX 截,由梅涅劳斯定理得

$$\dfrac{BX}{XT} \cdot \dfrac{TM}{MU} \cdot \dfrac{UF}{FB} = 1 \qquad ①$$

因 $\triangle UFM \backsim \triangle UEF$,故

$$\frac{UF}{MU} = \frac{EF}{FM} \qquad ②$$

由 $\angle TMF = \angle EIB$ 得 $\triangle MTX \sim \triangle IEB$，故

$$\frac{TM}{XT} = \frac{IE}{BE} \qquad ③$$

把式②、式③代入式①，利用 $FB = BE$，整理得

$$BX = \frac{BE^2 \cdot FM}{EF \cdot IE} \qquad ④$$

因 IB 垂直平分 EF，故 $\angle IBD = \angle FEM$，从而

$$\frac{BE}{EF} = \frac{1}{2\cos\angle BEF} = \frac{1}{2\cos\angle BIE} = \frac{IB}{2IE} \qquad ⑤$$

$$FM = 2IE\sin\angle FEM = 2IE\sin\angle IBD \quad (\text{正弦定理}) \qquad ⑥$$

把式⑤、式⑥代入式④得 $BX = \dfrac{BE \cdot IB\sin\angle IBD}{IE}$.

同理，$DY = \dfrac{DG \cdot ID\sin\angle IDB}{IH}$.

在 $\triangle IBD$ 中，$IB\sin\angle IBD = ID\sin\angle IDB$，又 $IE = IH$，由牛顿定理得 E、P、G 三点共线.

则 $\dfrac{BE}{BP} = \dfrac{\sin\angle BPE}{\sin\angle BEP} = \dfrac{\sin\angle DPG}{\sin\angle DGP} = \dfrac{DG}{DP}$，故 $\dfrac{BX}{DY} = \dfrac{BE}{DG} = \dfrac{BP}{DP}$.

证法2（江苏省南京市顾冬华提供）　如图32.11所示，设直线 FM 与 GN 交于点 K，连接线段如图所示.

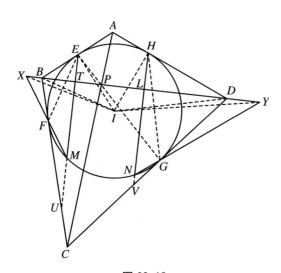

图 32.10

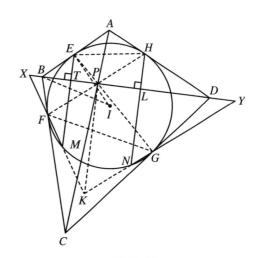

图 32.11

由牛顿定理知 E、P、G 三点共线，H、P、F 三点共线.

又因 $EM \parallel HN$，故 $\angle PFK + \angle PGK = \angle HFM + \angle EGN = \angle HEM + \angle EHN = 180°$，所以 P、F、K、G 四点共圆.

因此 $\angle FPK = \angle FGN = \angle FHN$，故 $PK \parallel HN$，从而 $PK \perp XY$.

因 $\angle PKX = \angle PGF = \angle EGF = \angle EIB$，故 $\mathrm{Rt}\triangle KPX \sim \mathrm{Rt}\triangle IEB$，所以 $\dfrac{PX}{BE} = \dfrac{PK}{EI}$.

同理，$\dfrac{PY}{DH}=\dfrac{PK}{HI}$.

又因为 $DH=DG$，$EI=HI$，所以 $\dfrac{PX}{BE}=\dfrac{PY}{DG}$.

又因 $\dfrac{BE}{BP}=\dfrac{\sin\angle BPE}{\sin\angle PEB}=\dfrac{\sin\angle DPG}{\sin\angle PGD}=\dfrac{DG}{DP}$，故 $\dfrac{PX}{BP}=\dfrac{PY}{DP}$，因此 $\dfrac{BX}{BP}=\dfrac{DY}{DP}$.

注 $PK\perp XY$ 可直接由帕斯卡定理证明．事实上，对圆内接六边形 $EMFHNG$，由帕斯卡定理知 $EM\cap NH=\infty$、$MF\cap GN=K$、$FH\cap EG=P$ 三点共线．从而 $PK\parallel EM\parallel NH$，故 $PK\perp XY$.

平面几何测试题 33

33.1 如图 33.1 所示,在 △ABC 中,点 D、E、F 分别在边 BC、CA、AB 上.作 DM∥BE,交 AC 于点 M;作 DN∥CF,交 AB 于点 N.设 P、T、K 分别为 BE、CF、MN 的中点.求证:P、K、T 三点共线.

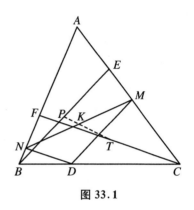

图 33.1

33.2 如图 33.2 所示,△ABC 的外接圆的过点 A 的切线交 BC 的延长线于点 P,点 D、E 在边 BC 上,∠BAD = ∠CAE.作 PF∥AD,交 AC 的延长线于点 F;作 CM∥AD,交 DF 于点 M;作 MN∥AB,交 CP 于点 N.求证:CN = CE.

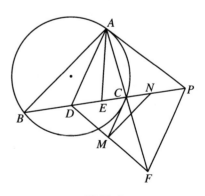

图 33.2

33.3 如图 33.3 所示,P 为 $\triangle ABC$ 内一点. 点 M、D 在边 AB 上($AM<AD$),满足 $\angle MPD = \angle ACP$. 点 N、E 在边 AC 上($AN<AE$),满足 $\angle NPE = \angle ABP$. 点 D、P、E 不共线. 直线 MN 与 $\triangle ABC$ 的外接圆交于点 X、Y. 直线 PM、PN、PD、PE 与 $\odot(PXY)$ 的第二个交点分别为 U、V、S、T. 求证:$\triangle AUV \backsim \triangle PST$.

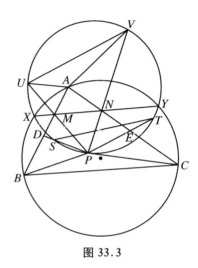

图 33.3

33.4 如图 33.4 所示，O 为 $\triangle ABC$ 的外心，点 M、N 均在 BC 的中垂线上，$OM = ON$. 作 $BD \perp CM$，交直线 CA 于点 D；作 $CE \perp BM$，交直线 AB 于点 E. BD、CE 的中点分别为 P、K. 求证：$AN \perp PK$.

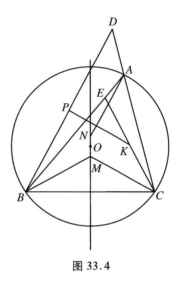

图 33.4

33.5 如图 33.5 所示,在定△ABC 中,点 D、E 为边 BC 上的动点,满足∠BAD = ∠CAE = α. 作 DF∥AC,交 AB 于点 F;作 FK∥BC,交 AC 于点 K,BK 交 AE 于点 P;作 DM∥AB,交 AC 于点 M;作 MN∥BC,交 AB 于点 N,CN 交 AE 于点 Q. 求证:∠ACP = ∠ABQ(设都等于 β),且 β 为定值,即 β 与 α 的大小无关.

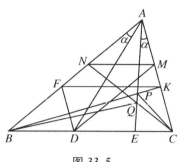

图 33.5

参 考 答 案

33.1 证法 1 如图 33.6 所示,作 $ML /\!/ DN /\!/ CF$,交 EF 于点 L,连接 NL、DL.

则 $\dfrac{EL}{EF} = \dfrac{EM}{EC} = \dfrac{BD}{BC} = \dfrac{BN}{BF}$,故 $LN /\!/ BE /\!/ DM$.

于是四边形 $DMLN$ 为平行四边形,点 K 也为 DL 的中点.

对射线 BC 和 EF,因 $\dfrac{BD}{BC} = \dfrac{EL}{EF}$,$\dfrac{BP}{PE} = \dfrac{DK}{KL} = \dfrac{CT}{TF} = 1$,由牛顿轨迹定理得 P、K、T 三点共线.

证法 2 因 $DM /\!/ BE$,$DN /\!/ CF$,故 $\dfrac{EM}{EC} = \dfrac{BD}{BC} = \dfrac{BN}{BF}$.

又 $\dfrac{EP}{PB} = \dfrac{MK}{KN} = \dfrac{CT}{TF}(=1)$,对射线 EC、BF,由牛顿轨迹定理得 P、K、T 三点共线.

注 牛顿轨迹定理:设 A、B 分别是定射线 a、b 的端点,P、Q 分别是射线 a、b 上的动点,满足条件 $\dfrac{AP}{BQ} = k$ (定值),点 R 在 PQ 上,使 $\dfrac{PR}{RQ} = \dfrac{m}{n}$ (定比),则动点 R 的轨迹是一条射线.

33.2 如图 33.7 所示,可设 $\angle BAD = \angle CAE = \alpha$,$\angle PAC = \angle ABC = \beta$,$\angle DAE = \gamma$.

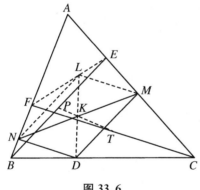

图 33.6

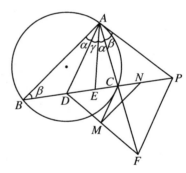

图 33.7

因 $CM /\!/ AD$,$MN /\!/ AB$,故 $\angle MCN = \angle ADB$,$\angle MNC = \angle ABD$,所以 $\triangle MNC \sim \triangle ABD$.

结合 $CM /\!/ AD /\!/ PF$ 得

$$\dfrac{CN}{BD} = \dfrac{MC}{AD} = \dfrac{FM}{FD} = \dfrac{CP}{DP} = \dfrac{AC\sin\beta}{AD\sin(\alpha+\beta+\gamma)}.$$

于是 $CN = \dfrac{BD}{AD} \cdot \dfrac{AC}{\sin\angle AEC} \cdot \sin\beta = \dfrac{\sin\alpha}{\sin\beta} \cdot \dfrac{CE}{\sin\alpha} \cdot \sin\beta = CE$.

33.3 如图 33.8 所示,连接 UT.

因 $AM \cdot MB = XM \cdot MY = UM \cdot MP$,故 A、P、B、U 四点共圆.

所以 $\angle AUP = \angle ABP = \angle NPE = \angle VUT$,故 $\angle AUV = \angle PUT = \angle PST$.

同理,$\angle AVU = \angle PTS$.

故 $\triangle AUV \sim \triangle PST$.

33.4 连接线段如图 33.9 所示.

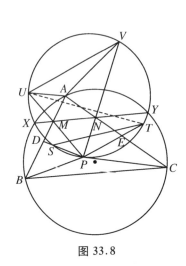
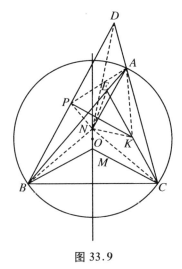

图 33.8　　　　　　　　　　图 33.9

$$AN \perp PK \iff AP^2 - AK^2 = NP^2 - NK^2 \quad ①$$

由三角形中线长定理得

式① $\iff \dfrac{1}{2}AD^2 + \dfrac{1}{2}AB^2 - \dfrac{1}{4}BD^2 - \dfrac{1}{2}AE^2 - \dfrac{1}{2}AC^2 + \dfrac{1}{4}CE^2$

$= \dfrac{1}{2}ND^2 + \dfrac{1}{2}NB^2 - \dfrac{1}{4}BD^2 - \dfrac{1}{2}NE^2 - \dfrac{1}{2}NC^2 + \dfrac{1}{4}CE^2$

$\iff AD^2 + AB^2 - AE^2 - AC^2 = ND^2 - NE^2 \quad ②$

因

$$OD^2 = \dfrac{1}{2}ND^2 + \dfrac{1}{2}MD^2 - \dfrac{1}{4}MN^2$$

$$OE^2 = \dfrac{1}{2}NE^2 + \dfrac{1}{2}ME^2 - \dfrac{1}{4}MN^2$$

故

$$2OD^2 - 2OE^2 = (ND^2 - NE^2) + (MD^2 - ME^2) \quad ③$$

因 $BD \perp CM$，故 $MD^2 - BM^2 = CD^2 - BC^2$；因 $CE \perp BM$，故 $ME^2 - CM^2 = BE^2 - BC^2$.

所以

$$MD^2 - ME^2 = CD^2 - BE^2 \quad ④$$

由圆幂定理得

$$2OD^2 - 2OE^2 = 2AD \cdot CD + 2r^2 - 2r^2 + 2AE \cdot BE$$
$$= 2AD \cdot CD + 2AE \cdot BE \quad (\text{其中 } r \text{ 是 } \odot O \text{ 的半径}) \quad ⑤$$

把式④、式⑤代入式③得

$$ND^2 - NE^2 = 2AD \cdot CD + 2AE \cdot BE - CD^2 + BE^2 \quad ⑥$$

故

式② $\iff AD^2 + AB^2 - AE^2 - AC^2 = 2AD \cdot CD + 2AE \cdot BE - CD^2 + BE^2$

$\iff AB^2 - AC^2 = AE^2 + 2AE \cdot BE + BE^2 - (CD^2 - 2AD \cdot CD + AD^2)$

显然成立.

33.5 如图 33.10 所示，设 CP 交 AB 于点 L，BQ 与 AC 交于点 T，AD 与 FK 交于点 X.

因 $DF \parallel AC$, $FK \parallel BC$,故 $\dfrac{CK}{KA} = \dfrac{DF}{KA} = \dfrac{FX}{KX} = \dfrac{BD}{CD}$.

因 $\angle BAD = \angle CAE$,故 $\dfrac{BD \cdot BE}{CD \cdot CE} = \dfrac{AB^2}{AC^2}$.

对 $\triangle ABC$ 及点 P,由塞瓦定理得

$$1 = \dfrac{AL}{LB} \cdot \dfrac{BE}{EC} \cdot \dfrac{CK}{KA} = \dfrac{AL}{LB} \cdot \dfrac{BE}{EC} \cdot \dfrac{BD}{CD}$$

$$= \dfrac{AL}{LB} \cdot \dfrac{AB^2}{AC^2}$$

故 $\dfrac{AL}{LB} = \dfrac{AC^2}{AB^2}$,因此 $AL = \dfrac{AC^2 \cdot AB}{AB^2 + AC^2}$.

同理,$AT = \dfrac{AB^2 \cdot AC}{AB^2 + AC^2}$.

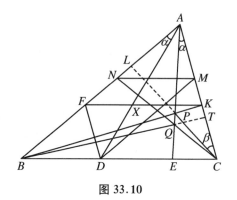

图 33.10

于是 $\dfrac{AL}{AT} = \dfrac{AC}{AB}$,故 $\triangle ACL \backsim \triangle ABT$,因此 $\angle ACP = \angle ABQ = \beta$.

因 AL 为定值,即 AL 与 α 的大小无关,故 β 为定值,即 β 与 α 的大小无关.

平面几何测试题 34

34.1 如图 34.1 所示,在四边形 $ABCD$ 中,对角线 AC 与 BD 交于点 P. 作 $PE/\!/AB$,交 BC 于点 E;作 $PF/\!/CD$,交 AD 于点 F. 求证:BD 平分线段 EF.

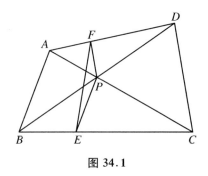

图 34.1

34.2 如图 34.2 所示,在四边形 $ABCD$ 中,边 AB、BC、CD 的中点分别为 E、F、G. 对角线 AC 与 BD 交于点 P,$\triangle PAD$ 的外心为 O,$OH \perp BC$ 于点 H. 求证:E、F、H、G 四点共圆.

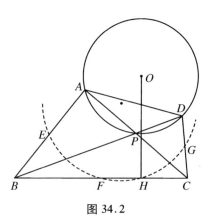

图 34.2

34.3 如图 34.3 所示,在 Rt△ABC 中,∠BAC = 90°.AD⊥BC 于点 D,内切圆⊙I 与 BC 切于点 E.△ABD、△ACD 的内心分别为 I_1、I_2,△AI_1I_2、△ABC 的外接圆交于点 A、P. 求证:AP⊥PE.

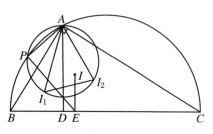

图 34.3

34.4 如图 34.4 所示,在 $\triangle ABC$ 中,外心为 O,点 P、E、D 分别在边 BC、CA、AB 上,满足 $PD = PB$,$PE = PC$. $\odot(ADE)$ 的过点 D、E 的切线交于点 K. 求证:$AO \perp KP$.

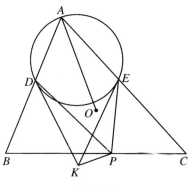

图 34.4

34.5 如图 34.5 所示,在 △ABC 中,∠BAC = 120°,AB ≠ AC,I 为内心.边 BC、CA、AB 的中点分别为 D、E、F,EI 与 AB 交于点 M,FI 与 AC 交于点 N,BN 与 CM 交于点 P.证明:(1) $S_{\triangle AMN} = \frac{1}{3} S_{\triangle ABC}$;(2) $PD \parallel AI$.

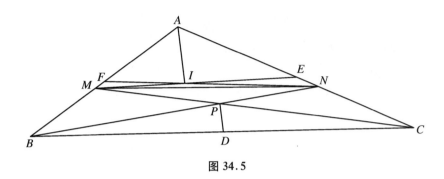

图 34.5

参 考 答 案

34.1 如图 34.6 所示,作 $EN \parallel CD$,交 BD 于点 N,连接 FN.

因 $EN \parallel CD \parallel PF, PE \parallel AB$,故 $\dfrac{BN}{ND} = \dfrac{BE}{EC} = \dfrac{AP}{PC} = \dfrac{AF}{FD}$,从而 $NF \parallel AB \parallel PE$.

故四边形 $EPFN$ 为平行四边形.

所以 BD 平分线段 EF.

34.2 如图 34.7 所示,设过 E、F、G 三点的圆交 BC 于点 F、H'($BF \leqslant BH'$).

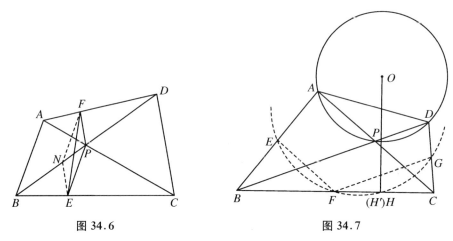

图 34.6   图 34.7

只要证明 $OH' \perp BC$. 这只要证明 $OB^2 - OC^2 = H'B^2 - H'C^2$.

连接 EF、FG. 则 $EF \underset{=}{\parallel} \dfrac{1}{2}AC$,$FG \underset{=}{\parallel} \dfrac{1}{2}BD$.

因 E、F、H'、G 四点共圆,故

$$EF\sin\angle GFC + FH'\sin\angle EFG = FG\sin\angle EFH'$$
$$\Rightarrow EF\sin\angle PBC + FH'\sin\angle BPC = FG\sin\angle PCB$$
$$\Rightarrow EF \cdot CP + FH' \cdot BC = FG \cdot BP$$
$$\Rightarrow FG \cdot BP - EF \cdot CP = BC \cdot FH'$$

又因

$$BO^2 - CO^2 = BP \cdot BD - CP \cdot AC = 2(FG \cdot BP - EF \cdot CP)$$
$$H'B^2 - H'C^2 = BC \cdot (H'B - H'C) = 2BC \cdot FH'$$

所以 $BO^2 - CO^2 = H'B^2 - H'C^2$.

34.3 证明中将用到如下引理:

引理 $\triangle ABC$ 的内切圆 $\odot I$ 与 BC 切于点 E,EI 交 $\odot I$ 于点 N($N \neq E$),AN 交 BC 于点 M,则 $BE = CM$.(证明略)

下面回到原题.

如图 34.8 所示,设 $\odot(AI_1I_2)$ 交 AD 于点 A、L,连接 PL、LE. 显然 B、I_1、I 三点共线.

因 $\angle AI_1I = \angle I_1AB + \angle I_1BA = 45° = \angle I_1AI_2$,故 $I_1I \perp AI_2$(设垂足为 X).

同理,$I_2I \perp AI_1$.

所以 I 为 $\triangle AI_1I_2$ 的垂心.

又因 $\angle IAI_2 = \angle IAC - \angle I_2AC = \frac{1}{2}\angle BAC - \frac{1}{2}\angle DAC = \frac{1}{2}\angle BAD = \angle I_1AL$，故 AL 是 $\odot(AI_1I_2)$ 的直径，AL 的中点 K 为圆心．

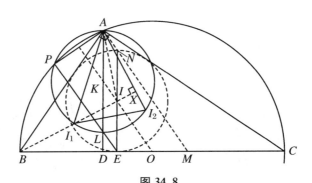

图 34.8

因 $AX = I_1X, \angle IAX = \angle XI_1I_2$，故 $\mathrm{Rt}\triangle AIX \cong \mathrm{Rt}\triangle I_1I_2X$．

所以 $\dfrac{r}{\sin 45°} = AI = I_1I_2 = AL\sin 45°$（$r$ 为 $\odot I$ 的半径），因此 $IE = KL$．

又因为 $IE \parallel KL$（都垂直于 BC），所以 $KLEI$ 为平行四边形，$LE \parallel KI$．

设 EI 交 $\odot I$ 于点 $N(N \neq E)$，AN 交 BC 于点 M，由引理得 $BE = CM$．于是 BC 的中点 O（也是 $\triangle ABC$ 的外心）也是 EM 的中点，所以 $IO \parallel AM$．

因 $AL \underline{\underline{\parallel}} NE$，故 $ALEN$ 为平行四边形，因此 $LE \parallel AM$，所以 $IO \parallel LE$．

结合 $LE \parallel KI$（已证），得 K、I、O 三点共线，即 $LE \parallel KO$．

因 KO 垂直平分 AP，$\angle APL = 90°$，故 $PL \parallel KO$．

所以 P、L、E 三点共线．故 $AP \perp PE$．

34.4 证法 1 如图 34.9 所示，$\triangle ABC$ 为锐角三角形（其他情形证明类似）．设 $\odot(ADE)$ 的圆心为 J，连接线段如图所示．

则 $KD \perp DJ$，$KE \perp EJ$，从而 K、D、J、E 四点共圆．

又因为
$$\angle DKE = 180° - \angle KDE - \angle KED = 180° - 2\angle A$$
$$\angle DPE = 180° - \angle BPD - \angle CPE$$
$$= 180° - (180° - 2\angle B) - (180° - 2\angle C) = 180° - 2\angle A$$

所以 K、P、E、D 四点共圆．

从而 K、P、E、J、D 五点共圆．因此 $\angle JPK = \angle JEK = 90°$，即 $JP \perp KP$．

下面证明 $AO \parallel JP$．

可设 $\angle BOC = 2\angle A = \angle DJE = \theta$，$\angle BOP = x$，$\angle DJP = y$，则

$$\frac{\sin(\theta - x)}{\sin x} = \frac{\sin\angle COP}{\sin\angle BOP} = \frac{PC}{PB} = \frac{PE}{PD} = \frac{\sin\angle EJP}{\sin\angle DJP} = \frac{\sin(\theta - y)}{\sin y}$$

因此 $x = y$，即 $\angle BOP = \angle PJD$．

又因在等腰 $\triangle OBC$ 与等腰 $\triangle JED$ 中，$\angle BOC = 2\angle A = \angle EJD$，故 $\angle OBP = \angle JED = \angle JPD$．

又因为 $PB = PD$，所以 $\triangle OBP \cong \triangle JPD$．故 $OP = JD = AJ$，$AO = OB = JP$．

从而四边形 $AOPJ$ 为平行四边形．因此 $AO \parallel JP$．故 $AO \perp KP$．

证法 2 如图 34.10 所示，Q 为过 A、D、E 三点的圆的圆心，N 为 BC 的中点，连接线段如图所示. $\triangle ABC$ 的三内角简记为 $\angle A$、$\angle B$、$\angle C$.

要证 $AO \perp KP$，只要证明 $\angle AON + \angle BPK = 180°$.

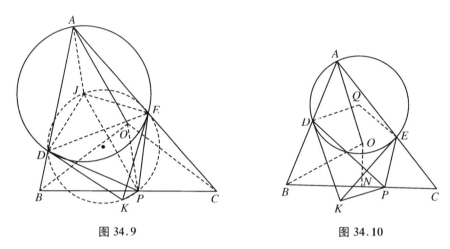

图 34.9　　　　　　　　图 34.10

因 $\angle DKE = 180° - \angle DQE = 180° - 2\angle A = 2\angle B + 2\angle C - 180° = \angle DPE$，故 D、K、P、E 四点共圆.

从而 $\angle BPK = \angle KPD - \angle BPD = \angle KED - \angle BPD = \angle A + 2\angle B - 180°$.

又因 $\angle AON = 2\angle C + \angle A$，故 $\angle AON + \angle BPK = 180°$.

34.5 在 $\triangle ABC$ 中，由余弦定理得
$$a^2 = b^2 + c^2 + bc \qquad ①$$

作 $IT \perp AB$ 于点 T，如图 34.11 所示，则 $AI = 2AT = b + c - a$.

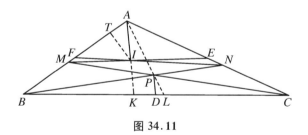

图 34.11

因 $S_{\triangle AIF} + S_{\triangle AIN} = S_{\triangle AFN}$，故 $AF \cdot AI\sin 60° + AI \cdot AN\sin 60° = AF \cdot AN\sin 120°$，因此 $AN = \dfrac{AI \cdot c}{c - 2AI} = \dfrac{c(b+c-a)}{2a-2b-c}$.

同理，$AM = \dfrac{AI \cdot b}{b - 2AI} = \dfrac{b(b+c-a)}{2a-b-2c}$.

(1)
$$\dfrac{S_{\triangle AMN}}{S_{\triangle ABC}} = \dfrac{AN \cdot AM}{bc} = \dfrac{AI^2}{(c-2AI)(b-2AI)}$$
$$= \dfrac{AI^2}{bc - 2(b+c) \cdot AI + 4AI^2} \qquad ②$$

因

$$\begin{aligned}
bc - 2(b+c)AI &= bc - 2(b+c)(b+c-a) \\
&= bc - 2b^2 - 2c^2 - 4bc + 2ab + 2ac \\
&= -(a^2 + b^2 + c^2 - 2ab - 2ac + 2bc) \quad (\text{利用式 ①}) \\
&= -(b+c-a)^2 = -AI^2 \qquad \qquad ③
\end{aligned}$$

将式③代入式②得 $S_{\triangle AMN} = \frac{1}{3} S_{\triangle ABC}$.

(2) 设 AI、AP 分别交 BC 于点 K、L.

$$MB = c - AM = c - \frac{b(b+c-a)}{2a-b-2c} = \frac{(a-c)(b+c-a)}{2a-b-2c} \quad (\text{利用式 ①})$$

$$CN = b - AN = \frac{(a-b)(b+c-a)}{2a-2b-c}$$

于是

$$\begin{aligned}
\frac{AL}{PL} &= \frac{S_{\triangle ABC}}{S_{\triangle PBC}} = 1 + \frac{S_{\triangle PAC}}{S_{\triangle PBC}} + \frac{S_{\triangle PAB}}{S_{\triangle PBC}} \\
&= 1 + \frac{AM}{MB} + \frac{AN}{CN} = 1 + \frac{b}{a-c} + \frac{c}{a-b} \\
&= \frac{2bc}{(a-c)(a-b)} \quad (\text{利用式 ①})
\end{aligned}$$

由塞瓦定理得 $\frac{BL}{LC} \cdot \frac{CN}{NA} \cdot \frac{AM}{MB} = 1$,故 $\frac{BL}{LC} = \frac{c(a-c)}{b(a-b)}$,因此 $BL = \frac{ac(a-c)}{ab - b^2 + ac - c^2}$.

从而

$$DL = BL - \frac{a}{2} = \frac{a(b-c)(b+c-a)}{2(ab-b^2+ac-c^2)}$$

$$\begin{aligned}
KL &= BL - BK = \frac{ac(a-c)}{ab - b^2 + ac - c^2} - \frac{ac}{b+c} \\
&= \frac{abc(b-c)}{(b+c)(ab - b^2 + ac - c^2)}
\end{aligned}$$

所以 $\frac{KL}{DL} = \frac{2bc}{(b+c)(b+c-a)}$.

又因为

$$\begin{aligned}
(b+c)(b+c-a) &= (b+c)^2 - ab - ac \\
&= b^2 + c^2 + bc + bc - ab - ac \\
&= a^2 + bc - ab - ac = (a-c)(a-b)
\end{aligned}$$

所以 $\frac{AL}{PL} = \frac{KL}{DL}$,故 $PD \parallel AI$.

平面几何测试题 35

35.1 如图 35.1 所示,在△ABC 中,D 为 AB 的中点,点 E、F 分别在 AB、AC 上,使得 ∠ACE = ∠BCD = ∠ABF,BF 与 CD 交于点 P.求证:A、E、P、F 四点共圆.

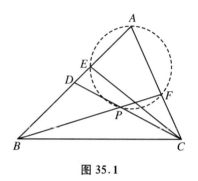

图 35.1

35.2 如图 35.2 所示,△ABC 的外接圆的过点 A 的切线交 BC 的延长线于点 P.点 D、E 在边 BC 上,∠BAD = ∠CAE.作 PF ∥ AD,交 AC 的延长线于点 F,FD 交 AB 于点 M.作 PK ∥ AE,交 AC 的延长线于点 K,KE 交 AB 于点 N.求证:AN = BM.

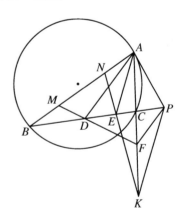

图 35.2

35.3 如图 35.3 所示,在 △ABC 中,AB = AC,H 为垂心,D 为 BC 的中点,点 P 在过 H、B、C 三点的圆上(不与 H、B、C 重合).直线 BP 与 AC 交于点 E,CP 与 AB 交于点 F,BF、CE 的中点分别为 M、N,PK⊥MN,PK 交 BC 于点 K.求证:A、M、D、K、N 五点共圆.

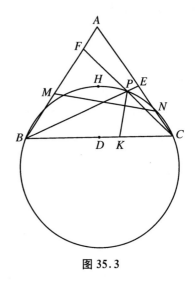

图 35.3

35.4 如图 35.4 所示,在锐角 $\triangle ABC$ 中,$AB>AC$,$BE \perp AC$ 于点 E,$CF \perp AB$ 于点 F. BE 与 CF 交于点 H,直线 FE 与 BC 交于点 X. 点 P 为直线 XH 上任一点,以 AP 为直径的 $\odot(AP)$ 与 AB、AC 的第二个交点分别为 S、T,$\odot(AP)$ 的过点 S、T 的切线交于点 K. 求证:点 K 在直线 BC 上.

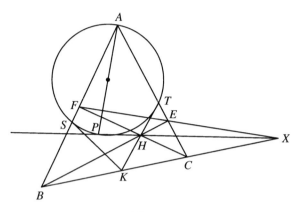

图 35.4

35.5 如图 35.5 所示，在锐角△ABC 中，AB＜AC，AD、BE、CF 为高线．延长 AB、ED，交于点 M；延长 AC、FD，交于点 N．O 为△ABC 的外心，AO 交 BC 于点 P．求证：$\angle BAC = 30°\Leftrightarrow D$、M、N、P 四点共圆．

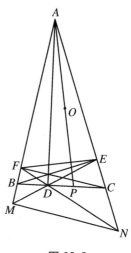

图 35.5

参 考 答 案

35.1 如图 35.6 所示,连接 AP、EF.

因 $\angle ACE = \angle BCD = \angle ABF$,故 B、C、F、E 四点共圆,且 $\triangle DBP \sim \triangle DCB$,因此 $DP \cdot DC = DB^2 = DA^2$,从而 $\triangle DAP \sim \triangle DCA$.

于是 $\angle EAP = \angle DAP = \angle ACD = \angle BCE = \angle EFP$,所以 A、E、P、F 四点共圆.

35.2 如图 3.57 所示,可设 $\angle BAD = \angle CAE = \alpha$,$\angle PAC = \angle ABC = \beta$,$\angle DAE = \gamma$.

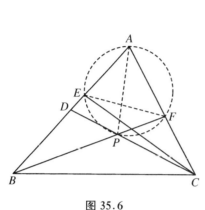

图 35.6

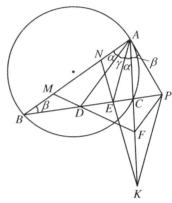

图 35.7

考虑 $\triangle ABC$ 分别被直线 MDF、NEK 截,由梅涅劳斯定理得

$$\frac{BM}{MA} \cdot \frac{AF}{FC} \cdot \frac{CD}{DB} = 1 = \frac{AN}{NB} \cdot \frac{BE}{EC} \cdot \frac{CK}{KA}$$

由 $PF /\!/ AD$ 得 $\dfrac{AF}{FC} = \dfrac{DP}{PC}$,由 $PK /\!/ AE$ 得 $\dfrac{CK}{KA} = \dfrac{PC}{PE}$.

故

$$AN = BM \Leftrightarrow \frac{BM}{MA} = \frac{AN}{NB}$$

$$\Leftrightarrow \frac{DP}{PC} \cdot \frac{CD}{DB} = \frac{BE}{EC} \cdot \frac{PC}{PE}$$

$$\Leftrightarrow \frac{AD\sin(\alpha+\beta+\gamma)}{AC\sin\beta} \cdot \frac{AC\sin(\alpha+\gamma)}{AB\sin\alpha} = \frac{AB\sin(\alpha+\gamma)}{AC\sin\alpha} \cdot \frac{AC\sin\beta}{AE\sin(\alpha+\beta)}$$

$$\Leftrightarrow \frac{AD}{AB} \cdot \frac{\sin(\alpha+\beta+\gamma)}{\sin\beta} = \frac{AB}{AE} \cdot \frac{\sin\beta}{\sin(\alpha+\beta)}$$

$$\Leftrightarrow \frac{\sin\beta}{\sin(\alpha+\beta)} \cdot \frac{\sin(\alpha+\beta+\gamma)}{\sin\beta} = \frac{\sin(\alpha+\beta+\gamma)}{\sin\beta} \cdot \frac{\sin\beta}{\sin(\alpha+\beta)}$$

$$\Leftrightarrow 0 = 0$$

证毕.

35.3 如图 35.8 所示,因 $AB = AC$,故 A、H、D 三点共线.设 BH 与 MN 交于点 L,连接线段如图所示.

由三角形中位线定理知 $DM /\!/ CF$,$DN /\!/ BE$.

于是 $\angle MDN = \angle BPC = \angle BHC = 180° - \angle A$,因此 A、M、D、N 四点共圆.

从而 $\angle DML = \angle DAC = \angle DBL$，因此 B、D、L、M 四点共圆.

所以 $\angle HLN = \angle BLM = \angle BDM = \angle BCP = 180° - \angle BHP$，因此 $MN \parallel PH$.

因 $PK \perp MN$，故 $PK \perp PH$.

因 $\angle FPH = \angle HBC = \angle HCB = \angle HPB$，故 $\angle CPK = \angle BPK = \dfrac{1}{2}\angle BPC = 90° - \dfrac{1}{2}\angle A = \angle ABD$，所以 F、B、K、P 四点共圆.

因此 $\angle BFK = \angle BPK = \angle CPK = \angle FBK$，故 $KB = KF$.

因 M 为 BF 的中点，故 $KM \perp BF$.

同理，$KN \perp CE$.

又因为 $AD \perp BC$，所以 A、M、D、K、N 五点共圆.

35.4 如图 35.9 所示，设 SP 与 AC 交于点 N，TP 与 AB 交于点 M，设 K_1 为 MN 的中点.

因 $SP \perp AM$，$TP \perp AN$，故 P 为 $\triangle AMN$ 的垂心.

又因 $K_1S = K_1N$，故 $\angle K_1SP = \angle K_1NS = \angle SAP$，所以 SK_1 为 $\odot(AP)$ 的切线.

同理，TK_1 为 $\odot(AP)$ 的切线.

所以 K_1 与 K 重合，K 为 MN 的中点.

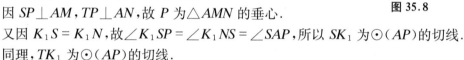

图 35.8

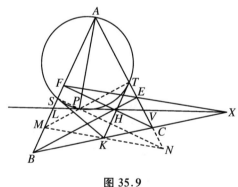

图 35.9

设 BC 与 MN 交于点 K_2，下面证明 K_2 也为 MN 的中点.

设直线 XH 分别交 AB、AC 于点 L、V.

因 $\triangle AMN$ 被直线 BC 截，由梅涅劳斯定理得

$$\dfrac{MK_2}{K_2N} \cdot \dfrac{NC}{CA} \cdot \dfrac{AB}{BM} = 1 \qquad ①$$

由 $\triangle ALV$ 被直线 BCX 截得

$$\dfrac{LB}{BA} \cdot \dfrac{AC}{CV} \cdot \dfrac{VX}{XL} = 1$$

因 AB、AH、AC、AX 为调和线束，故 L、H、V、X 为调和点列. 从而 $\dfrac{VX}{XL} = \dfrac{VH}{HL}$.

所以

$$\dfrac{LB}{BA} \cdot \dfrac{AC}{CV} \cdot \dfrac{VH}{HL} = 1 \qquad ②$$

因 $MP \parallel BH$（都垂直于 AC），$CH \parallel NP$，故

$$\dfrac{BM}{LB} = \dfrac{HP}{HL}, \quad \dfrac{CV}{NC} = \dfrac{VH}{HP}$$

以上两式相乘得

$$\dfrac{BM}{LB} \cdot \dfrac{CV}{NC} = \dfrac{VH}{HL} \qquad ③$$

①×②×③ 得 $MK_2 = K_2N$. 所以 K_2 与 K 重合.

故点 K 在直线 BC 上.

35.5 首先证明 $\angle BAC = 30° \Rightarrow D、M、N、P$ 四点共圆.

证明中将用到如下两个引理：

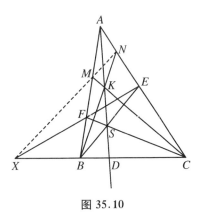

图 35.10

引理 1 如图 35.10 所示，点 $D、E、F$ 分别在 $\triangle ABC$ 的边 $BC、CA、AB$ 所在的直线上，$AD、BE、CF$ 交于点 S，EF 与 CB 交于点 X. K 为直线 AD 上一点，BK 与 AC 交于点 N，CK 与 AB 交于点 M，则 $X、M、N$ 三点共线.

引理 1 的证明 由完全四边形 $AFBSCE$ 的调和性质得 $\dfrac{BD}{DC} = \dfrac{BX}{XC}$.

对 $\triangle ABC$ 及点 K，由塞瓦定理得

$$1 = \dfrac{AM}{MB} \cdot \dfrac{BD}{DC} \cdot \dfrac{CN}{NA} = \dfrac{AM}{MB} \cdot \dfrac{BX}{XC} \cdot \dfrac{CN}{NA}$$

对 $\triangle ABC$，由梅涅劳斯定理的逆定理得 $X、M、N$ 三点共线.

引理 1 证毕.

引理 2 如图 35.11 所示，对完全四边形 $CBXFAE$，CF 与 BE 交于点 S. 若 $C、B、F、E$ 四点共圆，圆心为 O，则点 O 为 $\triangle SAX$ 的垂心.

这是一个熟知的结论，证明略.

下面回到原题.

如图 35.12 所示，可设直线 EF 与 CB 交于点 X，AD 与 EF 交于点 K，MK 与 AC 交于点 Z，NK 与 AB 交于点 Y.

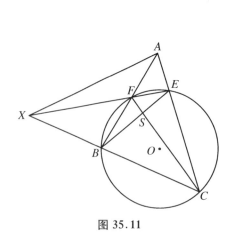

图 35.11

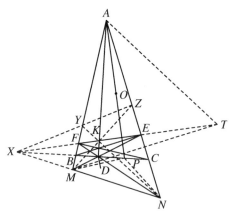

图 35.12

对 $\triangle AEF$，由引理 1 得 $X、M、N$ 三点共线.

再对 $\triangle AMN$，由引理 1 得 $X、Y、Z$ 三点共线.

取点 M 关于 AC 的对称点 T，连接 $AT、PM、PN、ET$.

因 $\angle BAC = 30°$，故 $\triangle AMT$ 为正三角形.

因 $A、B、D、E、B、C、F$ 分别四点共圆，故 $\angle CET = \angle DEC = \angle ABC = \angle AEF$，所以 $F、E、T$ 三点共线.

因 $\angle BED = \angle BAD = \angle FEB$，故 $\angle BAD = \dfrac{1}{2}\angle FEM = \angle MTE \Leftrightarrow MK$ 是 AT 的中垂线．

从而 Z 为正 $\triangle AMT$ 的中心，$\angle MZN = 60°$．

同理，$\angle MYN = 60°$．

故 M、N、Z、Y 四点共圆，由引理2得此圆的圆心是 $\triangle KAX$ 的垂心．

易知 $AO \perp XK$，又 $XD \perp AK$，故 P 为 $\triangle KAX$ 的垂心．

所以点 P 就是 $\odot(MNZY)$ 的圆心．

故 $\angle MPN = 2\angle MZN = 120°$．

又因 $\angle BDF = \angle BAC = 30°$，$\angle CDE = \angle BAC = 30°$，故 $\angle MDN = \angle EDF = 120° = \angle MPN$．

所以 D、M、N、P 四点共圆．

下面证明 D、M、N、P 四点共圆 $\Rightarrow \angle BAC = 30°$．

证明中将用到如下引理：

引理3 如图35.13所示，在锐角 $\triangle ABC$ 中，$AB < AC$，AD、BE、CF 为高线．延长 AB、ED，交于点 M；延长 AC、FD，交于点 N．$\triangle DMN$ 的外接圆交直线 BC 于点 D、P．EF 与 CB 交于点 X，作 $XQ \perp AP$ 于点 Q，交 AD 于点 L．$\triangle MDL$ 的外接圆交直线 AB 于点 M、Y，$\triangle NDL$ 的外接圆交直线 AC 于点 N、Z，则 X、Y、Z，M、L、N，L、Y 分别三点共线．

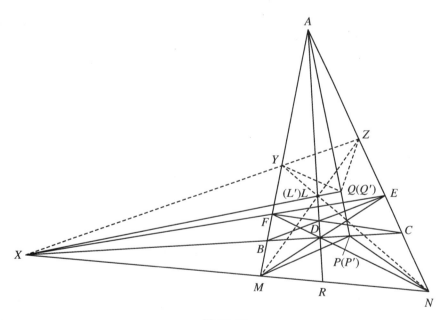

图35.13

引理3的证明 对 $\triangle AFE$，由引理1知 X、M、N 三点共线．

因 L、D、P、Q，D、M、N、P 分别四点共圆，故 $XL \cdot XQ = XD \cdot XP = XM \cdot XN$，因此 L、M、N、Q 四点共圆．

因 M、D、L、Y，N、D、L、Z 分别四点共圆，故 $AY \cdot AM = AL \cdot AD = AZ \cdot AN$，$AL \cdot AD = AQ \cdot AP$，因此 M、N、Z、Y 四点共圆，且 Y、M、P、Q，Z、N、P、Q 分别四点共圆．

于是 $\angle YQL = \angle YQP - \angle LQP = 180° - \angle YMP - 90° = 90° - \angle YMP$．

又因 $\angle PNM = \angle EDC = \angle PDN = \angle PMN$，故 $\angle RDN = \frac{1}{2}\angle MDN = \frac{1}{2}\angle MPN = 90° - \angle PMN$．又有

$$\angle YZL = \angle YZN - \angle LZN = 180° - \angle YMN - \angle RDN$$
$$= 180° - \angle YMN - 90° + \angle PMN = 90° - \angle YMP$$

所以 $\angle YQL = \angle YZL$，因此 Y、Z、Q、L 四点共圆．

对 $\odot(LMNQ)$、$\odot(MNZY)$、$\odot(YZQL)$，由根心定理（即蒙日定理）得 X、Y、Z 三点共线．

由梅涅劳斯定理得 $\frac{AY}{YM} \cdot \frac{MX}{XN} \cdot \frac{NZ}{ZA} = 1$．

由完全四边形 $AFMDNE$ 的调和性质得 $\frac{MX}{XN} = \frac{MR}{RN}$．

所以 $\frac{AY}{YM} \cdot \frac{MR}{RN} \cdot \frac{NZ}{ZA} = 1$，由塞瓦定理的逆定理得 MZ、NY、AR 三线共点，记此点为 L'．

作 $AQ' \perp XL'$ 于点 Q'，AQ' 交 BC 于点 P'．

则点 P' 为 $\triangle L'AX$ 的垂心，由引理 2 知点 P' 为 $\odot(MNZY)$ 的圆心．

所以 $\angle MP'N = 2\angle MZN = 2\angle RDN = \angle MDN$，因此点 P' 在 $\odot(DMN)$ 上．

因直线 BC 与 $\odot(DMN)$ 的交点除点 D 外，最多只有一个，故点 P' 与 P 重合．

从而点 Q' 与 Q 重合，点 L' 与 L 重合．

即 M、L、Z，N、L、Y 分别三点共线．

引理 3 证毕．

下面回到原题．

如图 35.14 所示，设 EF 与 CB 交于点 X．对 $\triangle AFE$，由引理 1 得 X、M、N 三点共线．

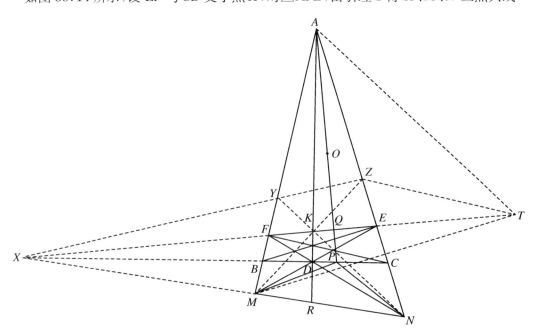

图 35.14

设 AD 与 FE 交于点 K,AP 与 FE 交于点 Q,$\triangle MDK$ 的外接圆交直线 AB 于点 M、Y,$\triangle NDK$ 的外接圆交直线 AC 于点 N、Z,则 M、N、Z、Y 四点共圆.

因 $\angle OAE = 90° - \angle ABC = 90° - \angle AEF$,故 $XQ \perp AP$.

又因 D、M、N、P 四点共圆,由引理 3 得 X、Y、Z 三点共线,且 M、K、Z,N、K、Y 分别三点共线.

因 P 为 $\triangle KAX$ 的垂心,由引理 2 得 P 为 $\odot(MNZY)$ 的圆心.

取点 M 关于 AC 的对称点 T,则 F、E、T 三点共线.

从而 $\angle KTM = \dfrac{1}{2}\angle KEM = \angle MAK$.

又因
$$\angle ZTM = 90° - \angle TZN = 90° - \angle MZN$$
$$= 90° - \dfrac{1}{2}\angle MPN = 90° - \dfrac{1}{2}\angle MDN$$
$$= 90° - \angle ADF = 90° - \angle ACF = \angle ZAM$$

故 $\angle ZTK = \angle ZAK$.

所以
$$\dfrac{TZ \cdot \sin \angle ZTK}{TM \cdot \sin \angle KTM} = \dfrac{ZK}{KM} = \dfrac{AZ \cdot \sin \angle ZAK}{AM \cdot \sin \angle MAK}$$

因此 $\dfrac{TZ}{TM} = \dfrac{AZ}{AM}$.

结合 $\angle ZTM = \angle ZAM$ 得 $\triangle TZM \backsim \triangle AZM$.

这两个相似三角形有公共对应边 MZ,所以 $\triangle TZM \cong \triangle AZM$.

故 $MT = MA = TA$,$\triangle AMT$ 为正三角形.

因此 $\angle BAC = \dfrac{1}{2}\angle MAT = 30°$.

平面几何测试题 36

36.1 如图 36.1 所示，在 △ABC 中，点 D、E 分别在 AC、AB 上，△ABD、△ACE 的外接圆交于点 A、F. P 为直线 BC 上一点，作 PM∥BD，交 AC 于点 M；作 PN∥CE，交 AB 于点 N. 求证：A、M、F、N 四点共圆.

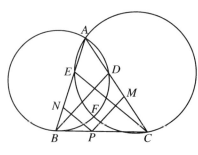

图 36.1

36.2 如图 36.2 所示，在四边形 ABCD 中，AB、DC 的延长线交于点 E，AD、BC 的延长线交于点 F. ⊙(ABF) 与 ⊙(ADE) 交于点 A、P，直线 ED 交 ⊙(ABF) 于点 G、H(EG<EH)，直线 FB 交 ⊙(ADE) 于点 M、N(FM<FN). 求证：△PMH∽△PGN.

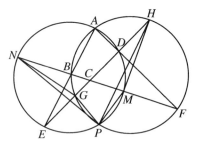

图 36.2

36.3 如图 36.3 所示,在 $\triangle ABC$ 中,I 为内心,$ID \perp BC$ 于点 D. P 为边 BC 上任一点,AP 的中垂线分别交 BI、CI 于点 E、F,K 为 EF 的中点. 求证:$KD = KP$.

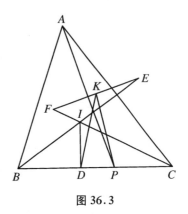

图 36.3

36.4 如图 36.4 所示,△ABC 不是等腰三角形,其内心为 I,重心为 G,E 为 AC 的中点,EI 交 AB 于点 M.求证:$GI \parallel CM \Leftrightarrow \angle BAC = 60°$.

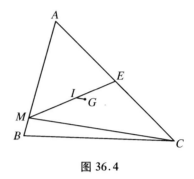

图 36.4

36.5 如图 36.5 所示,在锐角 $\triangle ABC$ 中,$AD \perp BC$ 于点 D,$BE \perp CA$ 于点 E,$CF \perp AB$ 于点 F. 内切圆 $\odot I$ 与 BC 切于点 Q. $\triangle DBF$、$\triangle DEC$ 的内心分别为 I_1、I_2. $\triangle AI_1I_2$、$\triangle ABC$ 的外接圆交于点 A、P. 求证:$AP \perp PQ$.

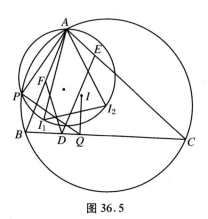

图 36.5

参 考 答 案

36.1 如图 36.6 所示,连接 BF、CF、DF、EF、MF、NF.

因 $\angle FEB = \angle FCD$,$\angle FBE = \angle FDC$,故 $\triangle FEB \backsim \triangle FCD$.

又因 $PN // CE$,$PM // BD$,故 $\dfrac{EN}{NB} = \dfrac{CP}{PB} = \dfrac{CM}{MD}$. 所以 N、M 为上述相似三角形的对应点.

从而 $\angle FNE = \angle FMC$,故 A、M、F、N 四点共圆.

36.2 如图 36.7 所示,连接 AP、BP、CP、EP、AH.

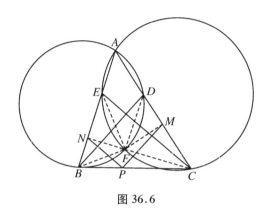

图 36.6

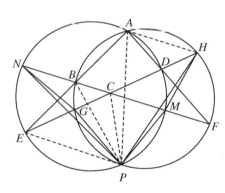

图 36.7

因 $\angle PBC = \angle PAD = \angle PEC$,故 P、C、B、E 四点共圆. 从而 $\angle PCG = \angle PBE = \angle PHA$.

又因为 $\angle PGC = \angle PAH$,所以 $\triangle PCG \backsim \triangle PHA$,从而 $\angle CPG = \angle APH$,且 $\dfrac{PG}{PA} = \dfrac{PC}{PH}$.

同理,$\angle CPM = \angle APN$,且 $\dfrac{PM}{PA} = \dfrac{PC}{PN}$.

所以 $\angle MPH = \angle GPN$,且 $\dfrac{PM}{PG} = \dfrac{PH}{PN}$,故 $\triangle PMH \backsim \triangle PGN$.

36.3 如图 36.8 所示,设 BI 交 $\triangle ABP$ 的外接圆于点 B、E',连接 AE'、PE'、AK、AI、AF. 因 BE' 平分 $\angle ABC$,故 $AE' = PE'$,点 E' 在 AP 的中垂线上.

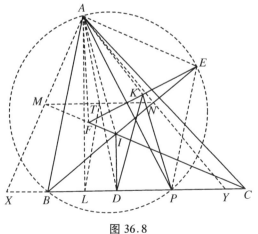

图 36.8

从而点 E' 与 E 重合,即 A、B、P、E 四点共圆.

同理,A、C、P、F 四点共圆.

所以 $\angle EAF = \angle EAP + \angle PAF = \angle IBC + \angle ICB = \angle EIC$,从而 A、E、I、F 四点共圆.

作 $AX \perp CI$ 于点 M,交 CB 于点 X,$AY \perp BI$ 于点 N,交 BC 于点 Y,连接 MN,则 A、M、I、N 四点共圆.

所以 $\angle AEF = \angle AIF = \angle ANM$,$\angle AFE = \angle AIE = \angle AMN$. 故 $\triangle AEF \backsim \triangle ANM$.

作 $AL \perp BC$ 于点 L,连接 AD,交 MN 于点 T,连接 TL.

因 MN 为 $\triangle AXY$ 的中位线,故 MN 为 AL

的中垂线.

又因为
$$DX = CX - CD = CA - \frac{1}{2}(BC + CA - AB) = \frac{1}{2}(AB + CA - BC)$$
$$DY = BY - BD = AB - \frac{1}{2}(AB + BC - CA) = \frac{1}{2}(AB + CA - BC)$$

所以 D 为 XY 的中点,从而 T 为 MN 的中点.

故 $\angle AKP$ 与 $\angle ATL$ 是相似三角形 $\triangle AEF$ 与 $\triangle ANM$ 对应位置的角.

所以 $\angle AKP = \angle ATL = 2\angle ADL$. 结合 $KA = KP$ 知 K 为 $\triangle ADP$ 的外心. 故 $KD = KP$.

36.4 如图 36.9 所示,设 $AM < AB$(当 $AM > AB$ 时证明过程类似). 连接 AI、BE, 设 BE 交 CM 于点 N, 作 $IF \perp AC$ 于点 F.

由 $S_{\triangle AMI} + S_{\triangle AEI} = S_{\triangle AME}$ 得 $\dfrac{1}{AM} + \dfrac{1}{AE} = \dfrac{2\cos\dfrac{A}{2}}{AI}$.

又由于 $AI = \dfrac{AF}{\cos\dfrac{A}{2}} = \dfrac{b+c-a}{2\cos\dfrac{A}{2}}$, 于是

$$\frac{1}{AM} + \frac{1}{AE} = \frac{4\cos^2\dfrac{A}{2}}{b+c-a} = \frac{2(\cos A + 1)}{b+c-a}$$
$$= \frac{2\left(\dfrac{b^2+c^2-a^2}{2bc}+1\right)}{b+c-a} = \frac{a+b+c}{bc}$$

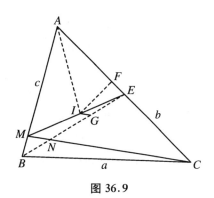

图 36.9

将 $AE = \dfrac{b}{2}$ 代入可得 $AM = \dfrac{bc}{a+b-c}$. 从而 $MB = c - AM = \dfrac{c(a-c)}{a+b-c}$.

对 $\triangle ABE$ 及其截线 MNC, 由梅涅劳斯定理得

$$\frac{BN}{NE} \cdot \frac{EC}{CA} \cdot \frac{AM}{MB} = 1 \Rightarrow \frac{BN}{NE} = \frac{2MB}{AM} = \frac{2(a-c)}{b}$$
$$\Rightarrow \frac{BE}{NE} = \frac{2a+b-2c}{b}$$
$$\Rightarrow \frac{EG}{EN} = \frac{2a+b-2c}{3b} \quad (因 BE = 3EG)$$

又因
$$\frac{EI}{IM} = \frac{AE}{AM} = \frac{a+b-c}{2c} \Rightarrow \frac{EI}{EM} = \frac{a+b-c}{a+b+c}$$

故
$$GI \parallel CM \Leftrightarrow \frac{EG}{EN} = \frac{EI}{EM}$$
$$\Leftrightarrow \frac{2a+b-2c}{3b} = \frac{a+b-c}{a+b+c}$$
$$\Leftrightarrow a^2 = b^2 + c^2 - bc$$
$$\Leftrightarrow \angle BAC = 60°$$

36.5 如图 36.10 所示,作 $QK \perp AC$ 于点 K, $I_2 K' \perp AC$ 于点 K'.

因 $\triangle DEC \backsim \triangle ABC$, 相似比为 $\dfrac{CD}{AC} = \cos C$, 点 K'、Q 为对应点, 故 $\dfrac{CK'}{CQ} = \cos C = \dfrac{CK}{CQ}$, 因

此点 K' 与 K 重合,即点 I_2 在 QK 上.

同理,作 $QR \perp AB$ 于点 R,则点 I_1 在 QR 上.

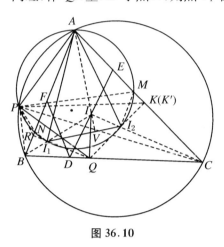

图 36.10

设 $\odot(AI_1I_2)$ 分别交 CA、AB 于点 M、N,AI 交 I_1I_2 于点 V.显然,B、I_1、I、C、I_2、I 分别三点共线.连接线段如图 36.10 所示.

因 I_2、I 分别为相似三角形 $\triangle DEC$、$\triangle ABC$ 的内心,故 $CI_2 = CI\cos C$,从而 $II_2 = CI - CI_2 = CI(1-\cos C) = 2CI\sin^2\dfrac{C}{2}$.

同理,$II_1 = 2BI\sin^2\dfrac{B}{2}$.

在 $\triangle BCI$ 中,由正弦定理得 $CI\sin\dfrac{C}{2} = BI\sin\dfrac{B}{2}$,所以

$$II_2 \cdot CI = 2\left(CI\sin\dfrac{C}{2}\right)^2 = 2\left(BI\sin\dfrac{B}{2}\right)^2 = II_1 \cdot BI$$

因此 I_2、C、B、I_1 四点共圆.

于是 $\angle I_1IV + \angle II_1V = \angle IAB + \angle IBA + \angle ICB = 90°$,故 $AV \perp I_1I_2$.

因 $\angle I_2MK = \angle AI_1V$,故 $\text{Rt}\triangle I_2MK \sim \text{Rt}\triangle AI_1V$,从而

$$\dfrac{MK}{I_1V} = \dfrac{I_2K}{AV} \qquad ①$$

因 $\angle II_1V = \angle I_2CB = \angle I_2CK$,故 $\text{Rt}\triangle II_1V \sim \text{Rt}\triangle I_2CK$,从而

$$\dfrac{I_1V}{KC} = \dfrac{IV}{I_2K} \qquad ②$$

①×② 得 $\dfrac{MK}{KC} = \dfrac{IV}{AV}$.

同理,$\dfrac{NR}{RB} = \dfrac{IV}{AV}$.

所以 $\dfrac{MK}{KC} = \dfrac{NR}{RB}$.

因 $\angle MCP = \angle NBP$,由 $\angle AMP = \angle ANP$ 知 $\angle CMP = \angle BNP$,故 $\triangle PCM \sim \triangle PBN$,点 K、R 为对应点,因此 $\angle PKM = \angle PRN$,所以 A、P、R、K 四点共圆.

又因为 A、R、Q、K 四点共圆,所以 A、P、R、Q、K 五点共圆.

故 $\angle APQ = \angle ARQ = 90°$,即 $AP \perp PQ$.

平面几何测试题 37

37.1 如图 37.1 所示,在 $\triangle ABC$ 中,点 E、F 分别在线段 AB、AC 上(不与端点重合),$BE = CF$. AE、AF 的中垂线分别交 $\triangle ABC$ 的外接圆的 $\overparen{AB}$、$\overparen{AC}$ 于点 M、N. MN 分别交 AB、AC 于点 P、K. 求证:$AP = AK$.

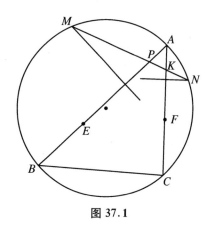

图 37.1

37.2 如图 37.2 所示,点 D 为 $\triangle ABC$ 的外接圆的 $\overparen{BC}$(不含点 A)上一点,点 E 在边 BC 上,$\angle BAD = \angle CAE$. 在边 BC 上取不同于 E 的点 F,作 $FN \parallel AE$,交 $\overparen{BAC}$ 于点 N. 直线 DN 分别交直线 BA、CA 于点 P、K. 求证:$\dfrac{PN}{NK} = \dfrac{BF}{FC}$.

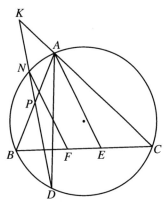

图 37.2

37.3 如图 37.3 所示,在△ABC 中,点 D、E 在边 BC 上,BD = CE.作直线 MN∥BC,分别交直线 AB、AC 于点 M、N.DP⊥MN 于点 P.△BPM、△CPN 的垂心分别为 H_1、H_2.求证:$AE \perp H_1H_2$.

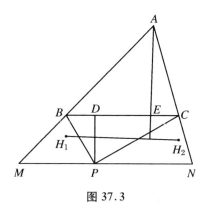

图 37.3

37.4 如图 37.4 所示，在 △ABC 的边 BC、CA、AB 上分别取点 D、E、F，△BDF 和 △CDE 的内切圆⊙I_1 和⊙I_2 不同于 BC 的外公切线 PQ 与⊙I_1、⊙I_2 分别切于点 P、Q．求证：直线 BP 与 CQ 的交点 K 在 △ABC 的内切圆⊙I 上．

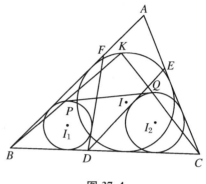

图 37.4

37.5 如图 37.5 所示,在△ABC 中,边 BC 上的高为 h_a,内切圆的半径为 r. I 为内心,P 为 BC 上任一点,AP 的中垂线分别交 BI、CI 于点 E、F. K 为△AEF 的垂心,$KT \perp BC$ 于点 T. 求证:$KT = h_a - r$.

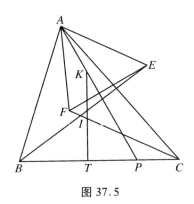

图 37.5

参 考 答 案

37.1 如图 37.6 所示,作 $MT \parallel AB$,交 $\overparen{AMB}$ 于点 T,连接 AM、EM、BT.
则 $\overparen{BT} = \overparen{AM}$,$\angle TBA = \angle MAB = \angle MEA$,故 $EM \parallel BT$.
从而四边形 $BEMT$ 为平行四边形,故 $TM = BE$.
同理,作 $NL \parallel AC$,交 $\overparen{ANC}$ 于点 L,连接 AN、CL、NF.
则 $\overparen{CL} = \overparen{AN}$,$LN = CF$.
因为 $BE = CF$,所以 $TM = LN$,因此 $\overparen{TM} = \overparen{LN}$.
故 $\angle AKP \stackrel{m}{=} \dfrac{1}{2}(\overparen{AM} + \overparen{CL} + \overparen{LN}) = \dfrac{1}{2}(\overparen{BT} + \overparen{TM} + \overparen{AN}) \stackrel{m}{=} \angle APK$.
所以 $AP = AK$.

37.2 如图 37.7 所示,作 $PX \parallel CA$,交 CN 的延长线于点 X,连接 BX、BN.

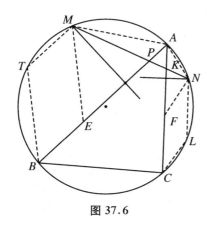

图 37.6

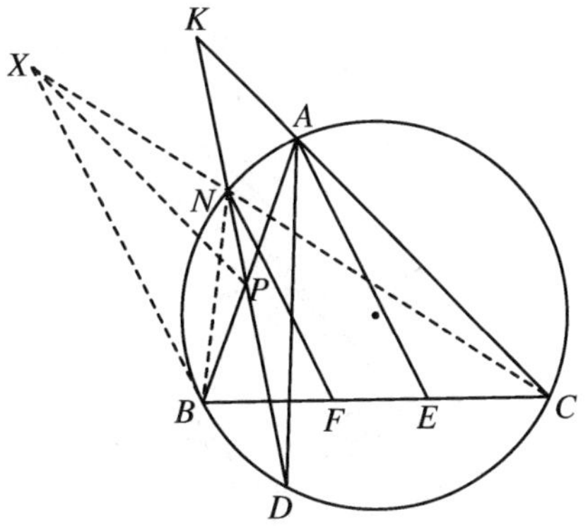

图 37.7

因 $\angle PXN = \angle ACN = \angle PBN$,故 P、N、X、B 四点共圆.
于是 $\angle XBP = \angle DNC = \angle DAC = \angle BAE$,所以 $BX \parallel AE \parallel FN$.
故 $\dfrac{PN}{NK} = \dfrac{XN}{NC} = \dfrac{BF}{FC}$.

37.3 如图 37.8 所示,连接线段.
因 $PH_1 \perp AM$,$PH_2 \perp AN$,故
$$AH_1^2 - BH_1^2 = AP^2 - BP^2$$
$$AH_2^2 - CH_2^2 = AP^2 - CP^2$$
所以 $AH_1^2 - AH_2^2 = BH_1^2 - CH_2^2 + CP^2 - BP^2$.
又由 $BD = CE$ 知 $BE = CD$.因 $BH_1 \perp BC$,$CH_2 \perp BC$,故

$EH_1^2 - EH_2^2$
$\quad = BH_1^2 + BE^2 - CH_2^2 - CE^2$
$\quad = BH_1^2 - CH_2^2 + CD^2 - BD^2$
$\quad = BH_1^2 - CH_2^2 + CP^2 - BP^2$ (因 $PD \perp BC$)
所以 $AH_1^2 - AH_2^2 = EH_1^2 - EH_2^2$,因此 $AE \perp H_1H_2$.

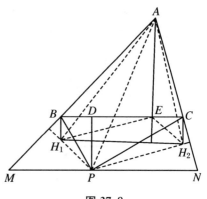

图 37.8

37.4 如图 37.9 所示,设 $\odot I$、$\odot I_1$、$\odot I_2$ 分别与 BC 切于点 T、M、N. 直线 BP 与 $\odot I$、$\odot I_1$ 离点 B 较近的交点分别为 R、S, 直线 CQ 与 $\odot I$、$\odot I_2$ 离点 C 较近的交点分别为 X、Y. 连接 MP、TR、TX、NQ、NY.

因 $\odot I_2$、$\odot I$ 的位似中心为 C, 故 $NY \ /\!/\ TX$.

所以 $\angle NTX = \angle CNY = \angle NQX$. 因此 T、N、X、Q 四点共圆.

同理, T、M、R、P 四点共圆.

设 $\odot(TNXQ)$ 交直线 PQ 于点 Q、V. 连接 TV.

因 $\angle TNQ = \angle VQN$, 故四边形 $TNQV$ 为等腰梯形, 从而四边形 $TMPV$ 也为等腰梯形, T、M、P、V 四点共圆.

所以 T、M、P、R、V 五点共圆.

故
$$\angle K = 180° - (\angle KPQ + \angle KQP) = 180° - (\angle RTV + \angle XTV) = 180° - \angle RTX$$
所以点 K 在 $\triangle ABC$ 的内切圆 $\odot I$ 上.

37.5 如图 37.10 所示, 作 $AM \perp FC$ 于点 M, 交 BC 于点 X; $AN \perp BE$ 于点 N, 交 BC 于点 Y. 连接 MN、AI. 同 36.3 题得 $\triangle AEF \sim \triangle ANM$.

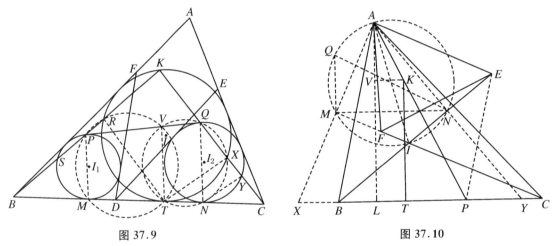

图 37.9　　　　　　图 37.10

作 $AL \perp BC$ 于点 L, V 为 $\triangle ANM$ 的垂心. 连接 VK.

则 AP 与 AL、AK 与 AV 为上述相似三角形的对应线段.

所以 $\dfrac{AK}{AP} = \dfrac{AV}{AL}$, 因此 $KV \ /\!/\ BC$.

故 $KT = VL = AL - AV$.

36.3 题已证 $XY = DX + DY = AB + AC - BC$. 故 $MN = \dfrac{1}{2}XY = \dfrac{1}{2}(AB + AC - BC)$.

作 $\triangle ANM$ 的外接圆的直径 NQ, 连接 MQ. 则 $AVMQ$ 为平行四边形.

因 A、N、I、M 四点共圆, 故 $\angle Q = \angle NIC = 90° - \dfrac{A}{2}$. 因此

$$AV = QM = MN \cot Q = \dfrac{1}{2}(AB + AC - BC)\tan\dfrac{A}{2} = r$$

故 $KT = AL - AV = h_a - r$.

平面几何测试题 38

38.1 如图 38.1 所示,在 △ABC 中,AB≠AC,AD 为角平分线.点 E、F 分别在边 CA、AB 上,CE = BF,BE 与 CF 交于点 P.作 PK∥AD,交 BC 于点 K.求证:BK = CD.

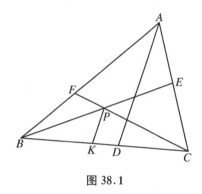

图 38.1

38.2 如图 38.2 所示,在 △ABC 中,延长 BC 至 D,满足∠ADC = ∠BAC.延长 CB 至 E,使得 BE = AB.点 F、K 均在边 AC 上,满足 AF = CK,直线 EF、EK 分别交 AD 于点 M、N.求证:∠ABM = ∠DBN.

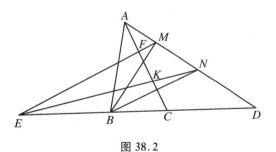

图 38.2

38.3 如图 38.3 所示，⊙O 中二弦 AC 与 BD 相交于圆内的点 P．过点 P 的弦 EF 分别交$\overparen{AB}$、$\overparen{CD}$ 于点 E、F，过点 P 的弦 GH 分别交 $\overparen{AB}$、$\overparen{CD}$ 于点 G、H．直线 GE 与 DA 交于点 M，HF 与 BC 交于点 N．求证：M、P、N 三点共线．

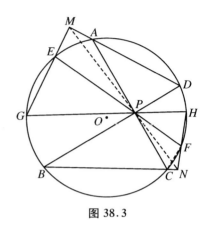

图 38.3

38.4 如图 38.4 所示,AD 为定 $\triangle ABC$ 的外接圆 $\odot O$ 的直径,过点 A、D 的动圆分别交直线 AB 和 AC 于点 A、E 和 A、F. 求证:EF 的中点 P 在一条定直线上.

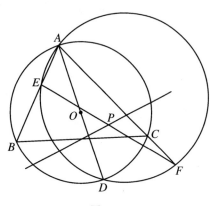

图 38.4

38.5 如图 38.5 所示,在平行四边形 $ABCD$ 中,直线 EF 分别交 AB、AD 的延长线于点 E、F,分别交线段 BC、CD 于点 P、K. 点 M、N 分别在线段 AP、AK 上,使得 $\angle ABM = \angle ADN$,直线 EM、FN 交于点 X. 求证:$\angle BAC = \angle DAX$.

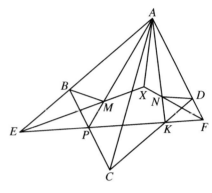

图 38.5

参 考 答 案

38.1 如图 38.6 所示,设 BC、EF、AP 的中点依次为 M、N、L,由牛顿线定理知 M、N、L 三点共线.

又因 $BF = CE$,有熟知结论:$NM \parallel AD$.

所以 $PK \parallel AD \parallel LM$.

因为 L 为 AP 的中点,所以 M 也是 DK 的中点.

故 $BK = CD$.

38.2 考虑 $\triangle ACD$ 分别被直线 EM、EN 截,由梅涅劳斯定理得
$$\frac{AM}{MD} \cdot \frac{DE}{EC} \cdot \frac{CF}{FA} = 1, \quad \frac{AN}{ND} \cdot \frac{DE}{EC} \cdot \frac{CK}{KA} = 1$$

由 $AF = CK$ 得 $\frac{CF}{FA} \cdot \frac{CK}{KA} = 1$,所以 $\frac{AM \cdot AN}{MD \cdot ND} = \left(\frac{EC}{DE}\right)^2$.

因 $\angle BAC = \angle D$,故 $\triangle ABC \backsim \triangle DBA$.

又因为 $AB = BE$,所以 $\frac{AB}{BD} = \frac{BC}{AB} = \frac{BE + BC}{BD + BE} = \frac{EC}{DE}$.

故 $\frac{AM \cdot AN}{MD \cdot ND} = \frac{AB^2}{BD^2}$,因此 $\angle ABM = \angle DBN$.

38.3 设直线 MP 与 BC 交于点 N',连接线段如图 38.7 所示.

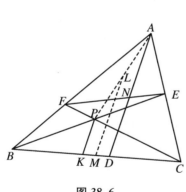

图 38.6

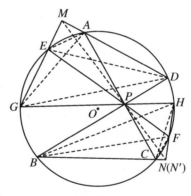

图 38.7

只要证明 $N' = N$.

因 $\triangle PBC \backsim \triangle PAD$,故
$$\frac{CN'}{BN'} = \frac{PC \sin \angle CPN'}{PB \sin \angle BPN'} = \frac{PD \sin \angle APM}{PA \sin \angle DPM}$$

又因
$$\frac{CN}{BN} = \frac{S_{\triangle CHF}}{S_{\triangle BHF}} = \frac{HC \cdot CF}{HB \cdot BF} = \frac{\frac{HC}{AG} \cdot \frac{CF}{AE} \cdot AG \cdot AE}{\frac{HB}{DG} \cdot \frac{BF}{DE} \cdot DG \cdot DE}$$

$$= \frac{\frac{PH}{PA} \cdot \frac{PF}{PA}}{\frac{PH}{PD} \cdot \frac{PF}{PD}} \cdot \frac{S_{\triangle AEG}}{S_{\triangle DEG}} = \frac{PD^2}{PA^2} \cdot \frac{AM}{DM}$$

$$= \frac{PD^2}{PA^2} \cdot \frac{PA \sin \angle APM}{PD \sin \angle DPM} = \frac{PD \sin \angle APM}{PA \sin \angle DPM}$$

故 $\frac{CN'}{BN'} = \frac{CN}{BN}$，因此 $N' = N$. 证毕.

38.4 如图 38.8 所示，过点 D 作 $XY \perp AD$，分别交直线 AB、AC 于点 X、Y，作 $XT \perp AY$ 于点 T，$YL \perp AX$ 于点 L，设 BC、YL 的中点分别为 R、N，$\triangle AXY$ 的垂心为 H，连接 DB、DC、DE、DF.

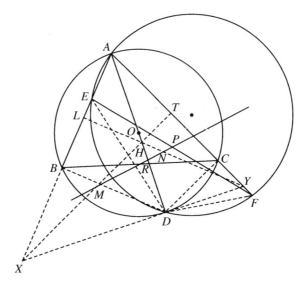

图 38.8

下面证明 EF 的中点 P 在定直线 RN 上．

因 $\angle BED = \angle CFD$，$\angle EBD = \angle FCD$，故 $\triangle BED \backsim \triangle CFD$．

又因为 $HL \parallel DB$，$HT \parallel DC$，$\triangle HLX \backsim \triangle HTY$，所以 $\frac{BE}{CF} = \frac{DB}{DC} = \frac{HL}{HT} = \frac{LX}{TY}$．

又由 $\frac{LX}{BL} = \frac{YX}{DY} = \frac{TY}{CY}$ 得 $\frac{LX}{TY} = \frac{BL}{CY}$．故 $\frac{BE}{CF} = \frac{BL}{CY}$．

又因 $\frac{BR}{RC} \cdot \frac{EP}{PF} \cdot \frac{LN}{NY} = 1$，对射线 BE 和射线 CF，由牛顿轨迹定理得 R、P、N 三点共线，即点 P 在定直线 RN 上．

注 设 M 为 XT 的中点，因 $DB \parallel YL$，$DC \parallel XT$，故 $\frac{LB}{LX} = \frac{YD}{YX} = \frac{YC}{YT}$．又因 $\frac{LN}{NY} \cdot \frac{BR}{RC} \cdot \frac{XM}{MT} = 1$，对射线 LX 和射线 YT，由牛顿轨迹定理得 N、R、M 三点共线．所以 M、R、N、P 四点共线，也可以说点 P 在定直线 MN 上．

38.5 可设 $\angle BAC = \angle DCA = \alpha$，$\angle DAX = \beta$，$\angle BAD$ 简记为 A，$\angle ABM = \angle ADN = \gamma$，$\angle PBM = \angle KDN = \theta$，如图 38.9 所示。

对 $\triangle AEF$ 及点 X，由角元塞瓦定理得

$$\frac{\sin(A-\beta)}{\sin\beta} \cdot \frac{\sin\angle 4}{\sin\angle 3} \cdot \frac{\sin\angle 2}{\sin\angle 1} = 1$$

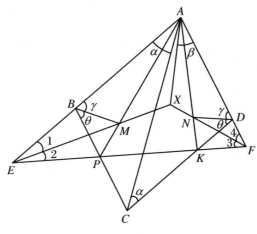

图 38.9

又因为

$$\frac{S_{\triangle FKN}}{S_{\triangle FAN}} = \frac{KN}{AN} = \frac{S_{\triangle DKN}}{S_{\triangle DAN}} \Rightarrow \frac{FK\sin\angle 3}{AF\sin\angle 4} = \frac{DK\sin\theta}{AD\sin\gamma}$$

$$\Rightarrow \frac{\sin\angle 3}{\sin\angle 4} = \frac{AF}{FK} \cdot \frac{DK\sin\theta}{AD\sin\gamma}$$

同理,$\dfrac{\sin\angle 1}{\sin\angle 2} = \dfrac{EP}{AE} \cdot \dfrac{AB\sin\gamma}{BP\sin\theta}$,所以

$$\frac{\sin(A-\beta)}{\sin\beta} = \frac{AF}{FK} \cdot \frac{DK}{AD} \cdot \frac{EP}{AE} \cdot \frac{AB}{BP} = \frac{AF}{AE} \cdot \frac{DK}{FK} \cdot \frac{EP}{BP} \cdot \frac{CD}{AD}$$

$$= \frac{\sin\angle BEP}{\sin\angle DFK} \cdot \frac{\sin\angle DFK}{\sin\angle FDK} \cdot \frac{\sin\angle EBP}{\sin\angle BEP} \cdot \frac{\sin(A-\alpha)}{\sin\alpha}$$

$$= \frac{\sin(A-\alpha)}{\sin\alpha} \quad (因\angle FDK = \angle EBP)$$

故 $\alpha = \beta$,即$\angle BAC = \angle DAX$.

平面几何测试题 39

39.1 如图 39.1 所示,在凸四边形 $ABCD$ 中,$AB=AD$,$BC=CD$,P 为形内一点,使得 $\angle ABP=\angle CDP$.点 P 在 AB、BC、CD、DA 上的射影依次为 E、F、G、H.求证:E、F、G、H 四点共圆.

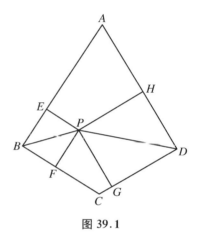

图 39.1

39.2 如图 39.2 所示,已知 $\triangle ABC$ 的外接圆过点 B、C 的切线交于点 P.延长 BA 至点 D,使 $AD=AB$.作 $DE /\!/ BC$,交直线 PB 于点 E.求证:$PA^2 = PB \cdot PE$.

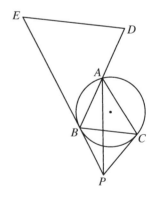

图 39.2

39.3 如图 39.3 所示,点 D 为定 $\triangle ABC$ 的外接圆的 $\overparen{BC}$ 上的定点,过点 A、D 的动圆分别交直线 AB 和 AC 于点 A、E 和 A、F. 求证:EF 的中点 P 在一条定直线上.

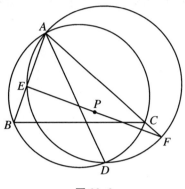

图 39.3

39.4 如图 39.4 所示,在锐角 $\triangle ABC$ 中,$AB<AC$,$\angle BAC$ 的平分线交外接圆 φ 于点 D. 点 E、F 分别在 CA、AB 上,$AE=AF$. BE 与 CF 交于点 P,AP 交 BC 于点 K. 点 N 在线段 DF 上,$BN \perp AB$. 求证:$NK \parallel AD$.

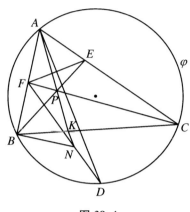

图 39.4

39.5 如图 39.5 所示,四边形 $ABCD$ 内接于圆 Γ,对角线 AC 与 BD 交于点 P,BA、CD 的延长线交于点 Q,线段 PQ 与圆 Γ 交于点 E. 点 M、N 在边 BC 上,$BM = CN$. 直线 EM、EN 再次分别交圆 Γ 于点 F、K. AF、DK 分别交 BC 于点 T、L. 求证:$BT = CL$.

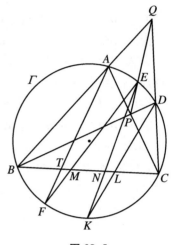

图 39.5

参 考 答 案

39.1 如图 39.6 所示,作 $PK \perp BD$ 于点 K,连接线段如图所示.

因 $\angle ABP = \angle CDP$,故 $\angle BPE = \angle DPG$.

由 $\angle ABC = \angle ADC$ 知 $\angle EPF = \angle GPH$,从而 $\angle BPF = \angle DPH$.

因为 P、E、B、F、K,P、H、D、G、K 分别五点共圆,所以 $\angle BKE = \angle BPE = \angle DPG = \angle DKG$,因此 E、K、G 三点共线.

类似地,F、K、H 三点共线.

因 $\angle GEF = \angle KEF = \angle KBF = \angle KDG = \angle KHG = \angle FHG$,故 E、F、G、H 四点共圆.

39.2 如图 39.7 所示,设直线 ED 与 PC 交于点 F,过点 A 作 $MN \parallel BC$,分别交 PE、PF 于点 M、N,连接 AE、AF.

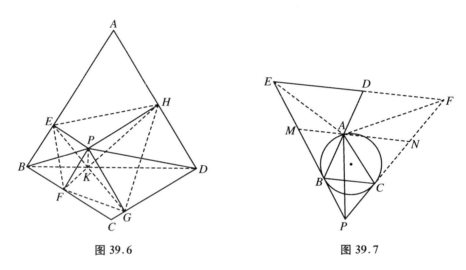

图 39.6　　　　　　图 39.7

因 $MN \parallel BC \parallel EF$,$PB = PC$,$AB = AD$,故 $EM = BM$,CN,且 $\angle AMB = \angle CNA$.

又因 $\angle ABM = \angle ACB = \angle CAN$,故 $\triangle ABM \sim \triangle CAN$.

所以 $\dfrac{BM}{AN} = \dfrac{AM}{CN}$,因此 $AM \cdot AN = BM \cdot CN = BM^2$.

在等腰 $\triangle PMN$ 中,因点 P 在底边 MN 上,故

$$PA^2 = PM^2 - AM \cdot AN \quad (\text{等腰三角形的性质})$$
$$= PM^2 - BM^2 = (PM - BM)(PM + BM)$$
$$= PB \cdot PE.$$

39.3 如图 39.8 所示,取 BC 的中点 M,连接 DB、DC、DE、DF、DM、DP、MP.

因 $\angle DBC = \angle DAC = \angle DEF$,$\angle DCB = \angle DAB = \angle DFE$,故 $\triangle DBC \sim \triangle DEF$. 又因为 DM、DP 为对应边上的中线,所以 $\angle DMP = \angle DBE = \angle DBA$(定角).

故点 P 在一条定直线上.

39.4 因 AD 平分 $\angle BAC$,$AE = AF$,故 $AD \perp EF$.

如图 39.9 所示,延长 DF、DE,分别交圆 φ 于点 T、L,BL 与 CT 交于点 M,连接 KM、NM,延长 EF、CB,交于点 X.

对圆内接六边形 $ABLDTC$，由帕斯卡定理知 F、M、E 三点共线．

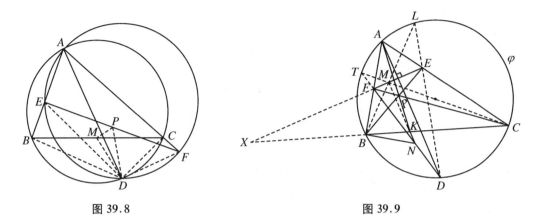

图 39.8　　　　　　　　　图 39.9

因 X、B、K、C 为调和点列，故 XM、MB、MK、MC 为调和线束．

在 $\triangle BFM$ 和 $\triangle CEM$ 中，因 $AF = AE$，点 F、E 关于 AD 对称，故 $\angle BFM = \angle CEM$，$\angle FBM = \angle EDA = \angle FDA = \angle ECM$．

从而 $\angle BMF = \angle CME$，即 MX 为 $\angle BMC$ 的外角平分线．

所以 $MK \perp EF$．

又因为 $\angle MFN = 90° - \angle FDA = 90° - \angle FBM = \angle MBN$，所以 F、B、N、M 四点共圆．

因 $\angle FBN = 90°$，故 $\angle FMN = 90°$，即 $MN \perp EF$．

因此 MK 与 MN 重合，有 $NK \perp EF$．所以 $NK \parallel AD$．

注　利用本题结论，可以简洁地证明 2018 年全国高中联赛 A 卷加试的几何题．

如图 39.10 所示，$\triangle ABC$ 为锐角三角形，$AB < AC$．M 为 BC 边的中点，点 D 和 E 分别为 $\triangle ABC$ 的外接圆的 $\overset{\frown}{BAC}$ 和 $\overset{\frown}{BC}$ 的中点，F 为内切圆在 AB 上的切点，G 为 AE 与 BC 的交点，N 在线段 EF 上，满足 $NB \perp AB$．证明：若 $BN = EM$，则 $DF \perp FG$．

证明　设 $\triangle ABC$ 的内切圆与边 BC、CA 分别切于点 K、P．因 $AP = AF$，BP、CF、AK 三线共点，由 39.4 题知 $NK \parallel AE$．

作 $BT \perp BC$，且点 T 与 A 在直线 BC 的同侧，$BT = BN = EM$．连接 TM、AD、BE、DM．

因 DE 垂直平分 BC 于点 M，故 $BT \parallel EM$．

所以四边形 $BEMT$ 为平行四边形，有 $TM \parallel BE$．

又因 $BF = BK$，$\angle TBF = 90° - \angle ABC = \angle NBK$，故 $\triangle BFT \cong \triangle BKN$．

从而 $\angle BFT = \angle BKN = \angle BGE = \angle ABE$，因此 $TF \parallel BE$．

故 T、F、M 三点共线，有 $MF \parallel BE$．

从而 $\angle FMG = \angle EBM = \angle EAC = \angle FAG$．故 A、F、G、M 四点共圆．

又因为 A、G、M、D 四点共圆，所以 A、F、G、M、D 五点共圆．

因此 $\angle DFG = \angle DAG = 90°$．从而 $DF \perp FG$．

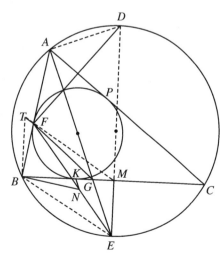

图 39.10

39.5 如图 39.11 所示，设直线 AD 与 BC 交于点 X（可能 X 为无穷远点），连接线段如图所示.

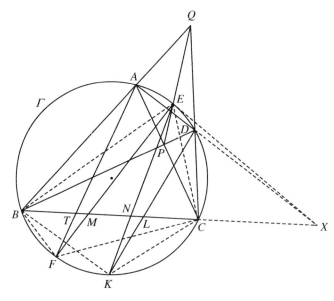

图 39.11

因点 X 关于圆 Γ 的极线为 QP，故 XE 为圆 Γ 的切线.
于是 $\triangle XEC \sim \triangle XBE$. 所以

$$\frac{CE^2}{BE^2} = \frac{S_{\triangle XEC}}{S_{\triangle XBE}} = \frac{CX}{BX} = \frac{S_{\triangle ACD}}{S_{\triangle ABD}} = \frac{AC \cdot CD}{AB \cdot BD}$$

故

$$\frac{AB \cdot CE}{AC \cdot BE} = \frac{CD \cdot BE}{BD \cdot CE} \qquad ①$$

由 $BM = CN$ 有

$$\frac{BM}{CM} = \frac{CN}{BN} \Rightarrow \frac{S_{\triangle BEF}}{S_{\triangle CEF}} = \frac{S_{\triangle CEK}}{S_{\triangle BEK}}$$

$$\Rightarrow \frac{BE \cdot BF}{CE \cdot CF} = \frac{CE \cdot CK}{BE \cdot BK} \qquad ②$$

①×②得

$$\frac{AB \cdot BF}{AC \cdot CF} = \frac{CD \cdot CK}{BD \cdot BK} \Rightarrow \frac{S_{\triangle BAF}}{S_{\triangle CAF}} = \frac{S_{\triangle CDK}}{S_{\triangle BDK}}$$

$$\Rightarrow \frac{BT}{CT} = \frac{CL}{BL}$$

$$\Rightarrow BT = CL$$

平面几何测试题 40

40.1 如图 40.1 所示,点 P 在 $\triangle ABC$ 内,且 $\angle BPC = 90° + \dfrac{1}{2}\angle A$.点 P 在边 BC、CA、AB 上的射影依次为 D、E、F,$\triangle DEF$ 的外心为点 Q.求证:AQ 平分 $\angle BAC$.

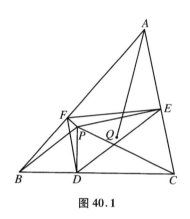

图 40.1

40.2 如图 40.2 所示,在 $\triangle ABC$ 中,$AB = AC$.点 E、F 分别在 AC、AB 上,BE 与 CF 交于点 P,AP 与 EF 交于点 D.点 S 满足 $BS \perp AB$,$CS \perp AC$.作 $AG \perp SF$ 于点 G,$AH \perp SE$ 于点 H,$AK \perp EF$ 于点 K.求证:G、H、D、K 四点共圆.

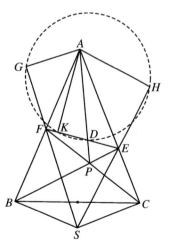

图 40.2

40.3 如图 40.3 所示,在定△ABC 中,点 D 为边 AC 上一定点,点 X 为 AB 上的动点(不与 A 或 B 重合),BD 与 CX 交于点 P,AP 与 DX 交于点 E.过 B、C、E 三点的圆交直线 DX 于点 E、F,过 F 作直线 $l \perp DX$.证明:当点 X 运动时,直线 l 过一个定点.

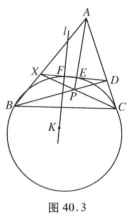

图 40.3

40.4 如图 40.4 所示,在 $\triangle ABC$ 中,$AB \neq AC$,$AD \perp BC$ 于点 D.过点 B、C 的圆分别交 AC、AB 于点 E、F,BE、CF 的中点分别为 M、N,直线 MN 交 $\angle BAC$ 的平分线于点 K,交 AD 的中垂线于点 P.求证:$PK = PD$.

注 本题经过陕西省西安铁一中杨运新的改进.

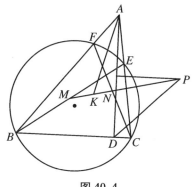

图 40.4

40.5 如图 40.5 所示，在圆内接四边形 ABCD 中，AB、DC 的延长线交于点 E，AD、BC 的延长线交于点 F. 直线 ED 交⊙(ABF)于点 G、H(EG＜EH)，直线 FB 交⊙(ADE)于点 M、N(FM＜FN). 直线 NG 与 HM 交于点 K. 求证：∠BKG = ∠DKM.

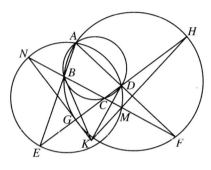

图 40.5

参 考 答 案

40.1 如图 40.6 所示,连接 QE、QF.

因 B、D、P、F,C、D、P、E 分别四点共圆,故

$$\angle FDE = \angle PDF + \angle PDE = \angle PBF + \angle PCE$$
$$= \angle B + \angle C - (\angle PBC + \angle PCB) = \angle B + \angle C - (180° - \angle BPC)$$
$$= \angle B + \angle C - 180° + 90° + \frac{1}{2}\angle A = 90° - \frac{1}{2}\angle A < 90°$$

从而点 Q 与 D 在直线 EF 的同侧,且 $\angle FQE = 2\angle FDE = 180° - \angle A$.

因此 A、F、Q、E 四点共圆.

又因 $QF = QE$,故 AQ 平分 $\angle BAC$.

40.2 如图 40.7 所示,连接 BD、BH、GH、GK,作 $EM \parallel DB$,分别交直线 BC、AB 于点 N、M,连接 SM.

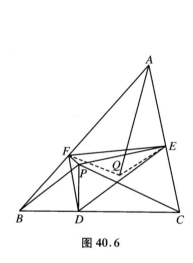

图 40.6

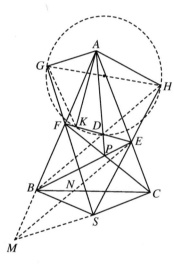

图 40.7

对 $\triangle AEF$ 及点 P,由塞瓦定理得 $\dfrac{ED}{DF} \cdot \dfrac{FB}{BA} \cdot \dfrac{AC}{CE} = 1$.

又因 $BA = AC$,故 $\dfrac{CE}{FB} = \dfrac{ED}{DF} = \dfrac{BM}{FB}$,因此 $CE = BM$.

由 $AB = AC$,$BS \perp AB$,$CS \perp AC$ 得 $BS = CS$.

所以 $\text{Rt}\triangle SBM \cong \text{Rt}\triangle SCE$,故 $SM = SE$,且 $\angle BSM = \angle CSE$,因此 $\angle MSE = \angle BSC$.

所以在等腰 $\triangle SME$ 和等腰 $\triangle SBC$ 中,有 $\angle SEN = \angle SCN$,故 S、C、E、N 四点共圆.

又因为 A、G、B、S、C、H 六点共圆,所以 $\angle DBC = \angle ENC = \angle ESC = \angle HSC = \angle HBC$.

故 B、D、H 三点共线.

因为 A、G、F、K 四点共圆,所以 $\angle FKG = \angle FAG = \angle BAG = \angle BHG = \angle DHG$,因此 G、H、D、K 四点共圆.

40.3 如图 40.8 所示,连接 BE、CF,作 $DM \parallel EB$,分别交直线 AB、BC 于点 M、N,作 $NK \perp DM$,$CK \perp AC$,NK 与 CK 交于点 K,连接 DK.

下面证明点 K 为定点,直线 l 经过定点 K,这只要证明 $KF \perp DX$.

因 $DM /\!/ EB$,故 $\dfrac{BM}{XB} = \dfrac{DE}{EX}$.

对 $\triangle ADX$ 及点 P,由塞瓦定理得 $\dfrac{DE}{EX} \cdot \dfrac{XB}{BA} \cdot \dfrac{AC}{CD} = 1$,所以 $BM = \dfrac{AB \cdot CD}{AC}$(与点 X 无关,为定值).

从而点 M、N 均为定点,进而点 K 为定点.

因 D、C、K、N 四点共圆,故 $\angle CKD = \angle CND = \angle CBE = \angle CFD$,所以 D、C、K、N、F 五点共圆.

于是 $\angle DFK = \angle DNK = 90°$,即 $KF \perp DX$. 证毕.

40.4 如图 40.9 所示,可设直线 FE 与 BC 交于点 X,作 $\angle FXB$ 的平分线,分别交 AB、AC 于点 T、L,交 $\angle BAC$ 的平分线于点 K',连接 AX.

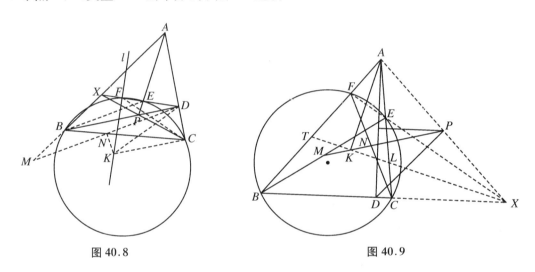

图 40.8　　　　　　图 40.9

由熟知结论知 $\angle AK'X = \dfrac{1}{2}(\angle FBC + \angle FEC) = 90°$.

从而 $\dfrac{TK'}{K'L} = 1 = \dfrac{BM}{ME} = \dfrac{FN}{NC}$.

又因 $\triangle XBF \sim \triangle XEC$,故 $\dfrac{BT}{TF} = \dfrac{XB}{XF} = \dfrac{XE}{XC} = \dfrac{EL}{LC}$.

对二射线 BF、EC,由牛顿轨迹定理得 M、K'、N 三点共线. 从而点 K' 与 K 重合.

因为 AX 的中点在 AD 的中垂线上,也在直线 MN 上(牛顿线定理),所以 AD 的中垂线与直线 MN 的交点 P 为 AX 的中点.

因 $\angle AKX = \angle ADX = 90°$,故 A、K、D、X 四点共圆,点 P 为其圆心.

故 $PK = PD$.

40.5 (江苏省南京市顾冬华提供) 如图 40.10 所示,连接 NE、ND、NH、BH.

因 $\angle ENC + \angle CND = \angle END = \angle EAD = \angle ECB = \angle CDN + \angle CND$,故 $\angle ENC = \angle CDN = \angle EDN = \angle HND + \angle NHD$.

于是 $EN^2 = EC \cdot ED = EB \cdot EA = EG \cdot EH$,因此 $\angle ENG = \angle NHD$.

故 $\angle KNB = \angle HND$.

同理,∠KHD = ∠NHB.
所以点 B、D 为△KNH 的等角共轭点.
因此∠BKG = ∠DKM.

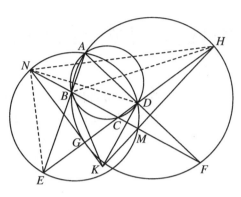

图 40.10

平面几何测试题 41

41.1 如图 41.1 所示,在锐角△ABC 中,AD、BE、CF 为高线.AD 与 EF 交于点 P,直线 ED 与 AB 的延长线交于点 K.已知 $AP = PE + EK$.求证:$\angle BAC = 30°$.

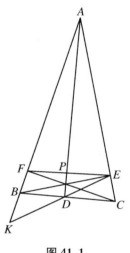

图 41.1

41.2 如图 41.2 所示,在△ABC 中,过点 B、C 的一个圆分别交边 AB、AC 于点 D、E,BE 与 CD 交于点 P.M、N 分别为 BC、ED 的中点,∠BAC 的平分线交 MN 于点 F.求证:$AF \perp FP$.

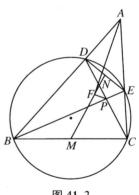

图 41.2

41.3 如图 41.3 所示，在△ABC 中，AB<AC，△ABC 的外接圆过点 B、C 的切线交于点 P，PB、PC 的中点分别为 E、F，∠BAC 的平分线交 EF 于点 K，D 为 BC 的中点．求证：A、P、K、D 四点共圆．

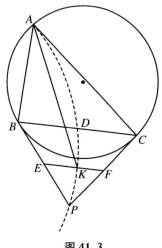

图 41.3

41.4 如图 41.4 所示，⊙O 与 ⊙P 交于点 A、B. 在 ⊙O 上取一点 C（不同于 A、B），直线 CA、CB 分别再次交 ⊙P 于点 D、E，直线 AE 再次交 ⊙O 于点 F. △ADF、△BEF 的外心分别为 K、S，直线 ES 再次交 ⊙P 于点 T. 求证：O、B、S、P、K、T 六点共圆.

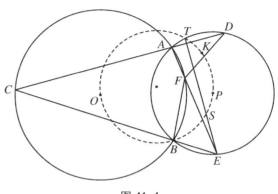

图 41.4

41.5 如图 41.5 所示,△ABC 的外接圆为⊙O,AD 为⊙O 的直径.过 D 作⊙O 的切线,交 BC 的延长线于点 P.点 M、N 在 AD 上,AM = DN.直线 PM 分别交 AB、AC 于点 E、F,直线 PN 分别交 AB、AC 于点 G、H.求证:EM · GN = FM · HN.

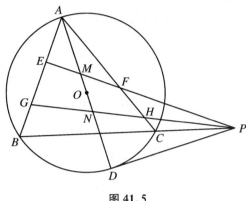

图 41.5

参 考 答 案

41.1 如图 41.6 所示,延长 FE 至点 M,使 $EM = EK$,连接 AM、KM.
则 $AP = PE + EK = PM$,故
$$\angle PAM = \angle PMA \qquad ①$$
因 B、C、E、F,A、B、D、E 分别四点共圆,故 $\angle CEM = \angle ABC = \angle CED$,从而 AC 是线段 KM 的中垂线.
因 $\angle DEB = \angle DAB = \angle BEF$,故
$$\angle DAB = \frac{1}{2}\angle FED = \angle KME \qquad ②$$
由式①、式②得 $\angle KAM = \angle AMK = \angle AKM$,故 $\triangle AKM$ 为正三角形.
于是 $\angle BAC = \frac{1}{2}\angle KAM = 30°$.

41.2 如图 41.7 所示,$\angle BPD$ 的平分线所在直线分别交 AB、AC 于点 K、T,KT 与 $\angle BAC$ 的平分线交于点 F'.

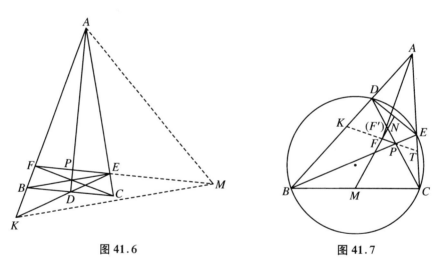

图 41.6 　　　　　图 41.7

因 $\angle AKP = \angle KBP + \angle BPK = \angle TCP + \angle CPT = \angle ATP$,故 $AK = AT$. 从而 $AF' \perp F'P$,且 $KF' = F'T$.
要证 $AF \perp FP$,只要证 $F' = F$,即只要证明 M、F'、N 三点共线.
因 $\triangle BPD \backsim \triangle CPE$,$PK$、$PT$ 是对应角平分线,故 $\dfrac{BK}{CT} = \dfrac{BD}{CE}$.
又因为 $\dfrac{BM}{MC} \cdot \dfrac{KF'}{F'T} \cdot \dfrac{DN}{NE} = 1$,对射线 BA、CA,由牛顿轨迹定理得 M、F'、N 三点共线. 证毕.

41.3 证法 1 如图 41.8 所示,设 $\triangle ABC$ 的外接圆过点 A 的切线与直线 FE 交于点 M,AK 与 BC 交于点 T,连接 MP、PA、PK.
因 $EB^2 = EP^2$,$FC^2 = FP^2$,故直线 EF 是 $\odot(ABC)$ 和点圆 P 的根轴. 从而 $MA = MP$.
因 EF 为等腰 $\triangle PBC$ 的中位线,故点 P、D 关于直线 EF 对称. 所以 $MP = MD$.

因为 $\angle MKA = \angle ATB = \angle TAC + \angle ACT = \angle BAT + \angle MAB = \angle MAK$，所以 $MA = MK$.

故 $MK = MA = MP = MD$.

所以 $A、P、K、D$ 四点共圆.

证法 2 设过 $A、D、P$ 三点的圆交 EF 于点 K'.

因 EF 为等腰 $\triangle PBC$ 的中位线，D 为 BC 的中点，故 EF 为 PD 的中垂线，$K'P = K'D$. 从而 AK' 平分 $\angle PAD$.

又有熟知结论 $\angle BAP = \angle CAD$，所以 AK' 平分 $\angle BAC$.

故点 K' 与 K 重合，$A、P、K、D$ 四点共圆.

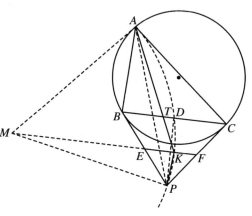

图 41.8

41.4 如图 41.9 所示，作出辅助线.

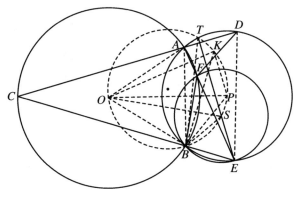

图 41.9

因 OK 垂直平分 AF，PK 垂直平分 AD，故 $\angle OKP = \angle DAE$.

因为 $\angle BOP = \frac{1}{2}\angle BOA = \angle C$，$\angle BPO = \frac{1}{2}\angle BPA = \angle AEB$，所以 $\triangle BOP \backsim \triangle ACE$，因此 $\angle OBP = \angle CAE$.

故 $\angle OKP + \angle OBP = \angle DAE + \angle CAE = 180°$，因此

$$O、B、P、K \text{ 四点共圆} \qquad ①$$

因 OS 垂直平分 BF，故 $\angle BSO = \frac{1}{2}\angle BSF = \angle BEF = \frac{1}{2}\angle BPA = \angle BPO$，因此

$$O、B、S、P \text{ 四点共圆} \qquad ②$$

因

$$\angle TAD = \angle TED = \angle BED - \angle BES = \angle BAC - (90° - \angle BFE)$$
$$= \angle BAC + \angle C - 90° = 90° - \angle ABC = \angle OAC$$

故 $T、A、O$ 三点共线.

所以 $\angle OTB = \angle ATB = \frac{1}{2}\angle APB = \angle OPB$，因此

$$O、B、P、T \text{ 四点共圆} \qquad ③$$

由结论①~③知 O、B、S、P、K、T 六点共圆.

41.5 如图41.10所示,设直线 PO 分别交 AB、AC 于点 T、L. 下面证明 $OT = OL$.

作 $OK \perp BC$ 于点 K,连接 DB、DT、DK、DL、DC.

因 $PD \perp DO$,故 D、P、O、K 四点共圆.从而 $\angle CKD = \angle POD = \angle AOT$.

又因为 $\angle DCK = \angle OAT$,所以 $\triangle CDK \backsim \triangle ATO$.

又因 K、O 分别为 CB、AD 的中点,故 $\angle DBC$ 与 $\angle TDA$ 是上述相似三角形对应位置的角.

所以 $\angle TDA = \angle DBC = \angle DAC$,因此 $DT \parallel AL$.

结合 $OA = OD$ 得 $OT = OL$.

当点 M、N 重合于点 O 时,由上述结论知命题成立.

如图41.11所示,当点 M、N 不重合时,不妨设 $AM = DN < \frac{1}{2}AD$,有 $OM = ON$. 作 $MX \parallel AB$,交 PT 于点 X;$NY \parallel AB$,交 PT 于点 Y,则 $MX \parallel NY$. 连接 NX、MY,则四边形 $MXNY$ 为平行四边形,$OX = OY$,$TX = LY$,$LX = TY$.

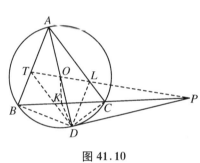

图 41.10

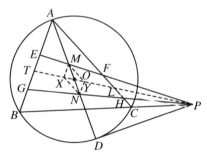

图 41.11

于是 $\dfrac{OM}{OA} = \dfrac{OX}{OT} = \dfrac{OY}{OL}$,所以 $MY \parallel FL$,$NX \parallel HL$.

故 $\dfrac{EM}{TX} = \dfrac{PM}{PX}$,$\dfrac{LY}{FM} = \dfrac{PY}{PM}$.

以上两式相乘得 $\dfrac{EM}{FM} = \dfrac{PY}{PX}$.

又有 $\dfrac{HN}{LX} = \dfrac{PN}{PX}$,$\dfrac{TY}{GN} = \dfrac{PY}{PN}$.

以上两式相乘得 $\dfrac{HN}{GN} = \dfrac{PY}{PX}$.

所以 $\dfrac{EM}{FM} = \dfrac{HN}{GN}$,故 $EM \cdot GN = FM \cdot HN$.

平面几何测试题 42

42.1 如图 42.1 所示,在△ABC 中,AB = AC,O 为外心,D 为 BC 上一点,点 E 在线段 AD 上,△ABE、△ACE 的外心分别为 P、K,AO 与 PK 交于点 F. 求证:$PF \cdot BD = KF \cdot CD$.

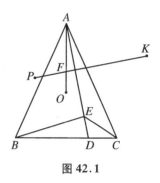

图 42.1

42.2 如图 42.2 所示,在锐角△ABC 中,AD⊥BC 于点 D. O 为外心,AO 交 BC 于点 P. ∠APB 的平分线交 AB 于点 E,∠APC 的平分线交 AC 于点 F. 求证:∠EDF = 90°.

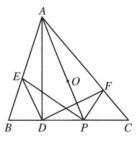

图 42.2

42.3 如图 42.3 所示，圆 δ 与圆 φ 交于点 A、B. 过点 A 的一条直线还分别与圆 δ、圆 φ 交于点 C、D. 点 E 在圆 δ 上，过点 E 的一条直线交圆 φ 于点 F、K. 直线 DF、DK 分别与直线 CE 交于点 M、N. 求证：B、M、D、N 四点共圆.

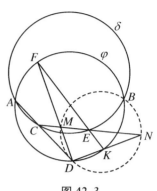

图 42.3

42.4 如图 42.4 所示,已知 $\triangle ABC$ 的外接圆为 Γ. 点 D、E 分别在边 AB、AC 上,$BD = CE$. 点 F、K 均在 $\overarc{BC}$(不含点 A)上,$FK \parallel BC$. 设直线 FE、KD 与圆 Γ 的另一交点分别为 M、N,BM、CN 分别交 DE 于点 T、L. 求证:$DL = ET$.

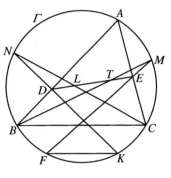

图 42.4

42.5 如图 42.5 所示,在△ABC 中,AB<AC.⊙(ABC)过点 B、C 的切线交于点 P. D 为 BC 的中点,F 为 DP 的中点.⊙(ADP)与⊙(ABC)交于点 A、E,EF 与⊙(ADP)交于点 E、K.求证:AK⊥BC.

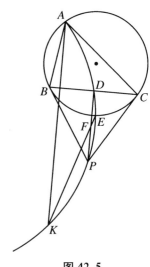

图 42.5

参 考 答 案

42.1 如图 42.6 所示,连接 OP、OK.

则 $OP \perp AB$,$PK \perp AE$,故 $\angle OPF = \angle BAD$.

在 $\triangle ABC$ 中,$AB = AC$,O 为外心,则 $AO \perp BC$.结合 $OP \perp AB$ 得 $\angle POF = \angle ABD$.

所以 $\triangle POF \backsim \triangle ABD$,因此 $\dfrac{PF}{AD} = \dfrac{OF}{BD}$,即 $PF \cdot BD = AD \cdot OF$.

同理,$KF \cdot CD = AD \cdot OF$.

故 $PF \cdot BD = KF \cdot CD$.

42.2 证明中将用到如下引理:

引理 如图 42.7 所示,在 $\triangle PEF$ 的外侧作 $\text{Rt}\triangle PEM$ 与 $\text{Rt}\triangle PFN$,使得 $\angle PME = \angle PNF = 90°$,$\angle PEM = \angle PFN$,$EF$ 的中点为 K,则 $KM = KN$.

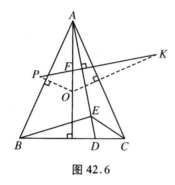

图 42.6

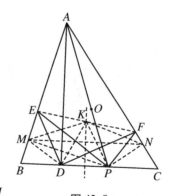

图 42.7

这是一道常见题,证略.

下面回到原题.

如图 42.8 所示,作 $PM \perp AB$ 于点 M,$PN \perp AC$ 于点 N,K 为 EF 的中点,连接线段如图所示.

因

$$\angle PEB = \angle EPA + \angle EAP = \dfrac{1}{2}\angle APB + \angle EAP$$

$$= \dfrac{1}{2}(\angle C + 90° - \angle B) + 90° - \angle C$$

$$= \dfrac{1}{2}(90° + \angle A) < 90°.$$

故点 M 在线段 EB 上.

同理,$\angle PFC = \dfrac{1}{2}(90° + \angle A) < 90°$,点 N 在线段 FC 上.

所以 $\text{Rt}\triangle PEM$ 与 $\text{Rt}\triangle PFN$ 均在 $\triangle PEF$ 外侧,且 $\angle PEM = \angle PFN$,由引理得 $KM = KN$.从而点 K 在线段 MN 的中垂线上.

又因为 A、M、D、P、N 五点共圆,且 $\angle MAD = \angle NAP$,$\angle MDP \neq 90°$,所以四边形 $PDMN$ 为等腰梯形.

故线段 MN 的中垂线也是 DP 的中垂线，点 K 在 DP 的中垂线上.

注意到 $\angle EPF = 90°$，则 $KD = KP = KE = KF$.

所以 $\angle EDF = 90°$.

42.3 如图 42.9 所示（图形画得不相同时，证明过程类似），连接 AB、BF、BM、BE、BK、BN.

因 $\angle BEN = \angle BAC = \angle BAD = \angle BFD = \angle BFM$，故 B、E、M、F 四点共圆.

因 $\angle BEN = \angle BAC = \angle BAD = \angle BKN$，故 B、E、K、N 四点共圆.

所以 $\angle FMB = \angle FEB = \angle BNK = \angle BND$，因此 B、M、D、N 四点共圆.

42.4 如图 42.10 所示，延长 AC 至点 P，使 $CP = BD = CE$，延长 CK 至点 S，使 $CS = BK$. 作 $DJ \parallel NC$，交直线 AC 于点 J，连接线段如图所示.

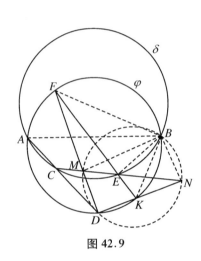

图 42.9

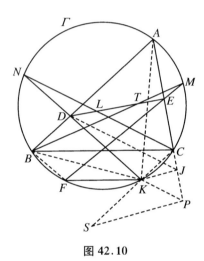

图 42.10

因 $\angle PCS = \angle DBK$，故 $\triangle CPS \cong \triangle BDK$，因此 $\angle CPS = \angle BDK$.

因 $\angle KDJ = \angle N = \angle KAJ$，故 A、D、K、J 四点共圆.

所以 $\angle AJK = \angle BDK = \angle CPS$，因此 $JK \parallel PS$.

故 $\dfrac{DL}{LE} = \dfrac{CJ}{CE} = \dfrac{CJ}{CP} = \dfrac{CK}{CS} = \dfrac{CK}{BK}$.

同理，$\dfrac{ET}{TD} = \dfrac{BF}{CF}$.

由 $FK \parallel BC$ 知 $CK = BF$，$BK = CF$.

所以 $\dfrac{DL}{LE} = \dfrac{ET}{TD}$，因此 $DL = ET$.

注 图中点 F、K 的位置互换，不影响结论成立.

42.5 证法 1 如图 42.11 所示，过 DP 的中点 F 作 DP 的垂线，分别交 PB、PC 于点 X、Y，则 X、Y 分别为 PB、PC 的中点. 延长 AE，交 XY 于点 T，连接 TP、TD、TK.

因 $XB^2 = XP^2$，$YC^2 = YP^2$，故直线 XY 为 $\odot(ABC)$ 和点圆 P 的根轴.

所以 $TE \cdot TA = TP^2 = TD^2$，因此 TD、TP 均为 $\odot(ADP)$ 的切线.

过点 A 作 $\odot(ABC)$ 的切线，交 XY 于点 Q，连接 QD、QE、QP、QK.

则 $QA = QP = QD$，即 Q 为 $\odot(ADP)$ 的圆心.

所以 $TD \perp DQ$，$TP \perp PQ$，因此 Q、D、T、P 四点共圆.

于是 $QF \cdot FT = DF \cdot FP = EF \cdot FK$,故 Q、E、T、K 四点共圆.

因 $QE = QK$,故 $\angle ETQ = \angle KTQ$,即 $\angle ATQ = \angle KTQ$.

又因为 $\angle QAE = \angle QEA = \angle QKT$,所以 $\triangle QTA \cong \triangle QTK$.

从而点 A、K 关于 QT 对称,$AK \perp QT$.

又因 $QT \parallel BC$,故 $AK \perp BC$.

证法 2(陕西省西安铁一中杨运新提供) 设 AF 交 $\odot(ABC)$ 于点 A、T. 连接线段如图 42.12 所示.

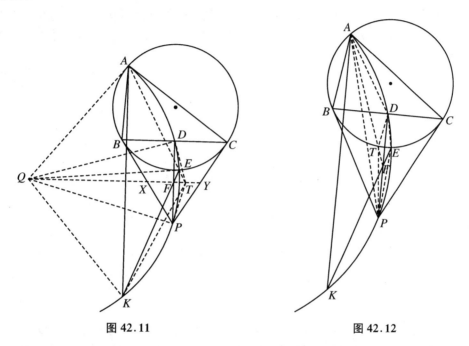

图 42.11　　　　　　　　　图 42.12

因点 F 在 $\odot(ABC)$ 和点圆 P 的根轴上,故 $FT \cdot FA = FP^2 = FD^2$,因此 $\angle FPT = \angle FAP$,$\angle FDT = \angle FAD$,故 $\angle PTD = 180° - (\angle FPT + \angle FDT) = 180° - \angle PAD = \angle PED$.

又因为 PD 为弦 BC 的中垂线,所以点 T 与 E 关于 PD 对称.

从而 $\angle AFD = \angle EFD = \angle KFP$. 故在 $\odot(ADP)$ 中,有 $AK \parallel DP$(对称性).

因 $DP \perp BC$,故 $AK \perp BC$.

平面几何测试题 43

43.1 如图 43.1 所示，在△ABC 中，∠BAC 的平分线交外接圆于点 D. 点 E、F 分别在线段 AD 及其延长线上，$DE = DF$，$EM \perp AB$ 于点 M，$FN \perp AC$ 于点 N. 求证：$BM = CN$.

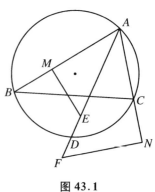

图 43.1

43.2 如图 43.2 所示，在△ABC 中，I 为内心，O 为外心，D 为外接圆⊙O 的 $\overparen{BC}$（不含 A）的中点. 过点 I 作 $EF \parallel BC$，分别交 AB、AC 于点 E、F. P 为 EF 上一点，作 $PM \parallel AB$，交 BC 于点 M；作 $PN \parallel AC$，交 BC 于点 N. 直线 EM 与 FN 交于点 K. 求证：点 K 在⊙O 的过点 D 的切线上.

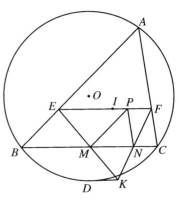

图 43.2

43.3 如图43.3所示,在△ABC中,角平分线AD、CF交于点I,已知 BF + DI = BD. 求证:∠BAC = 120°.

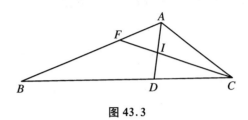

图 43.3

43.4 如图 43.4 所示,在△ABC 中,I 为内心,点 D、E 分别在边 AB、AC 上,AD = AE.⊙(BDI)与⊙(CEI)相交于点 I、P,点 P 与 I 位于直线 BC 的异侧.⊙(PDE)交边 BC 于点 F、K.求证:PI 平分∠FPK.

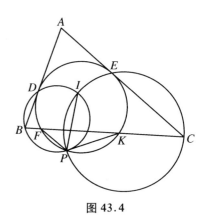

图 43.4

43.5 如图 43.5 所示,在△ABC 中,点 D、E、F、G 均在边 BC 上,∠BAD = ∠CAE,BF = CG.⊙(ADF)交 AB 于点 P(P≠A),⊙(ADG)交 AC 于点 K(K≠A),BC、PK 的中点分别为 M、N.求证:MN∥AE.

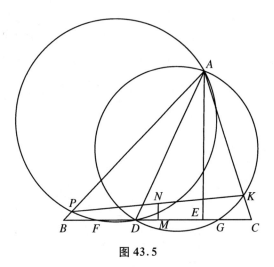

图 43.5

参　考　答　案

43.1 如图 43.6 所示,作 $DP \perp AB$ 于点 P,$DK \perp AC$ 于点 K,连接 DB、DC.
因 AD 平分 $\angle BAC$,故 $DP = DK$,$AP = AK$,$DB = DC$.
从而 $\text{Rt}\triangle DBP \cong \text{Rt}\triangle DCK$(HL),所以 $BP = CK$.

又因为 $EM // DP$,$DK // FN$,所以 $\dfrac{PM}{AP} = \dfrac{DE}{DA} = \dfrac{DF}{DA} = \dfrac{KN}{AK}$.从而 $PM = KN$.

故 $BM = CN$.

43.2 如图 43.7 所示,连接 BD、BI、CI、AD,AD 交 BC 于点 T.

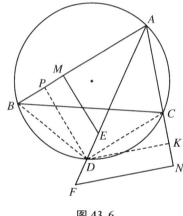

图 43.6

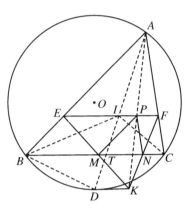

图 43.7

因 D 为 $\overset{\frown}{BC}$ 的中点,故点 I 在 AD 上.
由内心的性质知 $ID = BD$.
因 $\angle BAD = \angle TAC$,$\angle ADB = \angle ACT$,故 $\triangle ABD \sim \triangle ATC$.

所以 $\dfrac{AD}{ID} = \dfrac{AD}{BD} = \dfrac{AC}{CT} = \dfrac{AB}{BT} = \dfrac{AB + AC}{BC}$.

因 $\triangle PMN$ 与 $\triangle AEF$ 位似,位似中心为点 K,故 A、P、K 三点共线,且 $\dfrac{AK}{PK} = \dfrac{\triangle AEF \text{ 的周长}}{\triangle PMN \text{ 的周长}}$.

因 $\angle EIB = \angle IBC = \angle EBI$,故 $EB = EI$.
同理,$FC = FI$.
从而 $EF = EB + FC$,$\triangle AEF$ 的周长 $= AB + AC$.
因为四边形 $BEPM$、$CFPN$ 均为平行四边形,所以 $PM + PN = EB + FC = EF = EP + PF$
$= BM + NC$.
从而 $\triangle PMN$ 的周长 $= BC$.

所以 $\dfrac{AK}{PK} = \dfrac{AB + AC}{BC} = \dfrac{AD}{ID}$,因此 $DK // EF // BC$ 或者点 K 与 D 重合.

因 $\odot O$ 的过点 D 的切线平行于 BC,故点 K 在 $\odot O$ 的过点 D 的切线上.

43.3 证法1　如图 43.8 所示,在 BC 上取点 P,使 $BP = BF$,连接 BI、PI.
因 $BF + DI = BD$,故 $DI = DP$.
因 I 为 $\triangle ABC$ 的内心,故 BI 平分 $\angle ABC$.

将△ABC的内角简化为∠A、∠B、∠C.由角平分线的对称性得∠DIP = ∠DPI = ∠AFI = ∠B + $\frac{1}{2}$∠C.

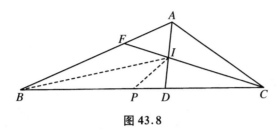

图 43.8

由∠IDC = ∠DIP + ∠DPI 得∠B + $\frac{1}{2}$∠A = 2∠B + ∠C.

因此∠A = 120°.

证法 2 设 $BC = a, CA = b, AB = c, AD = t$.

由三角形角平分线定理得

$$BD = \frac{ac}{b+c}, \quad BF = \frac{ac}{a+b}, \quad DI = \frac{at}{a+b+c}$$

因 $BD - BF = DI$,故

$$\frac{ac}{b+c} - \frac{ac}{a+b} = \frac{at}{a+b+c} \quad \Rightarrow \quad t = \frac{c(a-c)(a+b+c)}{(a+b)(b+c)}$$

由斯古登定理得

$$t^2 = bc - BD \cdot CD = bc - \frac{a^2 bc}{(b+c)^2} = \frac{bc(b+c-a)(a+b+c)}{(b+c)^2}$$

于是

$$\frac{c^2(a-c)^2(a+b+c)^2}{(a+b)^2(b+c)^2} = \frac{bc(b+c-a)(a+b+c)}{(b+c)^2}$$

$$\Rightarrow \quad \frac{(a-c)^2}{(a+b)^2} = \frac{b^2 + bc - ab}{ac + bc + c^2}$$

$$\Rightarrow \quad \frac{2a+b-c}{(a+b)^2} = \frac{a+c-b}{ac+bc+c^2} \quad (\text{合比})$$

$$\Rightarrow \quad (b^2 + c^2 + bc - a^2)(a+b-c) = 0$$

$$\Rightarrow \quad a^2 = b^2 + c^2 + bc \quad (\text{因 } a+b-c > 0)$$

$$\Rightarrow \quad \angle BAC = 120°$$

43.4 如图 43.9 所示,设 PI 再次交⊙(PDE)于点 N,S 为⊙(PDE)的圆心,NS 交 BC 于点 T,连接线段如图所示.

因

$$\angle DPE = \angle DPI + \angle EPI = \angle DBI + \angle ECI$$
$$= \frac{1}{2}\angle ABC + \frac{1}{2}\angle ACB = 90° - \frac{1}{2}\angle A$$
$$= \angle ADE$$

故⊙(PDE)与 AB 切于点 D,从而 SD⊥AB.

又因∠DSN = 2∠DPN = 2∠DPI = 2∠DBI = ∠DBC,故 S、D、B、T 四点共圆.所以 NS⊥BC.

故 PI 平分 $\angle FPK$.

43.5 如图 43.10 所示,取 CP 的中点 L,连接 LM、LN.

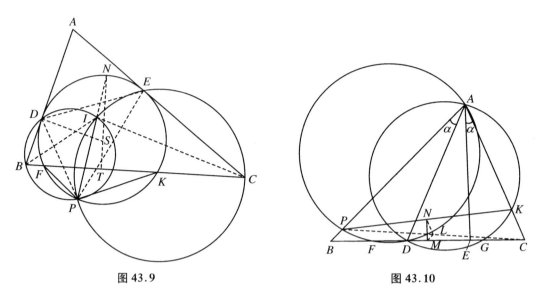

图 43.9　　　　　　　　图 43.10

则 $LM \underline{\underline{\parallel}} \dfrac{1}{2} BP, LN \underline{\underline{\parallel}} \dfrac{1}{2} CK$.

从而 $\angle MLN = 180° - A$($\angle BAC$ 简记为 A).

可设 $\angle BAD = \angle CAE = \alpha$,$\angle MNL = \beta$,则 $\angle NML = A - \beta$.

在 $\triangle LMN$ 中,由正弦定理得 $\dfrac{\sin(A-\beta)}{\sin \beta} = \dfrac{LN}{LM} = \dfrac{CK}{BP}$.

因 $CK \cdot AC = CG \cdot CD$,$BP \cdot AB = BF \cdot BD$,$CG = BF$,故 $\dfrac{CK}{BP} = \dfrac{CD}{BD} \cdot \dfrac{AB}{AC} = \dfrac{\sin(A-\alpha)}{\sin \alpha}$.

所以 $\dfrac{\sin(A-\beta)}{\sin \beta} = \dfrac{\sin(A-\alpha)}{\sin \alpha}$,因此 $\beta = \alpha$,即 $\angle LNM = \angle CAE$.

结合 $NL \parallel AC$ 得 $MN \parallel AE$.

平面几何测试题 44

44.1 如图 44.1 所示，$\triangle ABC$ 的外接圆为 Γ．点 D 为圆 Γ 的 $\overset{\frown}{BC}$（不含点 A）的中点．点 E、F 分别在边 AB、AC 上，点 P 在 EF 上，使得 $\dfrac{EP}{PF} = \dfrac{BE}{CF}$．求证：直线 BP、DF 的交点 K 在圆 Γ 上．

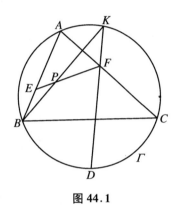

图 44.1

44.2 如图 44.2 所示，在 $\triangle ABC$ 中，$AB = AC$，内切圆半径为 r．$AD \perp BC$ 于点 D，$\triangle ABD$ 和 $\triangle ACD$ 的内切圆 $\odot I_1$ 和 $\odot I_2$ 的不同于 BC 的外公切线分别交 AB、AC 于点 E、F．求证：$EF = 2r$．

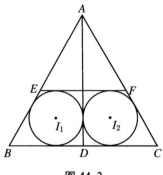

图 44.2

44.3 如图 44.3 所示，△ABC 的内切圆⊙I 与边 CA、AB 分别切于点 E、F. P 为 BC 的中点. 过 P 作⊙I 的不同于 BC 的切线，交直线 EF 于点 K. 求证：PI⊥IK.

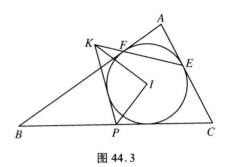

图 44.3

44.4 如图 44.4 所示,在 △ABC 中,AB<AC,角平分线 BE 与 CF 交于点 I. ID⊥BC 于点 D,DI 与 EF 交于点 K. 求证:∠A = 90°⇔FK = KE.

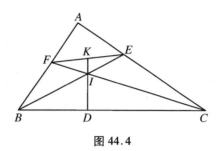

图 44.4

44.5 如图 44.5 所示,在 $\triangle ABC$ 中,I 为内心,点 D、E 分别在边 AB、AC 上,$AD = AE$.$\odot(BDI)$ 与 $\odot(CEI)$ 相交于点 I、P.求证:$\dfrac{BD}{CE} = \dfrac{BP}{CP}$.

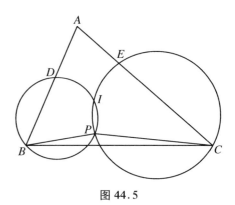

图 44.5

参考答案

44.1 如图 44.6 所示,连接 AD、BD、CD.

因 D 为 $\overset{\frown}{BC}$ 的中点,故 $BD = CD$.

可把 $\triangle DCF$ 绕点 D 逆时针旋转 $\angle CDB$ 至 $\triangle DBN$ 位置,连接 FN.

因 $\angle ABD + \angle DBN = \angle ABD + \angle DCF = 180°$,故 A、B、N 三点共线.

因 $\dfrac{EP}{PF} = \dfrac{BE}{CF} = \dfrac{BE}{BN}$,故 $PB \parallel FN$.

因 $\angle CFD = \angle BND$,故 D、F、A、N 四点共圆.

因此 $\angle BKD = \angle NFD = \angle BAD$,所以点 K 在圆 Γ 上.

44.2 如图 44.7 所示,设 $\odot I_1$ 与 BC、EF 分别切于点 M、N,AD 与 EF 交于点 K.

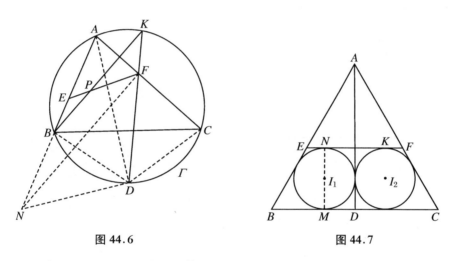

图 44.6　　　　　　图 44.7

在 $\triangle ABC$ 中,因 $AB = AC$,故 $EF \parallel BC$,K 为 EF 的中点.

于是 $AK = AD - DK = AD - 2DM = AD - (AD + BD - AB) = AB - BD$,所以 $\dfrac{EK}{BD} = \dfrac{AK}{AD} = \dfrac{AB - BD}{AD}$,故 $EK = \dfrac{(AB - BD) \cdot BD}{AD}$.

又因为 $r = \dfrac{2S_{\triangle ABC}}{AB + AC + BC} = \dfrac{BD \cdot AD}{AB + BD}$,在 Rt$\triangle ABD$ 中,$AD^2 + BD^2 = AB^2$,故 $\dfrac{AB - BD}{AD} = \dfrac{AD}{AB + BD}$,所以 $EK = r$.

从而 $EF = 2r$.

注 把条件 $AB = AC$ 改为 $\angle BAC = 90°$,结论仍成立.我们自然而然地会考虑其逆命题.

逆命题:在 $\triangle ABC$ 中,$\angle B$、$\angle C$ 均为锐角,内切圆半径为 r,$AD \perp BC$ 于点 D,$\triangle ABD$ 和 $\triangle ACD$ 的内切圆 $\odot I_1$ 和 $\odot I_2$ 的不同于 BC 的外公切线分别交 AB、AC 于点 E、F,$EF = 2r$.试确定 $\triangle ABC$ 的形状.

答案是否为"$\triangle ABC$ 为等腰三角形($AB = AC$)或直角三角形($\angle BAC = 90°$)"?

44.3 如图 44.8 所示,设 CI、BI 分别交直线 EF 于点 M、N,连接 IF.

则 $\angle IMF = \angle AEF - \angle ECI = 90° - \dfrac{1}{2}\angle A - \dfrac{1}{2}\angle ACB = \angle IBF$. 故 I、F、M、B 四点共圆. 所以 $\angle BMC = \angle BFI = 90°$.

同理,$\angle BNC = 90°$.

从而 B、C、N、M 四点共圆,且其圆心为 P,记为 $\odot P$.

过点 I 作 PI 的垂线,交 $\odot P$ 于点 S、L,分别交直线 MN、BC 于点 K'、T.

则 $IS = IL$,由蝴蝶定理知 $IK' = IT$.

结合 $PI \perp K'T$,得 PI 平分 $\angle K'PT$.

因为 PT 为 $\odot I$ 的切线,所以 PK' 也为 $\odot I$ 的切线. 故点 K' 与 K 重合.

所以 $PI \perp IK$.

44.4 先证:若 $\angle A = 90°$,则 $FK = KE$.

如图 44.9 所示,在 BC 上取点 M、N,使 $BM = BF$,$CN = CE$,连接 AI、FM、IM、EN、IN,作 $EP \parallel IF$,交 IK 的延长线于点 P.

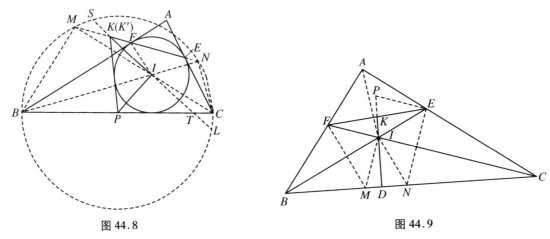

图 44.8　　　　　图 44.9

因 BI 平分 $\angle ABC$,CI 平分 $\angle ACB$,故点 M、F 关于 BI 对称,点 N、E 关于 CI 对称.

因 $\angle A = 90°$,故 $\angle BIF = \angle CIE = 45°$,从而 $\angle BIM = \angle CIN = 45° = \angle MIN$.

所以 $\angle PEI = \angle BIF = 45° = \angle MIN$.

又因为 $IE = IN$,$\angle EIP = 90° - \angle DIN = \angle INM$,所以 $\triangle EPI \cong \triangle IMN$. 故 $PE = IM = IF$.

结合 $EP \parallel IF$ 得 $FK = KE$.

再证:若 $FK = KE$,则 $\angle A = 90°$.

$$FK = KE \Rightarrow IF\sin\angle FIK = IE\sin\angle EIK$$

$$\Rightarrow \dfrac{IF}{IE} = \dfrac{\sin\left(90° - \dfrac{B}{2}\right)}{\sin\left(90° - \dfrac{C}{2}\right)} = \dfrac{\cos\dfrac{B}{2}}{\cos\dfrac{C}{2}}$$

在 $\triangle AIF$ 中,$\dfrac{IF}{\sin\dfrac{A}{2}} = \dfrac{AI}{\sin\left(B + \dfrac{C}{2}\right)}$;

在 $\triangle AIE$ 中,$\dfrac{IE}{\sin\dfrac{A}{2}} = \dfrac{AI}{\sin\left(\dfrac{B}{2} + C\right)}$.

所以 $\dfrac{IF}{IE} = \dfrac{\sin\left(\dfrac{B}{2}+C\right)}{\sin\left(B+\dfrac{C}{2}\right)}$,故

$$\dfrac{\cos\dfrac{B}{2}}{\cos\dfrac{C}{2}} = \dfrac{\sin\left(\dfrac{B}{2}+C\right)}{\sin\left(B+\dfrac{C}{2}\right)}$$

$$\Rightarrow \sin\left(B+\dfrac{C}{2}\right)\cos\dfrac{B}{2} = \sin\left(\dfrac{B}{2}+C\right)\cos\dfrac{C}{2}$$

$$\Rightarrow \sin\left(\dfrac{3B}{2}+\dfrac{C}{2}\right) + \sin\left(\dfrac{B}{2}+\dfrac{C}{2}\right) = \sin\left(\dfrac{B}{2}+\dfrac{3C}{2}\right) + \sin\left(\dfrac{C}{2}+\dfrac{B}{2}\right)$$

$$\Rightarrow \cos(B+C)\sin\left(\dfrac{B}{2}-\dfrac{C}{2}\right) = 0$$

因 $\angle B \neq \angle C$,故 $\sin\left(\dfrac{B}{2}-\dfrac{C}{2}\right) \neq 0$.所以 $\cos(B+C)=0$,故 $\angle A = 90°$.

综上所述:$\angle A = 90° \Leftrightarrow FK = KE$.

44.5 如图 44.10 所示,BP、CP 与 $\odot(PDE)$ 的第二个交点分别为 F、K.直线 PI 交 $\odot(PDE)$ 于点 P、N,设 $\odot(PDE)$ 的圆心为 S,NS 交 BC 于点 T.连接线段如图所示.

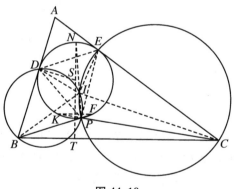

图 44.10

因

$$\angle DPE = \angle DPI + \angle EPI = \angle DBI + \angle ECI$$
$$= \dfrac{1}{2}\angle ABC + \dfrac{1}{2}\angle ACB = 90° - \dfrac{1}{2}\angle A$$
$$= \angle ADE = \angle AED$$

故 AB、AC 分别与 $\odot(PDE)$ 切于点 D、E.从而 $SD \perp AB$.

又因 $\angle DSN = 2\angle DPN = 2\angle DPI = 2\angle DBI = \angle DBC$,故 S、D、B、T 四点共圆.所以 $NS \perp BC$.

因为 $\angle KPI = \angle IEC = \angle IDB = \angle FPI$,所以 $\overset{\frown}{NK} = \overset{\frown}{NF}$,因此 $NS \perp KF$.

故 $KF \parallel BC$.

可设 $\dfrac{BF}{BP} = \dfrac{CK}{CP} = n$.

由切割线定理得 $BD^2 = BP \cdot BF = n \cdot BP^2$,$CE^2 = CP \cdot CK = n \cdot CP^2$,故 $\dfrac{BD}{CE} = \dfrac{BP}{CP}$.

平面几何测试题 45

45.1 如图 45.1 所示,在圆内接四边形 $ABCD$ 中,过点 B、C 的圆 φ 交直线 AD 于点 E、F. $\angle BEF$ 的平分线交圆 φ 于点 G(不同于 E),$\angle CFE$ 的平分线交圆 φ 于点 H(不同于 F). 直线 GH 分别交 AB、DC 于点 M、N. 求证:$\angle AMN = \angle DNM$.

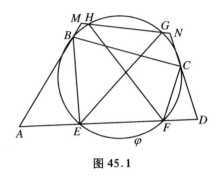

图 45.1

45.2 如图 45.2 所示,四边形 $ABCD$ 内接于 $\odot O$,对角线 AC 与 BD 交于点 E. $\triangle ABE$、$\triangle CDE$ 的外心分别为 O_1、O_2,$\odot O_1$ 与 $\odot O_2$ 交于点 E、F. 直线 OF 交 $\odot O$ 于点 G、H,点 G、O_1 在直线 OE 的同侧. 求证:GO_1、HO_2、OE 三线共点.

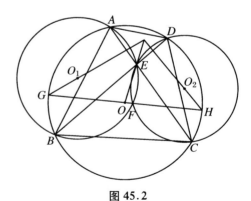

图 45.2

45.3 如图 45.3 所示,在△ABC 中,AD 平分∠BAC,BE⊥AD 于点 E. 点 M、F 分别为 AB、DE 的中点,FP⊥AC 于点 P. 作 DK∥EP,交直线 BA 于点 K. 求证:MF⊥FK.

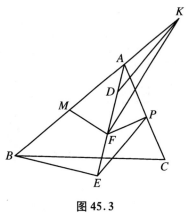

图 45.3

45.4 如图 45.4 所示,在 $\triangle ABC$ 中,角平分线 BE 与 CF 交于点 I, $ID \perp BC$ 于点 D. 求证: $\angle BAC = 120° \Leftrightarrow \angle EDF = 90°$.

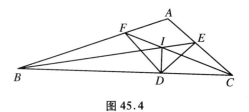

图 45.4

45.5 如图45.5所示,在△ABC中,I为内心,AD⊥BC于点D,点P在边BC上(不同于点B、C).⊙(ABP)与⊙(IBC)交于点B、E,⊙(ACP)与⊙(IBC)交于点C、F.直线BF、CE交于点K.求证:∠PAK = ∠DAI.

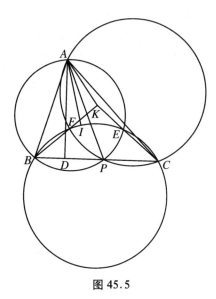

图45.5

参 考 答 案

45.1 如图 45.6 所示(图形画得不相同时,证明过程类似),设直线 AB、DC 与圆 φ 的另一交点分别为 K、T,连接 KT.

因 $\overparen{FG} = \overparen{BG}$,故

$$\angle AMN \stackrel{m}{=} \frac{1}{2}(\overparen{KEG} - \overparen{BH})$$
$$= \frac{1}{2}(\overparen{KE} + \overparen{EF} + \overparen{FG} - \overparen{BH})$$
$$= \frac{1}{2}(\overparen{KE} + \overparen{EF} + \overparen{BG} - \overparen{BH})$$
$$= \frac{1}{2}(\overparen{KE} + \overparen{EF} + \overparen{HG})$$

因 $\overparen{EH} = \overparen{CH}$,故

$$\angle DNM \stackrel{m}{=} \frac{1}{2}(\overparen{CFH} - \overparen{TG})$$
$$= \frac{1}{2}(\overparen{CF} + \overparen{EF} + \overparen{EH} - \overparen{TG})$$
$$= \frac{1}{2}(\overparen{CF} + \overparen{EF} + \overparen{CH} - \overparen{TG})$$
$$= \frac{1}{2}(\overparen{CF} + \overparen{EF} + \overparen{HG} + \overparen{CT})$$
$$= \frac{1}{2}(\overparen{TCF} + \overparen{EF} + \overparen{HG})$$

又因 $\angle KTC = \angle KBC = 180° - \angle ADC$,故 $KT \parallel AD$,所以 $\overparen{KE} = \overparen{TCF}$.
故 $\angle AMN = \angle DNM$.

45.2 如图 45.7 所示,连接 OO_1、OO_2、O_1O_2、O_1E、O_2E、EF.

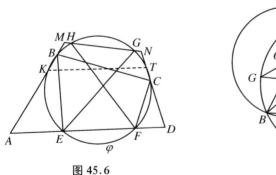

图 45.6

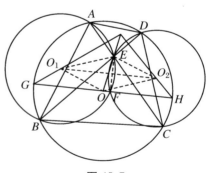

图 45.7

则 $\angle O_1EB = 90° - \angle BAE = 90° - \angle EDC$,故 $O_1E \perp CD$.
又因为 $OO_2 \perp CD$,所以 $O_1E \parallel OO_2$.
同理,$O_2E \parallel OO_1$.
则四边形 OO_1EO_2 为平行四边形.从而 O_1O_2 平分 EO.

又因为 O_1O_2 垂直平分 EF，所以 $O_1O_2 \parallel GH$.

又因 EO 平分 O_1O_2，也平分 GH，故 GO_1、HO_2、OE 三线共点.

45.3 如图 45.8 所示，设直线 BF、KF 分别与直线 EP 交于点 T、N. 连接 AT.

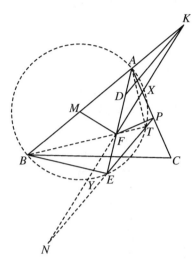

图 45.8

因 $\angle BAE = \angle FAP$，故 $\text{Rt}\triangle ABE \backsim \text{Rt}\triangle AFP$，从而 $\dfrac{AB}{AF} = \dfrac{AE}{AP}$. 所以 $\triangle ABF \backsim \triangle AEP$. 因此 $\angle ABT = \angle AET$. 故 A、B、E、T 四点共圆，M 为其圆心，记为 $\odot M$.

设直线 KN 交 $\odot M$ 于点 X、Y.

因 $DK \parallel EN$，$FD = FE$，故 $FK = FN$.

对 $\odot M$，由蝴蝶定理的逆定理知 $FX = FY$.

所以 $MF \perp XY$，即 $MF \perp FK$.

45.4 先证明：若 $\angle BAC = 120°$，则 $\angle EDF = 90°$.

如图 45.9 所示，在 BC 上取点 N、M，使 $BN = BF$，$CM = CE$，连接 FN、IN、EM、IM.

因 BE 平分 $\angle ABC$，CF 平分 $\angle ACB$，故点 F、N 关于 BI 对称，点 E、M 关于 CI 对称.

因 $\angle BAC = 120°$，故 $\angle BIF = \angle CIE = 30°$，从而 $\triangle IFN$、$\triangle IEM$ 均为正三角形，$\angle NIM = 90°$.

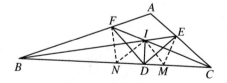

图 45.9

于是 $\angle FID = \angle EMD$，且 $\dfrac{IF}{EM} = \dfrac{IN}{IM} = \dfrac{ID}{MD}$，所以 $\triangle IDF \backsim \triangle MDE$.

故 $\angle IDF = \angle MDE$，因此 $\angle EDF = \angle MDI = 90°$.

再证明：若 $\angle EDF = 90°$，则 $\angle BAC = 120°$.

因 $\angle EIF = \angle IED + \angle IFD + \angle EDF$，即 $90° + \dfrac{1}{2}\angle A = \angle IED + \angle IFD + 90°$，故 $\angle IED < \dfrac{1}{2}\angle A$. 从而

$$\angle CDE = \angle IED + \angle IBD < \dfrac{1}{2}\angle A + \dfrac{1}{2}\angle B$$

$$\angle CED = \angle CEB - \angle IED > \angle A + \frac{1}{2}\angle B - \frac{1}{2}\angle A = \frac{1}{2}\angle A + \frac{1}{2}\angle B$$

所以$\angle CED > \angle CDE$,故$CD > CE$.可在CD上截取$CM = CE$,连接IM、EM.

同理,可在BD上截取$BN = BF$,连接IN、FN.

则$IM = IE$,$IF = IN$,$\angle EIM = \angle FIN$.

所以$\triangle IME \backsim \triangle INF$,因此

$$\frac{EM}{FN} = \frac{IM}{IN} \qquad \text{①}$$

因$\angle EDM = 90° - \angle IDE = \angle FDI$,$\angle EMD = 90° + \frac{1}{2}\angle C = \angle FID$,故$\triangle MDE \backsim \triangle IDF$,因此

$$\frac{DM}{ID} = \frac{EM}{IF} \qquad \text{②}$$

同理,

$$\frac{DN}{ID} = \frac{FN}{IE} \qquad \text{③}$$

②:③,并利用式①得$\frac{DM}{DN} = \frac{EM}{FN} \cdot \frac{IE}{IF} = \frac{IM^2}{IN^2}$,所以

$$\frac{DM - DN}{DN} = \frac{IM^2 - IN^2}{IN^2} = \frac{DM^2 - DN^2}{IN^2} = \frac{(DM - DN) \cdot MN}{IN^2}$$

故$DM = DN$或$IN^2 = DN \cdot MN$.

当$DM = DN$时,$IM = IN$.

从而$AB = AC$,A、I、D三点共线.结合$\angle EDF = 90°$,易证$\angle BAC = 120°$.

当$IN^2 = DN \cdot MN$时,$\angle NIM = 90°$.

则$\angle MIC = \angle EIC = \angle FIB = \angle NIB = 30°$.由此可知$\angle BAC = 120°$.

所以,若$\angle EDF = 90°$,则$\angle BAC = 120°$.

45.5 如图 45.10 所示,延长AI,交BC于点T,设$\triangle ATP$的外心K'在$\triangle ATP$外面(在形内时,证明过程类似),线段BK'与$\odot(K'TP)$交于点F'(不同于K').连接线段如图所示.$\triangle ABC$的三内角简记为$\angle A$、$\angle B$、$\angle C$.

因K'、F'、T、P四点共圆,$K'T = K'P$,故$\angle K'F'T = \angle K'PC = \angle K'TB$,从而$\triangle K'TF' \backsim \triangle K'BT$.

因此$K'F' \cdot K'B = K'T^2 = K'A^2$,故$\triangle K'AF' \backsim \triangle K'BA$,所以$\angle AF'K' = \angle BAK'$,于是

$$\angle AF'P = \angle AF'K' + \angle K'F'P$$
$$= \angle BAK' + \angle K'TP$$
$$= \angle BAK' + 90° - \angle TAP$$
$$= 90° + \angle BAT + \angle PAK'$$
$$= 90° + \angle CAT + 90° - \angle ATB$$
$$= 180° - \angle C$$

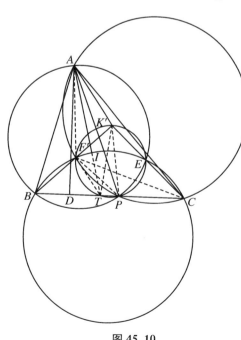

图 45.10

所以点 F' 在 $\odot(ACP)$ 上．

又因
$$\angle K'F'C = \angle AF'C - \angle AF'K' = \angle APC - \angle BAK'$$
$$= \angle B + \angle BAP - \angle BAK' = \angle B - \angle PAK'$$
$$= \angle B - (90° - \angle ATB) = 90° - \frac{1}{2}\angle A$$

故 $\angle BF'C = 90° + \frac{1}{2}\angle A = \angle BIC$，所以点 F' 在 $\odot(IBC)$ 上．

故点 F' 是 $\odot(ACP)$ 与 $\odot(IBC)$ 除点 C 外的第二个交点．

于是点 F' 与 F 重合，即 B、F、K' 三点共线．

同理，C、E、K' 三点共线．

所以点 K' 与 K 重合．

故 $\angle PAK = 90° - \angle ATB = \angle DAI$．

平面几何测试题 46

46.1 如图 46.1 所示,点 D、E 均在 $\triangle ABC$ 的外接圆的 $\overset{\frown}{BC}$(不含点 A)上,使得 $\angle BAD = \angle CAE$. 求证:$AD \cdot AE = AB \cdot AC + BD \cdot CD$.

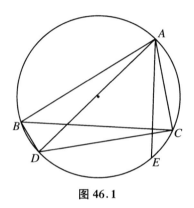

图 46.1

46.2 如图 46.2 所示,在 $\triangle ABC$ 中,P 为高线 AD 上不同于 A 的一点. 作 $PE \perp PB$,交直线 AC 于点 E(不同于 C);作 $PF \perp PC$,交直线 AB 于点 F. 求证:$EF \parallel BC$.

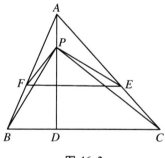

图 46.2

46.3 如图 46.3 所示,在 $\triangle ABC$ 中,$AD \perp BC$ 于点 D.$\triangle ABC$ 的外接圆为 $\odot O$.P 为 $\triangle ABC$ 内一点,以 P 为圆心、PA 长为半径的 $\odot P$ 交 $\odot O$ 于点 $E(E \neq A)$,交 AD 于点 $F(F \neq A)$.直线 EF 与 $\odot O$ 交于点 $K(K \neq E)$.点 X 是 AF 的中点,XK 交 BC 于点 M,作 $MT \perp BC$,交 AK 于点 T.求证:$\angle PAC = \angle TAB$,且 $\angle PCA = \angle TCB$.

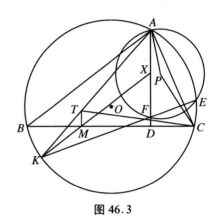

图 46.3

46.4 如图 46.4 所示,在△ABC 中,BC>AB>AC. I 为内心,AI、BI、CI 分别与边 BC、CA、AB 交于点 D、E、F,IP⊥BC 于点 P. 已知 D、P、E、F 四点共圆. 求证:∠BAC=120°.

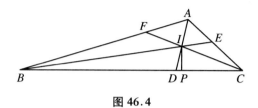

图 46.4

46.5 如图 46.5 所示,线段 AB 为圆 ε 的弦,圆 ε 上的点 C、D 位于直线 AB 的同侧. 作 $EF \parallel AB$,分别交 AC、BD 于点 E、F. BE 交圆 ε 过点 A 的切线于点 M,AF 交圆 ε 过点 B 的切线于点 N,点 M、N 在直线 AB 的同侧. 求证:$\angle ADM = \angle BCN$.

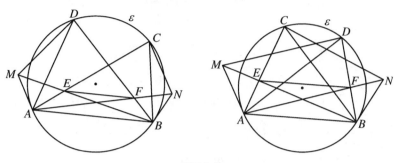

图 46.5

参 考 答 案

46.1 如图 46.6 所示,设 AD 与 BC 交于点 F,连接 BE、CE.

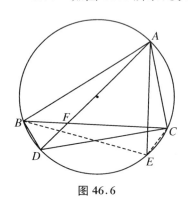

图 46.6

因 $\angle BAD = \angle CAE$,$\angle ABF = \angle AEC$,故 $\triangle ABF \backsim \triangle AEC$,因此 $\dfrac{AB}{AE} = \dfrac{AF}{AC}$,所以

$$AE \cdot AF = AB \cdot AC \qquad \textcircled{1}$$

因 $\angle BDF = \angle BEA$,由 $\angle BAD = \angle CAE$ 得 $\angle DBF = \angle DAC = \angle BAE$,且 $BE = CD$,故 $\triangle BFD \backsim \triangle ABE$,所以 $\dfrac{BD}{AE} = \dfrac{DF}{BE} = \dfrac{DF}{CD}$,因此

$$AE \cdot DF = BD \cdot CD \qquad \textcircled{2}$$

①+②得 $AD \cdot AE = AB \cdot AC + BD \cdot CD$.

46.2 **证法 1** 如图 46.7 所示,设 H 为 $\triangle ABC$ 的垂心,作 $PN /\!/ AB$,交 BC 于点 N;$PM /\!/ AC$,交 BC 于点 M,直线 HN 与 AB 交于点 R,HM 与 AC 交于点 S. 连接 HC、RS.

则 $CH \perp PN$. 又因 $PD \perp NC$,故 H 也是 $\triangle PNC$ 的垂心,$NH \perp PC$.

因为 $PF \perp PC$,所以 $NH /\!/ PF$.

同理,$MH /\!/ PE$.

所以 $\dfrac{AF}{FR} = \dfrac{AP}{PH} = \dfrac{AE}{ES}$,因此 $EF /\!/ RS$.

又因为 $\dfrac{HN}{NR} = \dfrac{HP}{PA} = \dfrac{HM}{MS}$,所以 $BC /\!/ RS$.

故 $EF /\!/ BC$.

证法 2 如图 46.8 所示,延长 PF、PE,分别交直线 BC 于点 M、N.

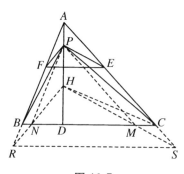

图 46.7　　　　图 46.8

由梅涅劳斯定理得

$$\dfrac{MF}{FP} \cdot \dfrac{PA}{AD} \cdot \dfrac{DB}{BM} = 1 = \dfrac{NE}{EP} \cdot \dfrac{PA}{AD} \cdot \dfrac{DC}{CN} \qquad \textcircled{1}$$

由射影定理得 $DM \cdot DC = PD^2 = DB \cdot DN$. 故 $\dfrac{DB}{DM} = \dfrac{DC}{DN}$,因此

$$\dfrac{DB}{BM} = \dfrac{DC}{CN} \quad (\text{分比定理}) \qquad \textcircled{2}$$

将式②代入式①得 $\dfrac{MF}{FP} = \dfrac{NE}{EP}$,所以 $EF \parallel BC$.

46.3 因点 P、O 分别为 $\triangle AEF$、$\triangle ACK$ 的外心,故 $\angle PAF = 90° - \angle AEF = 90° - \angle ACK = \angle OAK$.

又因 $\angle DAC = \angle OAB$,故 $\angle PAC = \angle TAB$.

延长 AP,交 $\odot O$ 于点 J,作 $\angle ACP' = \angle BCT$,$\angle ACP'$ 的边 CP' 交 AJ 于点 P',延长 TM,交 EK 于点 N,EK 与 BC 交于点 L,连接线段如图 46.9 所示.

因 $\angle P'AC = \angle TAB = \angle BCK$,故 $\angle CP'J = \angle TCK$.

又因为 $\angle CJP' = \angle CKT$,所以 $\triangle CP'J \sim \triangle TCK$,因此

$$\dfrac{P'J}{CK} = \dfrac{CJ}{TK} \quad \text{①}$$

因 $\angle CEJ = \angle CAJ = \angle BAK = \angle LCK$,$\angle CJE = \angle CKL$,故 $\triangle CEJ \sim \triangle LCK$,所以

$$\dfrac{EJ}{CK} = \dfrac{CJ}{LK} \quad \text{②}$$

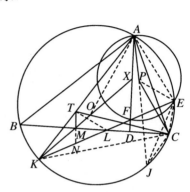

图 46.9

①÷② 得 $\dfrac{P'J}{EJ} = \dfrac{LK}{TK}$.

又因为 $\angle P'JE = \angle LKT$,所以 $\triangle EP'J \sim \triangle TLK$,故 $\angle EP'J = \angle TLK$.

由 $TN \parallel AD$,$AX = XF$ 知 $TM = MN$. 从而 LM 平分 $\angle TLK$.

又因为 $\angle MLN = \angle LKC + \angle LCK = \angle EAC + \angle P'AC = \angle P'AE$,所以 $\angle EP'J = \angle TLK = 2\angle MLN = 2\angle P'AE$,故 $\angle P'AE = \angle P'EA$,因此点 P' 在 AE 的中垂线上.

因点 P 在 AE 的中垂线上,AE 的中垂线与 AJ 只有一个交点,故点 P' 与 P 重合.

所以 $\angle PCA = \angle TCB$.

46.4 如图 46.10 所示,因 $AB > AC$,故可设 $\angle BAC$ 的外角平分线交 BC 的延长线于点 X,AD 与 EF 交于点 R.

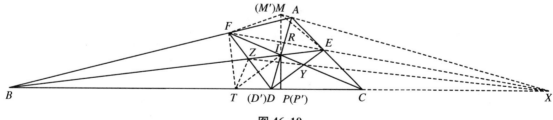

图 46.10

易证 X、E、F 三点共线.

设 PI 交 XA 于点 M,则 $\angle MAD = 90° = \angle MPD$,故 A、M、D、P 四点共圆.

又因 D、P、E、F 四点共圆,故 $XA \cdot XM = XP \cdot XD = XE \cdot XF$,所以 A、M、F、E 四点共圆.

设 $\odot(AFD)$ 交 CF 于点 F、Y,$\odot(AED)$ 交 BE 于点 E、Z.

则 $IY \cdot IF = IA \cdot ID = IZ \cdot IE$,$IA \cdot ID = IP \cdot IM$,所以 E、F、Z、Y 四点共圆,且 M、Y、P、F、M、Z、P、E 分别四点共圆.

于是 $\angle ZPD = \angle MPD - \angle MPZ = 90° - \angle MEZ$.

因$\angle MEF = \angle MAF = \angle XAE = \angle MFE$,故点 M 在 EF 的中垂线上,因此$\angle DAF = \frac{1}{2}\angle FAE = \frac{1}{2}\angle FME = 90° - \angle MEF$,所以$\angle ZYD = \angle FYD - \angle FYZ = \angle DAF - \angle FEZ = 90° - \angle MEF - \angle FEZ = 90° - \angle MEZ$.

故$\angle ZPD = \angle ZYD$,因此 D、P、Y、Z 四点共圆.

对$\odot(DPYZ)$、$\odot(DPEF)$、$\odot(EFZY)$,由根心定理得 X、Y、Z 三点共线.

因 F、R、E、X 为调和点列,对$\triangle IEF$ 及其截线 XYZ,由梅涅劳斯定理得
$$1 = \frac{IY}{YF} \cdot \frac{FX}{XE} \cdot \frac{EZ}{ZI} = \frac{IY}{YF} \cdot \frac{FR}{RE} \cdot \frac{EZ}{ZI}$$

对$\triangle IEF$,由塞瓦定理的逆定理得 EY、FZ、AI 三线共点,记此点为 D'.

作 $IP' \perp XD'$ 于点 P',IP' 交 XA 于点 M'.

则点 M' 为$\triangle D'IX$ 的垂心.

对圆内接四边形 $EFZY$,由熟知结论知$\triangle D'IX$ 的垂心 M' 即为$\odot(EFZY)$的圆心.所以点 M' 在 EF 的中垂线上.

又因点 M 在 EF 的中垂线上,EF 的中垂线与直线 XA 只有一个交点,故点 M' 与 M 重合.

从而点 P' 与 P 重合,点 D' 与 D 重合.

即 E、Y、D,F、Z、D 分别三点共线.

取点 F 关于 BI 的对称点 T,因 $BC > AB$,故点 T 在线段 BD 上.连接 TF、TZ、TI.

从而$\angle DTF = 90° + \frac{1}{2}\angle ABC = \angle DIF$.

又因$\angle ZTF = 90° - \angle TZB = 90° - \angle FZB = 90° - \frac{1}{2}\angle FME = 90° - \frac{1}{2}\angle FAE = \angle ZIF$,故$\angle DTZ = \angle DIZ$.

所以$\frac{TD\sin\angle DTZ}{TF\sin\angle ZTF} = \frac{DZ}{ZF} = \frac{ID\sin\angle DIZ}{IF\sin\angle ZIF}$,故$\frac{TD}{TF} = \frac{ID}{IF}$.

结合$\angle DTF = \angle DIF$ 得$\triangle TDF \backsim \triangle IDF$.这两个相似三角形有公共对应边 DF,所以$\triangle TDF \cong \triangle IDF$.故 $FT = IF = IT$,$\triangle ITF$ 为正三角形.

所以$\angle BIF = 30°$,因此$\angle BAC = 120°$.

46.5 如图 46.11 所示,设 BM 与 AD 交于点 T,AN 与 BC 交于点 K,AC 与 BD 交于点 P,$\angle ADM = \alpha$,$\angle BCN = \beta$,$\angle ADB = \angle ACB = \theta$.

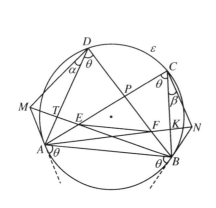 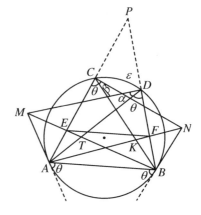

图 46.11

由梅涅劳斯定理得
$$\frac{AT}{TD} \cdot \frac{DB}{BP} \cdot \frac{PE}{EA} = 1 = \frac{BK}{KC} \cdot \frac{CA}{AP} \cdot \frac{PF}{FB}$$

又由 $EF // AB$ 得 $\frac{PE}{EA} = \frac{PF}{FB}$，所以
$$\frac{AT}{TD} \cdot \frac{DB}{BP} = \frac{BK}{KC} \cdot \frac{CA}{AP} \qquad ①$$

又因为
$$\frac{AT}{TD} = \frac{S_{\triangle ABM}}{S_{\triangle DBM}} = \frac{AB \cdot AM \sin\theta}{BD \cdot DM \sin(\theta + \alpha)}$$

$$\frac{BK}{KC} = \frac{S_{\triangle ABN}}{S_{\triangle ACN}} = \frac{AB \cdot BN \sin\theta}{AC \cdot CN \sin(\theta + \beta)}$$

所以

式① $\Rightarrow \dfrac{AM}{DM \cdot \sin(\theta + \alpha)} = \dfrac{BN \cdot BP}{CN \cdot AP \sin(\theta + \beta)}$

$\Rightarrow \dfrac{\sin\alpha}{\sin\angle PBA} \cdot \dfrac{1}{\sin(\theta + \alpha)} = \dfrac{\sin\beta \cdot \sin\angle PAB}{\sin\angle PAB \cdot \sin\angle PBA \cdot \sin(\theta + \beta)}$

$\Rightarrow \dfrac{\sin(\theta + \alpha)}{\sin\alpha} = \dfrac{\sin(\theta + \beta)}{\sin\beta}$

$\Rightarrow \alpha = \beta$

即 $\angle ADM = \angle BCN$.

平面几何测试题 47

47.1 如图 47.1 所示,在菱形 $ABCD$ 中,$\angle BAD = 120°$.过点 C 的直线分别交 AB、AD 的延长线于点 E、F.ED 交 BC 于点 M,FB 交 CD 于点 N.求证:$\triangle AMN$ 为正三角形.

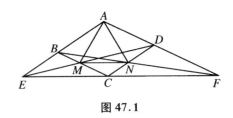

图 47.1

47.2 如图 47.2 所示,在 $\triangle ABC$ 中,点 P 为 BC 的中垂线上一点,以 P 为圆心、PA 的长为半径作 $\odot P$,$\odot P$ 与直线 AB、AC 的第二个交点分别为 D、E.$\odot(ADC)$、$\odot(AEB)$ 与直线 BC 的第二个交点分别为 F、K.求证:$BF = CK$.

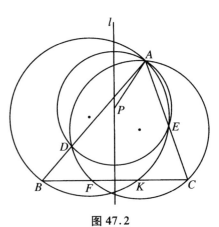

图 47.2

47.3 如图 47.3 所示,在△ABC 中,I 为内心,AI、BI、CI 分别与边 BC、CA、AB 交于点 D、E、F. IM⊥BC 于点 M,IN⊥CA 于点 N.已知∠BAC>∠ABC.求证:∠EMF>∠DNF.

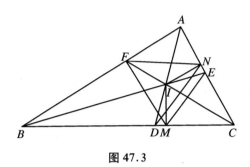

图 47.3

47.4 如图 47.4 所示,圆 Γ 为 $\triangle ABC$ 的外接圆.直线 DE 分别交 AB、AC 于点 D、E,分别交圆 Γ 的过点 B、C 的切线于点 F、G.直线 CD、BE 与圆 Γ 的第二个交点分别为 M、N.求证:直线 FM、GN 的交点在圆 Γ 上.

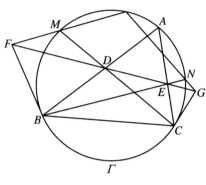

图 47.4

47.5 如图 47.5 所示,在△ABC 中,∠BAC = 60°,AB>AC,∠BAC 及其外角平分线分别交直线 BC 于点 D、E,⊙(ADE)与⊙(ABC)交于点 A、F,P 为 AF 的中点.求证:AE = EP.

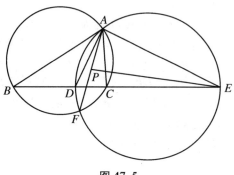

图 47.5

参 考 答 案

47.1 如图47.6所示,连接 AC.

则△ABC、△ACD 均为正三角形.

从而 $AB = AC$,$\angle ABM = 60° = \angle ACN$.

又因 $\dfrac{BM}{MC} = \dfrac{AD}{DF} = \dfrac{EC}{CF} = \dfrac{EB}{BA} = \dfrac{CN}{ND}$,故 $\dfrac{BM}{BC} = \dfrac{CN}{CD}$,因此 $BM = CN$.

所以△$ABM \cong$△ACN,于是 $AM = AN$,且$\angle BAM = \angle CAN$,因此$\angle MAN = \angle BAC = 60°$.故△$AMN$ 为正三角形.

47.2 如图47.7所示,连接 BP、CP.

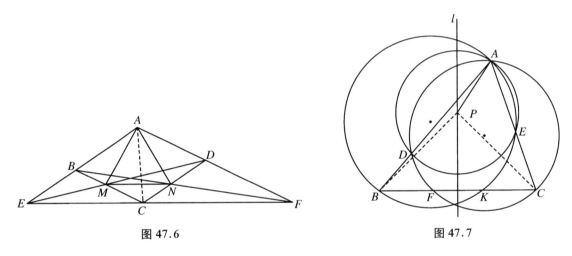

图 47.6　　　　　图 47.7

由圆幂定理得

$$BF \cdot BC = BD \cdot BA = BP^2 - PA^2$$
$$CK \cdot BC = CE \cdot CA = CP^2 - PA^2$$

又因为 P 在 BC 的中垂线上,所以 $BP = CP$,故 $BF = CK$.

47.3 如图47.8所示,作 $IK \perp AB$ 于点 K,连接 DK、EK.

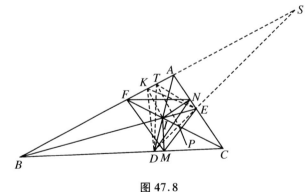

图 47.8

因 CF 平分$\angle ACB$,由对称性得$\angle IMF = \angle INF$.

要证$\angle EMF > \angle DNF$,只要证$\angle IME > \angle IND$.

因BE平分$\angle ABC$,AD平分$\angle BAC$,故$\angle IME = \angle IKE$,$\angle IND = \angle IKD$.

所以只要证明$\angle IKE > \angle IKD$.

因$\angle BAC > \angle ABC$,故可设BA、DE的延长线交于点S,DE与CI交于点P,作$PT \perp AB$于点T,连接TD、TE.

因$\angle CFA < \angle CFB$,$\angle CFA$为锐角,故点K、T均在射线KA上,且$FK < FT$.

显然,点D、P、E、S为调和点列,从而TD、TP、TE、TS为调和线束.

因为$PT \perp BS$,所以BS平分$\angle DTE$的外角.

所以$\angle BKD > \angle DTK = \angle ETS > \angle EKT$,因此$\angle IKE > \angle IKD$. 证毕.

47.4 如图47.9所示,设直线FG与BC交于点K(可能K为无穷远点),直线FM与圆Γ交于点M、T_1,直线GN与圆Γ交于点N、T_2. 只要证明T_1与T_2重合即可.

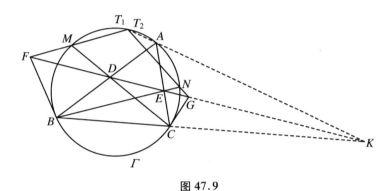

图47.9

对圆内接六边形$BBCMT_1A$,由帕斯卡定理得F、D、直线AT_1与BC的交点三点共线,即K、A、T_1三点共线.

对圆内接六边形$CCBNT_2A$,由帕斯卡定理得G、E、直线AT_2与BC的交点三点共线,即K、A、T_2三点共线.

因为直线KA与圆Γ的交点除点A外最多只有一个,所以点T_1与T_2重合. 证毕.

47.5 如图47.10所示,M为BC的中点,连接AM、BF、CF、DF、EF. $\triangle ABC$的三边简记为a、b、c.

由余弦定理得
$$a^2 = b^2 + c^2 - bc \qquad ①$$

因点A、F均在关于定点B、C及比值$\dfrac{AB}{AC}$的阿波罗尼斯圆上,故$\dfrac{BF}{CF} = \dfrac{c}{b}$,因此$BF \cdot b = CF \cdot c$,且$FD$平分$\angle BFC$.

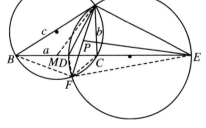

图47.10

从而四边形$ABFC$为调和四边形.

由调和四边形的性质得$\angle BAM = \angle CAF$.

又因为$\angle ABM = \angle AFC$,所以$\triangle ABM \sim \triangle AFC$,因此
$$AM \cdot AF = bc \qquad ②$$

由托勒密定理得

$$AF \cdot a = BF \cdot b + CF \cdot c = 2BF \cdot b = 2CF \cdot c$$

则 $BF = \dfrac{AF \cdot a}{2b}, CF = \dfrac{AF \cdot a}{2c}$. 因此

$$AE = EP \iff EF^2 = AE^2 + AF \cdot PF$$

$$\iff EF^2 - AE^2 = \dfrac{1}{2}AF^2$$

$$\iff AD^2 - FD^2 = \dfrac{1}{2}AF^2 \quad (因 \angle DAE = 90°)$$

由斯古登定理得

$$AD^2 - FD^2 = bc - BD \cdot CD - (BF \cdot CF - BD \cdot CD)$$

$$= bc - \dfrac{AF^2 \cdot a^2}{4bc}$$

$$= AF \cdot AM - \dfrac{AF^2 \cdot a^2}{4AF \cdot AM} \quad (利用式 ②)$$

$$= AF \cdot \dfrac{4AM^2 - a^2}{4AM}$$

$$= AF \cdot \dfrac{2(b^2 + c^2) - 2a^2}{4AM} \quad (利用三角形中线长公式)$$

$$= AF \cdot \dfrac{bc}{2AM} \quad (利用式 ①)$$

$$= \dfrac{1}{2}AF^2 \quad (利用式 ②)$$

证毕.

注 显然, $DP = DF$.

平面几何测试题 48

48.1 如图 48.1 所示,在 $\triangle ABC$ 中,$AB > AC$. 过 A 作 $\triangle ABC$ 的外接圆 $\odot O$ 的切线,交 BC 的延长线于点 D. 作 $DE \parallel AB$,交 AC 的延长线于点 E. 过 E 作 $\odot O$ 的两条切线,切点 F、K 分别在 $\overparen{BC}$、$\overparen{CA}$ 上. 直线 DF 交 $\odot O$ 于点 F、M,DK 交 $\odot O$ 于点 K、N. 求证:MN 为 $\odot O$ 的直径.

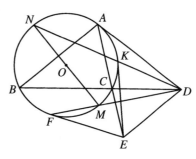

图 48.1

48.2 如图 48.2 所示,在 $\triangle ABC$ 中,点 D、E 分别在边 AB、AC 上. 直线 DE 与 $\odot(ABE)$、$\odot(ACD)$ 的第二个交点分别为 F、K,直线 DE 与 $\odot(ABC)$ 交于点 G、H. 求证:$FG = KH$.

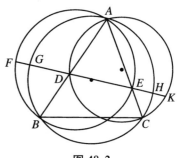

图 48.2

48.3 如图 48.3 所示,在 △ABC 中,点 D、E 均在 ∠BAC 内,∠BAD = ∠CAE. BD⊥AD 于点 D,BE⊥AE 于点 E,CF⊥AD 于点 F,CK⊥AE 于点 K. 直线 DE 与 FK 交于点 P. 求证:AP⊥BC.

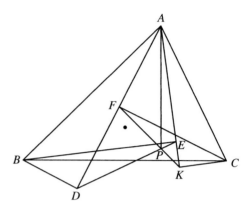

图 48.3

48.4 如图 48.4 所示,从⊙O 外一点 P 作⊙O 的两条割线 PAB、PDC($PA<PB$,$PD<PC$). AC 与 BD 交于点 E,PE 的延长线交⊙O 于点 F. T 为⊙O 的直径 FK 上一点,过 T 作 $MN \perp PF$,分别交 KB、KC 于点 M、N. 求证:$TM = TN$.

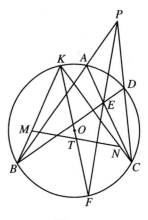

图 48.4

48.5 如图 48.5 所示，圆 Γ 为 $\triangle ABC$ 的外接圆．直线 FG 分别交 AB、AC 于点 D、E，分别交圆 Γ 的过点 B、C 的切线于点 F、G．设直线 CD、BE 与圆 Γ 的第二个交点分别为 M、N，FM 与 CA 交于点 Z，GN 与 AB 交于点 Y，BE 与 CD 交于点 X．求证：X、Y、Z 三点共线．

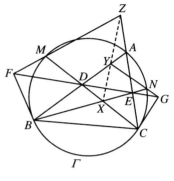

图 48.5

参 考 答 案

48.1 如图 48.6 所示,连接 AN、NB、CK、AK.

因 $\angle DAC = \angle DBA$,故 $\triangle DAC \backsim \triangle DBA$,所以 $\dfrac{DC}{DB} = \dfrac{S_{\triangle DAC}}{S_{\triangle DBA}} = \dfrac{AC^2}{AB^2}$.

同理,$\dfrac{EC}{EA} = \dfrac{CK^2}{AK^2}$.

因 $DE /\!/ AB$,故 $\dfrac{DC}{DB} = \dfrac{EC}{EA}$,所以

$$\dfrac{CK}{AK} = \dfrac{AC}{AB}$$ ①

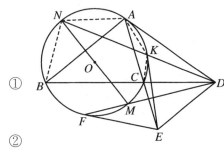

图 48.6

由 $\triangle DAK \backsim \triangle DNA$ 得

$$\dfrac{AK}{AN} = \dfrac{DA}{DN}$$ ②

由 $\triangle DCK \backsim \triangle DNB$ 得

$$\dfrac{BN}{CK} = \dfrac{DN}{DC}$$ ③

由 $\triangle DAC \backsim \triangle DBA$ 得

$$\dfrac{AC}{AB} = \dfrac{DC}{DA}$$ ④

①×②×③×④ 得 $AN = BN$,因此点 N 为 $\overset{\frown}{AB}$ 的中点.

类似可证点 M 为 $\overset{\frown}{ACB}$ 的中点.

故 MN 为 $\odot O$ 的直径.

48.2 由相交弦定理得

$$DG \cdot DH = DA \cdot DB = DE \cdot DF = DE \cdot DG + DE \cdot FG$$

$$\Rightarrow DG \cdot EH = DE \cdot FG$$ ①

$$EH \cdot EG = EA \cdot EC = ED \cdot EK = DE \cdot EH + DE \cdot HK$$

$$\Rightarrow EH \cdot DG = DE \cdot HK$$ ②

由式①、式② 得 $FG = HK$.

48.3 如图 48.7 所示,设 M、N 分别为 AB、AC 的中点,连接 MN.

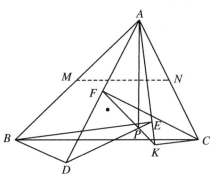

图 48.7

由四个垂直条件知 A、B、D、E、A、C、K、F 分别四点共圆,其圆心分别为 M、N,分别记为 $\odot M$、$\odot N$.

因为 $\angle BAD = \angle CAE$,所以 $\text{Rt}\triangle ABD \backsim \text{Rt}\triangle ACK$,$\text{Rt}\triangle ABE \backsim \text{Rt}\triangle ACF$.

所以 $\dfrac{AD}{AK} = \dfrac{AB}{AC} = \dfrac{AE}{AF}$,因此 $AF \cdot AD = AE \cdot AK$.

故 F、D、K、E 四点共圆. 所以 $PD \cdot PE = PK \cdot PF$,即点 P 对 $\odot M$、$\odot N$ 的幂相等.

故直线 AP 是 $\odot M$、$\odot N$ 的根轴,$AP \perp MN$.

因为 $MN \parallel BC$，所以 $AP \perp BC$.

48.4 如图 48.8 所示，设线段 PE 交 $\odot O$ 于点 G，$\odot O$ 的过点 B、C 的切线交于点 S，过 O 作 $OH \perp PF$ 于点 H，直线 OH 分别交 KB、KC 于点 X、Y，连接线段如图所示.

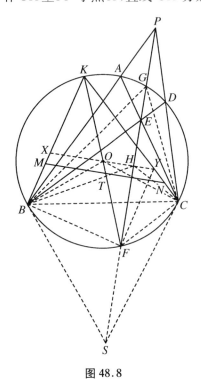

图 48.8

对圆内接六边形 $BBACCD$，由帕斯卡定理得 S、E、P 三点共线.

因 $OB \perp BS$，$OC \perp CS$，$OH \perp HS$，故 O、B、S、C、H 五点共圆.

又因 $BS = CS$，故 $\angle CHF = \angle BHF = \frac{1}{2}\angle BHC = \frac{1}{2}\angle BOC = \angle CGB$.

又因为 $\angle CFH = \angle CBG$，所以 $\triangle HFC \sim \triangle GBC$，于是 $\angle HCF = \angle GCB = \angle GFB$.

因 FK 为 $\odot O$ 的直径，故 $FC \perp CY$，$FB \perp BX$. 从而 F、H、Y、C，F、H、X、B 分别四点共圆.

所以 $\angle HYF = \angle HCF = \angle GFB = \angle KXH$，从而 $FY \parallel KX$.

结合 $FO = KO$ 得 $OX = OY$.

又因为 $XY \parallel MN$（都与 PF 垂直），所以 $TM = TN$.

48.5 如图 48.9 所示，设 XZ、XY 分别交直线 DE 于点 P_1、P_2，连接 BM、CN. 可设 $\angle GCN = \angle CBN = \alpha$，$\angle NCA = \angle NBA = \beta$，$\angle ACM = \angle ABM = \gamma$，$\angle MCB = \angle MBF = \theta$.

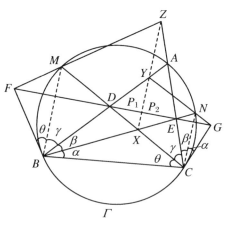

图 48.9

对 $\triangle CDE$、$\triangle BED$，由梅涅劳斯定理得

$$\frac{DP_1}{P_1E} \cdot \frac{EZ}{ZC} \cdot \frac{CX}{XD} = 1 = \frac{DP_2}{P_2E} \cdot \frac{EX}{XB} \cdot \frac{BY}{YD}$$

对 $\triangle ECD$、$\triangle CDA$、$\triangle EBA$、$\triangle BDE$，由梅涅劳斯定理得

$$\frac{EZ}{ZC} \cdot \frac{CM}{MD} \cdot \frac{DF}{FE} \cdot \frac{CX}{XD} \cdot \frac{DB}{BA} \cdot \frac{AE}{EC} = 1 \times 1 = \frac{EX}{XB} \cdot \frac{BD}{DA} \cdot \frac{AC}{CE} \cdot \frac{BY}{YD} \cdot \frac{DG}{GE} \cdot \frac{EN}{NB}$$

所以

X、Y、Z 三点共线

$\Leftrightarrow P_1 = P_2$

$\Leftrightarrow \dfrac{DP_1}{P_1 E} = \dfrac{DP_2}{P_2 E}$

$\Leftrightarrow \dfrac{CM}{MD} \cdot \dfrac{DF}{FE} \cdot \dfrac{DB}{BA} \cdot \dfrac{AE}{EC} = \dfrac{BD}{DA} \cdot \dfrac{AC}{CE} \cdot \dfrac{DG}{GE} \cdot \dfrac{EN}{NB}$

$\Leftrightarrow \dfrac{BC\sin(\alpha+\beta+\gamma)}{BD\sin\gamma} \cdot \dfrac{BD\sin(\gamma+\theta)}{BE\sin(\beta+\gamma+\theta)} \cdot \dfrac{CD\sin\theta}{AC\sin(\gamma+\theta)} \cdot \dfrac{AB\sin\beta}{BC\sin\alpha}$

$\quad = \dfrac{BC\sin\theta}{AC\sin\gamma} \cdot \dfrac{AB\sin(\alpha+\beta)}{BE\sin\alpha} \cdot \dfrac{CD\sin(\alpha+\beta+\gamma)}{CE\sin(\alpha+\beta)} \cdot \dfrac{CE\sin\beta}{BC\sin(\beta+\gamma+\theta)}$

$\Leftrightarrow 0 = 0$

证毕.

平面几何测试题 49

49.1 如图 49.1 所示,点 D、E 分别为 $\triangle ABC(AB>AC)$ 的外接圆的 $\overparen{BC}$、$\overparen{BAC}$ 的中点. 点 F 在 AB 上,$DF=DB$. P 为 AB 上一点,$\triangle APC$ 的内心为 I. 求证:(1) $AF \cdot BF = AE \cdot CF$;(2) C、I、P、F 四点共圆.

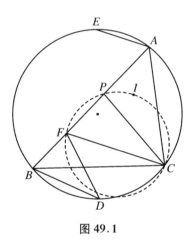

图 49.1

49.2 如图 49.2 所示,在 $\triangle ABC$ 中,点 D、E 分别在边 AB、AC 上,点 P、M、N 分别在线段 DE、AD、AE 上,满足 $\angle MPD = \angle ACP$,$\angle NPE = \angle ABP$. 直线 MN 与 $\triangle ABC$ 的外接圆交于点 X、Y. 求证:直线 DE 与 $\triangle PXY$ 的外接圆相切.

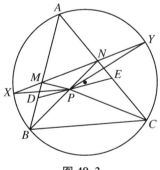

图 49.2

49.3 如图 49.3 所示,在△ABC 中,AB>AC,AD⊥BC 于点 D,E 为 BC 的中点,G 为重心,K 为 AE 的中点,GF⊥AD 于点 F.求证:直线 DG 与 FK 的交点在△ABC 的外接圆上.

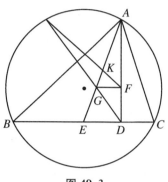

图 49.3

49.4 如图 49.4 所示，在 △ABC 中，一个圆交 BC 于点 M、N，与边 CA、AB 分别切于点 E、F．BE 与 CF 交于点 K，AN 与 EF 交于点 P．求证：P、K、M 三点共线．

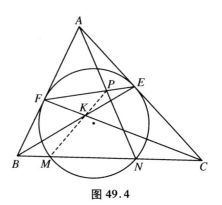

图 49.4

49.5 如图 49.5 所示,在梯形 $ABCD$ 中,$AD \parallel BC$,$AD < BC$. 点 E 使得 $AE \parallel CD$,$\angle ABE = \angle CBD$;点 F 使得 $DF \parallel AB$,$\angle DCF = \angle BCA$. 求证:$\angle BCE = \angle CBF$.

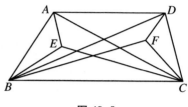

图 49.5

参 考 答 案

49.1 如图 49.6 所示,连接 CE、CD、CI、PI.

因 $DF = DB = DC$,故 D 为 $\triangle BCF$ 的外心,所以

$$\angle BFC = 180° - \frac{1}{2}\angle BDC = 180° - \frac{1}{2}(180° - \angle A)$$

$$= 90° + \frac{1}{2}\angle A = \angle EAC$$

又因为 $\angle FBC = \angle E$,所以 $\triangle BFC \sim \triangle EAC$,因此 $\dfrac{BF}{AE} = \dfrac{CF}{AC}$,故 $AE \cdot CF = AC \cdot BF$.

因为 $\angle ACF = \angle BFC - \angle A = 90° - \dfrac{1}{2}\angle A = \angle AFC$,所以 $AC = AF$.

故 $AE \cdot CF = AF \cdot BF$.

因为 $\angle PIC = 90° + \dfrac{1}{2}\angle A = \angle BFC$,所以 C、I、P、F 四点共圆.

49.2 如图 49.7 所示,延长 PM、PN,分别交 $\triangle PXY$ 的外接圆于 U、V. 连接 AU、AV.

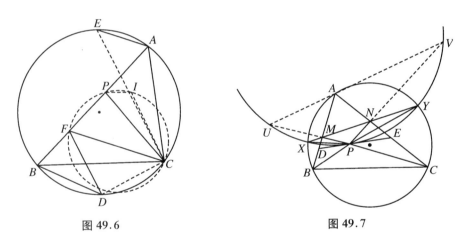

图 49.6　　　　　图 49.7

因为 $AM \cdot MB = XM \cdot MY = UM \cdot MP$,所以 A、P、B、U 四点共圆.

故 $\angle UAB = \angle UPB = \angle MPD + \angle DPB = \angle ECP + \angle DPB$.

同理,$\angle VAC = \angle DBP + \angle EPC$.

所以

$$\angle UAB + \angle VAC + \angle DAE = (\angle ECP + \angle EPC) + (\angle DBP + \angle DPB) + \angle DAE$$
$$= \angle AED + \angle ADE + \angle DAE = 180°$$

从而 U、A、V 三点共线.

所以 $\angle NPE = \angle ABP = \angle AUP = \angle VUP$. 因此直线 DE 与 $\triangle PXY$ 的外接圆相切.

49.3 如图 49.8 所示,取点 A 关于 BC 中垂线的对称点 P,则点 P 在 $\triangle ABC$ 的外接圆上.

取点 P 关于 BC 的对称点 T,连接 PT,则 A、E、T 三点共线,且 $AE = ET$.

设 DP、FP 分别交 AE 于点 G'、K'.

因 $AD \parallel PT$(都与 BC 垂直),故 $\dfrac{AG'}{G'T} = \dfrac{AD}{PT} = \dfrac{1}{2}$,从而 $\dfrac{AG'}{G'E} = 2$,故 G' 为 $\triangle ABC$ 的重心,G' 与 G 重合.

因为 $GF \parallel ED$,所以 $\dfrac{AF}{AD} = \dfrac{AG}{AE} = \dfrac{2}{3}$,故 $AF = \dfrac{2}{3}AD$.

从而 $\dfrac{AK'}{K'T} = \dfrac{AF}{PT} = \dfrac{\frac{2}{3}AD}{2AD} = \dfrac{1}{3}$,故 $AK' = K'E$,点 K' 与 K 重合.

所以直线 DG 与 FK 的交点 P 在 $\triangle ABC$ 的外接圆上.

49.4 如图 49.9 所示,连接 PB、PC.

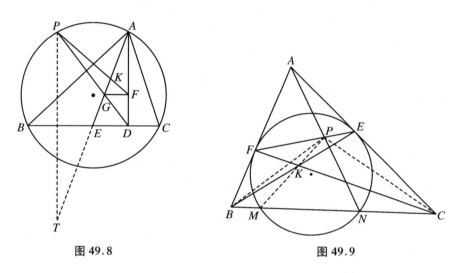

图 49.8　　　　　　　　图 49.9

$$P、K、M \text{ 三点共线} \Leftrightarrow \dfrac{S_{\triangle BPK}}{S_{\triangle CPK}} = \dfrac{BM}{CM} \qquad ①$$

因 $S_{\triangle BPK} = \dfrac{PE}{EF}S_{\triangle BFK}$,$S_{\triangle CPK} = \dfrac{PF}{EF}S_{\triangle CEK}$,故

$$\text{式} ① \Leftrightarrow \dfrac{S_{\triangle BFK}}{S_{\triangle CEK}} = \dfrac{BM}{CM} \cdot \dfrac{PF}{PE} \qquad ②$$

又因为

$$\dfrac{S_{\triangle BFK}}{S_{\triangle CEK}} = \dfrac{FK \cdot BK}{CK \cdot EK} = \dfrac{S_{\triangle BFE}}{S_{\triangle BCE}} \cdot \dfrac{S_{\triangle BCF}}{S_{\triangle CEF}} = \dfrac{BF}{CE} \cdot \dfrac{S_{\triangle BCF}}{S_{\triangle BCE}}$$

$$\dfrac{BN}{CN} = \dfrac{S_{\triangle ABP}}{S_{\triangle ACP}} = \dfrac{AB \cdot PF}{AC \cdot PE} \Rightarrow \dfrac{PF}{PE} = \dfrac{AC \cdot BN}{AB \cdot CN}$$

所以

$$\text{式} ② \Leftrightarrow \dfrac{S_{\triangle BCF}}{S_{\triangle BCE}} = \dfrac{CE}{BF} \cdot \dfrac{BM}{CM} \cdot \dfrac{AC \cdot BN}{AB \cdot CN} \qquad ③$$

又因为 $BM \cdot BN = BF^2$,$CM \cdot CN = CE^2$,所以

$$\text{式} ③ \Leftrightarrow \dfrac{S_{\triangle BCF}}{S_{\triangle BCE}} = \dfrac{AC \cdot BF}{AB \cdot CE} \qquad ④$$

由 $\dfrac{S_{\triangle BCF}}{S_{\triangle BCE}} = \dfrac{S_{\triangle BCF}}{S_{\triangle ABC}} \cdot \dfrac{S_{\triangle ABC}}{S_{\triangle BCE}} = \dfrac{BF \cdot AC}{AB \cdot CE}$ 知式④成立.证毕.

49.5 证法 1　如图 49.10 所示,可设 BA 与 CD 交于点 P,AC 与 BD 交于点 O,$OB =$

c, $OC = b$, $BC = a$, $\angle ABE = \angle CBD = \angle ADB = \alpha$, $\angle DCF = \angle BCA = \angle DAC = \beta$, $\angle CBF = x$, $\angle BCE = y$.

把 $\angle ABC$、$\angle DCB$ 分别简记为 $\angle B$、$\angle C$. 则 $\angle FDB = \angle ABD = \angle B - \alpha$, $\angle FDC = \angle P$.

对 $\triangle BCD$ 及点 F, 由角元塞瓦定理得

$$\frac{\sin(\alpha - x)}{\sin x} \cdot \frac{\sin(\angle C - \beta)}{\sin \beta} \cdot \frac{\sin \angle P}{\sin(\angle B - \alpha)} = 1$$

故

$$\sin \alpha \cot x - \cos \alpha = \frac{CD}{AD} \cdot \frac{PD}{BD} \quad ①$$

设 $\dfrac{PD}{PC} = \dfrac{AD}{a} = \dfrac{OD}{c} = k \, (0 < k < 1)$, 则

$$PD = PC - CD = \frac{k}{1-k}CD, \quad AD = ka, \quad BD = c + OD = (1+k)c$$

所以

$$\begin{aligned} CD^2 &= a^2 + (1+k)^2 c^2 - 2a(1+k)c\cos\alpha \\ &= a^2 + (1+k)^2 c^2 - (1+k)(a^2 + c^2 - b^2) \\ &= (1+k)b^2 + (k^2 + k)c^2 - ka^2 \end{aligned}$$

式 ① $\Rightarrow \sin\alpha \cot x - \dfrac{a^2 + c^2 - b^2}{2ac} = \dfrac{\dfrac{k}{1-k}CD^2}{k(1+k)ac}$

$\Rightarrow \cot x = \dfrac{[(k+1)^2 b^2 + (k+1)^2 c^2 - (k^2 + 2k - 1)a^2] \cdot r}{(1-k^2)abc}$

其中 r 为 $\triangle OBC$ 的外接圆半径.

同理, $\cot y$ 也有相同的表达式.

所以 $\cot x = \cot y$.

因 $0 < x, y < \pi$, 故 $x = y$, 即 $\angle CBF = \angle BCE$.

证法 2(江西省鹰潭市王建荣提供) 如图 49.11 所示, 延长 BA、CD, 交于点 P; 延长 BE、CF, 分别交 PC、PB 于点 G、H; 分别作 $\triangle BDP$ 和 $\triangle CAP$ 的外接圆, 交直线 AD 于点 V、W, 连接 BV、CW. 易证四边形 $BCWV$ 为等腰梯形, 连接 PE、PV、VE、WF.

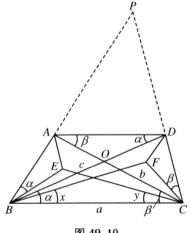

图 49.10

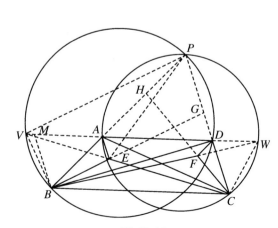

图 49.11

因为 $\angle PVD = \angle PBD = \angle GBC$，由 $DV \parallel BC$ 得 $\angle PDV = \angle GCB$，所以 $\triangle PVD \sim \triangle GBC$，故 $PV \parallel GB$，因此 $\angle BDV = \angle VPB = \angle PBE$.

又因 $\angle BAE = \angle BPD = \angle BVD$，故 $\triangle ABE \sim \triangle VDB$，所以 $\dfrac{AE}{VB} = \dfrac{AB}{VD}$，因此 $AE \cdot VD = AB \cdot VB$.

作 $BM \parallel DP$，交 VD 于点 M. 则
$$\dfrac{AV}{AB} = \dfrac{AP}{AD} = \dfrac{\sin \angle PDA}{\sin \angle APD} = \dfrac{\sin \angle VMB}{\sin \angle MVB} = \dfrac{VB}{MB} = \dfrac{VB}{DC}$$
故 $AB \cdot VB = AV \cdot DC$.

于是 $AE \cdot VD = AV \cdot DC$，故 $\dfrac{AV}{VD} = \dfrac{AE}{DC}$. 因此 V、E、C 三点共线.

同理，W、F、B 三点共线.

因此 $\angle BCE = \angle CBF$.

平面几何测试题 50

50.1 如图 50.1 所示,在四边形 $ABCD$ 中,AD 与 BC 不平行.作 $EF \parallel BC$,分别交 AB、CD 于点 E、F. DE 与 AC 交于点 P,AF 与 BD 交于点 K.求证:$PK \parallel BC$.

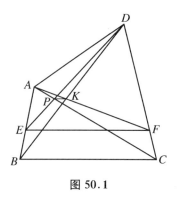

图 50.1

50.2 如图 50.2 所示,在 $\square ABCD$ 中,过点 C 的一条直线(不经过 A、B、D)分别交直线 AB、AD 于点 E、F. ED 与 BC 交于点 M,FB 与 CD 交于点 N.求证:$\triangle AMN$ 的重心 G 在直线 BD 上.

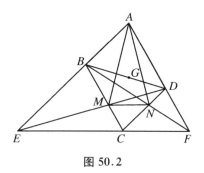

图 50.2

50.3 如图 50.3 所示,在 △ABC 中,AB ≠ AC,AD 是角平分线.过点 A 作直线 t ⊥ AD,M 是直线 t 上不同于 A 的一点.AE⊥MB 于点 E,AF⊥MC 于点 F.求证:直线 EF 平分线段 AD.

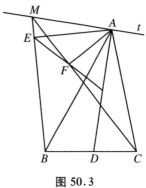

图 50.3

50.4 如图 50.4 所示,在△ABC 中,AB = AC.⊙P 过点 B、C,还分别交 AB、AC 于点 D、E.点 F、K 在⊙P 上,使得∠AFD = ∠AKB = 90°.直线 FK 与 AC 交于点 T.作 PV∥BC,交 AB 于点 V.求证:BE、CD、TV 三线共点.

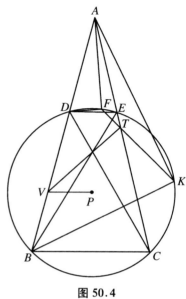

图 50.4

50.5 如图 50.5 所示,在△ABC 中,AB>AC,外接圆为圆 Γ,∠BAC 的平分线交圆 Γ 于点 D. P 为 AD 上一点,BP 交 AC 于点 E,CP 交 AB 于点 F. 圆 Γ 的弦 AT∥BC,TP 与圆 Γ 的第二个交点为 K. FE 与 DK 相交于点 X. 求证:PX∥BC.

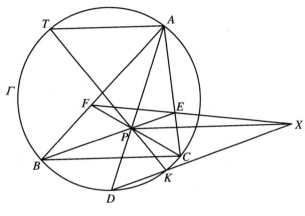

图 50.5

参考答案

50.1 如图 50.6 所示,可设直线 DA、DE 分别交 CB 于点 M、N,DA 交 FE 于点 R,AC、BD 分别交 EF 于点 G、H.

由梅涅劳斯定理得

$$\frac{GP}{PA} \cdot \frac{AD}{DR} \cdot \frac{RE}{EG} = 1 = \frac{FK}{KA} \cdot \frac{AD}{DR} \cdot \frac{RH}{HF}$$

又因 $\dfrac{RE}{EG} = \dfrac{BM}{BC} = \dfrac{RH}{HF}$,故 $\dfrac{GP}{PA} = \dfrac{FK}{KA}$,所以 $PK \parallel GF$.

又因为 $GF \parallel BC$,所以 $PK \parallel BC$.

50.2 如图 50.7 所示,设 BD 分别交 AM、AN 于点 P、K,Q 为 MN 的中点,AQ 交 PK 于点 G'.作 $MS \parallel AQ$,$NT \parallel AQ$,点 S、T 均在直线 PK 上.

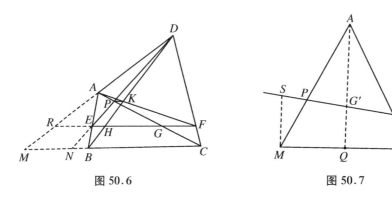

图 50.6   图 50.7

则 $MS + NT = 2G'Q$,从而

$$\frac{PM}{AP} + \frac{KN}{AK} = \frac{MS}{AG'} + \frac{NT}{AG'} = \frac{2G'Q}{AG'}$$

如图 50.8 所示,在 $\square ABCD$ 中,$BC \underline{\underline{\parallel}} AD$,$CD \underline{\underline{\parallel}} AB$,则

$$\frac{PM}{AP} = \frac{BM}{AD} = \frac{BM}{BC} = \frac{AD}{AF} = \frac{EC}{EF}$$

$$\frac{KN}{AK} = \frac{DN}{AB} = \frac{DN}{DC} = \frac{AB}{AE} = \frac{CF}{EF}$$

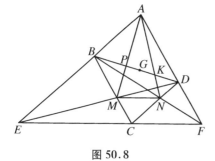

图 50.8

所以 $\dfrac{PM}{AP} + \dfrac{KN}{AK} = 1$,从而 $AG' = 2G'Q$,故 G' 为 $\triangle AMN$ 的重心,即 $\triangle AMN$ 的重心 G 在直线 BD 上.

50.3 **证法 1** 如图 50.9 所示,以 A 为原点、AM 为 x 轴建立直角坐标系,设 $B(b, kb)$,$C(c, -kc)$,$M(s, 0)$,其中 k 为 AB 的斜率,$b > 0$,$c < 0$,$s \neq 0$.

设 MB、MC 的斜率分别为 k_1、k_2,则过点 E 的直线系方程为

$$\lambda_1(k_1 x - y - k_1 s) + \mu_1(x + k_1 y) = 0$$

过点 F 的直线系方程为

$$\lambda_2(k_2 x - y - k_2 s) + \mu_2(x + k_2 y) = 0$$

要使上述两方程一致,只需要取 $\lambda_1 = k_2$,$\mu_1 = -1$,$\lambda_2 = k_1$,$\mu_2 = -1$.此时,直线 EF 的

方程为
$$(k_1k_2 - 1)x - (k_1 + k_2)y - k_1k_2 s = 0$$
其中 $k_1 = \dfrac{kb}{b-s}, k_2 = \dfrac{-kc}{c-s}$. 设 EF 与 y 轴交于点 N. 则点 N 的纵坐标为
$$y_N = \dfrac{k_1 k_2 s}{-(k_1 + k_2)} = \dfrac{kbc}{c-b}$$
又由 $B(b, kb)$,$C(c, -kc)$ 得点 D 的纵坐标为 $y_D = \dfrac{2kbc}{c-b}$.

所以 $y_D = 2y_N$,即直线 EF 平分线段 AD.

证法2（西安交通大学附属中学金磊提供） 如图 50.10 所示,设直线 t 与 BC 交于点 X,直线 AD 分别交 MB、MC、EF 于点 U、V、P.

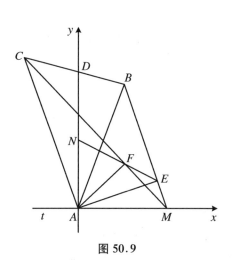
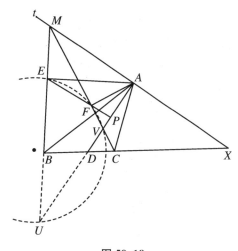

图 50.9　　　　　　　　　图 50.10

因 $AE \perp MB, AF \perp MC, AM \perp AU$,故 A、M、E、F 四点共圆,AP 是其切线.

因此 $\angle EFM = \angle EAM = \angle U$,故 E、F、V、U 四点共圆.

所以 $AP^2 = PF \cdot PE = PV \cdot PU$.

显然,B、D、C、X 为调和点列,所以 MB、MD、MC、MX 为调和线束,从而 A、V、D、U 为调和点列.

所以 P 为 AD 的中点,即直线 EF 平分线段 AD.

50.4 （广东省深圳中学金春来提供） 如图 50.11 所示,设直线 AK、AF 与 $\odot P$ 的第二个交点分别为 B'、D',则 BB'、DD' 都是 $\odot P$ 的直径,设 BE 与 CD 相交于点 L.连接线段如图所示.

因 $PV \parallel BC \parallel DE$,故 $\angle VPB = \angle PBC = \angle B'DC, \angle VPD = \angle EDD'$.

因 $ED' \perp DE, CB' \perp BC, DE \parallel BC$,故 $ED' \parallel CB'$,因此 $EB' = CD'$.

因 $\dfrac{S_{\triangle EFD'}}{S_{\triangle CFD'}} = \dfrac{AE}{AC}$,即 $\dfrac{EF \cdot ED'}{CF \cdot CD'} = \dfrac{AE}{AC}$,故 $\dfrac{EF}{CF} = \dfrac{AE}{AC} \cdot \dfrac{CD'}{ED'}$.

同理,$\dfrac{EK}{CK} = \dfrac{AE}{AC} \cdot \dfrac{CB'}{EB'}$.

所以

$$\frac{ET}{CT} = \frac{S_{\triangle EFK}}{S_{\triangle CFK}} = \frac{EF}{CF} \cdot \frac{EK}{CK}$$

$$= \left(\frac{AE}{AC} \cdot \frac{CD'}{ED'}\right)\left(\frac{AE}{AC} \cdot \frac{CB'}{EB'}\right) = \left(\frac{AE}{AC}\right)^2 \cdot \frac{CB'}{ED'}$$

$$= \left(\frac{LE}{LC}\right)^2 \cdot \frac{\sin \angle B'DC}{\sin \angle EDD'} \quad (\text{因 } LA \text{ 是 } \angle CLE \text{ 的外角平分线})$$

$$= \left(\frac{LE}{LC}\right)^2 \cdot \frac{\sin \angle VPB}{\sin \angle VPD}$$

$$= \left(\frac{LE}{LC}\right)^2 \cdot \frac{VB}{VD}$$

因此 $\dfrac{ET}{CT} \cdot \dfrac{LC}{LE} = \dfrac{LE}{LC} \cdot \dfrac{VB}{VD}$，故 $\dfrac{\sin \angle ELT}{\sin \angle CLT} = \dfrac{\sin \angle BLV}{\sin \angle DLV}$，所以 $\angle ELT = \angle BLV$，从而 T、L、V 三点共线．

于是 BE、CD、TV 三线共点于 L．

50.5 如图 50.12 所示，延长 BE、CF，分别交圆 Γ 于点 M、N，过点 A 作圆 Γ 的切线，交直线 NM 于点 X_1，FE 交 NM 于点 X_2. 连接线段如图所示．

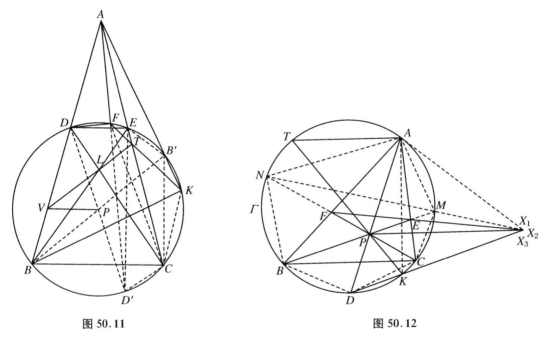

图 50.11 　　　　　　　　　　　图 50.12

因 $\triangle X_1 AM \backsim \triangle X_1 NA$，故 $\dfrac{MX_1}{X_1 N} = \dfrac{S_{\triangle X_1 AM}}{S_{\triangle X_1 NA}} = \dfrac{AM^2}{AN^2}$．

考虑 $\triangle PMN$ 被直线 $X_2 EF$ 截，由梅涅劳斯定理得 $\dfrac{MX_2}{X_2 N} \cdot \dfrac{NF}{FP} \cdot \dfrac{PE}{EM} = 1$，故

$$\frac{MX_2}{X_2 N} = \frac{FP}{NF} \cdot \frac{EM}{PE} = \frac{AP\sin \angle PAF}{AN\sin \angle NAF} \cdot \frac{AM\sin \angle MAE}{AP\sin \angle PAE} = \frac{AM}{AN} \cdot \frac{CM}{BN}$$

又因 AD、BM、CN 三弦共点，由三弦共点定理得 $\dfrac{AM}{AN} \cdot \dfrac{BN}{BD} \cdot \dfrac{CD}{CM} = 1$．

注意到 $BD = CD$，则 $\dfrac{AM}{AN} = \dfrac{CM}{BN}$．

所以 $\dfrac{MX_2}{X_2N} = \dfrac{AM^2}{AN^2} = \dfrac{MX_1}{X_1N}$，因此 X_2 与 X_1 重合．

过 P 作 $PX_3 \parallel BC$，交 NM 于点 X_3．

则 $\angle MPX_3 = \angle MBC = \angle MNP$．因此 $\triangle X_3PM \sim \triangle X_3NP$，故
$$\dfrac{MX_3}{X_3N} = \dfrac{PM^2}{PN^2} = \dfrac{CM^2}{BN^2} = \dfrac{AM^2}{AN^2} = \dfrac{MX_1}{X_1N}$$

因此 X_3 与 X_1 重合．

所以 X_3、X_2、X_1 三点重合，统一记为 X_1．

要证结论成立，只要证明 D、K、X_1 三点共线即可．

因 $AT \parallel BC \parallel PX_1$，$AX_1$ 是圆 Γ 的切线，故 $\angle X_1AK = \angle ATK = \angle X_1PK$，因此 A、P、K、X_1 四点共圆．

所以 $\angle PKX_1 = 180° - \angle PAX_1 = 180° - \angle ABD$．因 $AT \parallel BC$，点 D 为 $\overset{\frown}{BC}$ 的中点，故 $\overset{\frown}{ACD} = \overset{\frown}{TBD}$，所以 $\angle ABD = \angle TKD$．

故 $\angle PKX_1 + \angle TKD = 180°$，因此 D、K、X_1 三点共线．证毕．

附录 《平面几何强化训练题集(高中分册)》思考题答案

1. 如图 F1.1 所示,在 $\triangle ABC$ 中,延长 AB、AC 分别至点 D、E,使得 $BD = CE$,BE 与 CD 交于点 P. BC 的中垂线交 $\triangle ADE$ 的外接圆的 $\overset{\frown}{DE}$(不含点 A)于点 F,直线 FP 交 $\triangle ABC$ 的外接圆的 $\overset{\frown}{BC}$(不含点 A)于点 M. 求证:$MD = ME$.

证明 (湖南省长沙市南雅中学学生彭振邦,湖南省长沙市一中学生叶世卿提供) 如图 F1.2 所示,设 $\triangle ABC$、$\triangle ADE$ 的外心分别为 O、O',$\overset{\frown}{BAC}$ 的中点为 N. 连接线段如图所示.

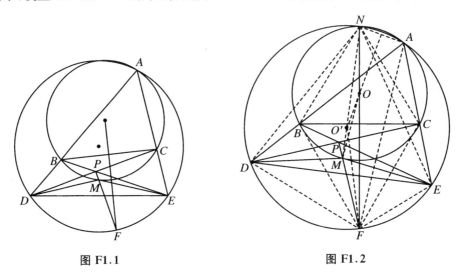

图 F1.1 **图 F1.2**

因 $NB = NC$,$\angle NBA = \angle NCA$,$BD = CE$,故 $\triangle NBD \cong \triangle NCE$,从而 $\angle NDB = \angle NEC$. 于是 N、D、E、A 四点共圆.

设 NO' 交 $\odot O$ 于点 N、M'.

下面证明 P、M'、F 三点共线,从而 M' 与 M 重合. 考虑到 NM' 是 DE 的中垂线,有 $M'D = M'E$.

$$P、M'、F \text{ 三点共线} \Leftrightarrow \angle NFP = \angle NFM'$$

因 $\angle NM'O = \angle ONM' = \angle O'FO$,故 O'、M'、F、O 四点共圆,所以 $\angle NFM' = \angle OO'N = \frac{1}{2}\angle AO'N = \angle AFN$.

由 $\triangle NBD \cong \triangle NCE$ 得 $ND = NE$,故 $\angle NFD = \angle NFE$.

因 NF 为 BC 的中垂线,故 $BF = CF$. 于是

$$\frac{BD}{\sin \angle BFD} = \frac{BF}{\sin \angle BDF} = \frac{CF}{\sin \angle CEF} = \frac{CE}{\sin \angle CFE}$$

因此 $\sin \angle BFD = \sin \angle CFE$,故 $\angle BFD = \angle CFE$,所以 $\angle DFC = \angle EFB$.

因 $\dfrac{BP}{PE} \cdot \dfrac{EC}{CA} \cdot \dfrac{AD}{BD} = 1$(梅涅劳斯定理)且 $EC = BD$,故 $\dfrac{BP}{PE} = \dfrac{AC}{AD}$,即 $\dfrac{BF\sin\angle BFP}{EF\sin\angle EPF} = \dfrac{AC}{AD}$,

所以
$$\dfrac{\sin\angle BFP}{\sin\angle EPF} = \dfrac{AC}{CF} \cdot \dfrac{EF}{AD} = \dfrac{\sin\angle AFC}{\sin\angle CAF} \cdot \dfrac{\sin\angle CAF}{\sin\angle AFD} = \dfrac{\sin\angle AFC}{\sin\angle AFD}$$

故 $\angle BFP = \angle AFC$.

又因 NF 为 BC 的中垂线,故 $\angle NFP = \angle AFN$,于是 $\angle NFM' = \angle NFP$. 证毕.

注 证得 $\angle BFD = \angle CFE$ 后,对完全四边形 $ABDPEC$ 及点 F,由等角线定理得 $\angle BFP = \angle AFC$. 从而完成证明.

2. 如图 F2.1 所示,在等腰 $\triangle ABC$ 中,$AB = AC$,I 为内心. 在 $\triangle IBC$ 的外接圆上取点 K(不同于 B、C),BC 的中点为 M. 证明:$\triangle ABK$、$\triangle ACK$、$\triangle KBM$、$\triangle KCM$ 四个三角形的内心共圆.

证明 (湖南省长沙市一中学生叶世卿提供) 我们来证明下列推广命题:

如图 F2.2 所示,在四边形 $ABCD$ 中,$AB = AD$,$CB = CD$,形内一点 P 满足 $\angle ABP = \angle CDP$,$\triangle PAB$、$\triangle PBC$、$\triangle PCD$、$\triangle PDA$ 的内心依次为 I_1、I_2、I_3、I_4. 求证:(1) $\triangle BI_1I_2 \backsim \triangle DI_4I_3$;(2) I_1、I_2、I_3、I_4 四点共圆.

证明 当 $AB = CB$ 时,结论是平凡的. 当 $AB \neq CB$ 时,不妨设 $AB > CB$,作出关于定点 A、C 的比值为 $\dfrac{BA}{BC}$ 的阿波罗尼斯圆 $\odot O$,$\odot O$ 与线段 AC 及其延长线分别交于点 F、E,设 PB 交 AC 于点 G. 连接线段如图 F2.2 所示.

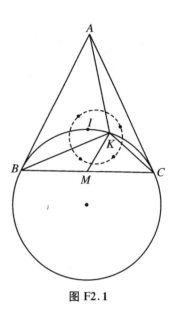

图 F2.1

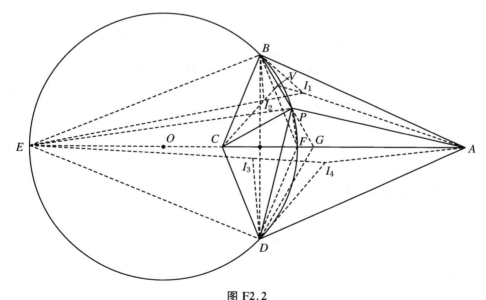

图 F2.2

因点 B、D 关于 AC 对称,故点 D 在 $\odot O$ 上.

因 $\angle ABP = \angle CDP$，$\angle ABF = \frac{1}{2}\angle ABC = \frac{1}{2}\angle ADC = \angle CDF$，故 $\angle FBP = \angle FDP$，因此 P 在 $\odot O$ 上.

所以 $\frac{PC}{PA} = \frac{BC}{BA} = \frac{DC}{DA}$，由对称性知 $\angle PGF = \angle DGF$.

又因 $\angle PFD = 180° - \angle PBD = 180° - (90° - \angle BGC) = 90° + \frac{1}{2}\angle PGD$，故点 F 为 $\triangle PDG$ 的内心.

因 $\angle FPC = \angle FPA$，故 $\angle DPC = \angle APG = 180° - \angle BPA$，从而 $\angle DPA + \angle BPC = 180°$. 于是

$$\frac{BI_1}{BP} : \frac{BI_2}{BP} = \frac{\sin\frac{\angle BPA}{2}}{\cos\frac{\angle BAP}{2}} : \frac{\sin\frac{\angle BPC}{2}}{\cos\frac{\angle BCP}{2}}, \quad \frac{DI_4}{DP} : \frac{DI_3}{DP} = \frac{\sin\frac{\angle DPA}{2}}{\cos\frac{\angle DAP}{2}} : \frac{\sin\frac{\angle DPC}{2}}{\cos\frac{\angle DCP}{2}}$$

(1)

$$\triangle BI_1I_2 \backsim \triangle DI_4I_3 \Leftrightarrow \frac{BI_1}{BI_2} = \frac{DI_4}{DI_3}$$

$$\Leftrightarrow \frac{\sin\frac{\angle BPA}{2} \cdot \cos\frac{\angle BCP}{2}}{\sin\frac{\angle BPC}{2} \cdot \cos\frac{\angle BAP}{2}} = \frac{\sin\frac{\angle DPA}{2} \cdot \cos\frac{\angle DCP}{2}}{\sin\frac{\angle DPC}{2} \cdot \cos\frac{\angle DAP}{2}}$$

$$\Leftrightarrow \frac{\sin\frac{\angle BPA}{2} \cdot \sin\frac{\angle DPC}{2}}{\cos\frac{\angle BAP}{2} \cdot \cos\frac{\angle DCP}{2}} = \frac{\sin\frac{\angle DPA}{2} \cdot \sin\frac{\angle BPC}{2}}{\cos\frac{\angle DAP}{2} \cdot \cos\frac{\angle BCP}{2}}$$

$$\Leftrightarrow \frac{\sin\angle DPC}{\cos(90° - \angle CDP) + \cos(90° - \angle DPC)} = \frac{\sin\angle BPC}{\cos(90° - \angle CBP) + \cos(90° - \angle BPC)}$$

$$\Leftrightarrow \frac{\sin\angle DPC}{\sin\angle CDP + \sin\angle DPC} = \frac{\sin\angle BPC}{\sin\angle CBP + \sin\angle BPC}$$

$$\Leftrightarrow \frac{\sin\angle CDP}{\sin\angle DPC} = \frac{\sin\angle CBP}{\sin\angle BPC}$$

$$\Leftrightarrow \frac{CP}{CD} = \frac{CP}{BC}$$

显然成立.

(2) 由 $\frac{AB}{AP} = \frac{BC}{CP}$ 得 AI_1、CI_2、BP 三线共点，记为点 V.

因为 $\frac{VI_1}{I_1A} \cdot \frac{AE}{EC} \cdot \frac{CI_2}{I_2V} = \frac{BV}{AB} \cdot \frac{AB}{BC} \cdot \frac{BC}{BV} = 1$，由梅涅劳斯定理的逆定理得 E、I_2、I_1 三点共线.

同理，E、I_3、I_4 三点共线.

$$I_1、I_2、I_3、I_4 \text{ 四点共圆} \Leftrightarrow EI_1 \cdot EI_2 = EI_4 \cdot EI_3$$

$$\Leftrightarrow \frac{EB \cdot \sin\angle EBI_1}{\sin\angle BI_1I_2} \cdot \frac{EB \cdot \sin\angle EBI_2}{\sin\angle BI_2E}$$

$$= \frac{ED \cdot \sin \angle EDI_4}{\sin \angle DI_4 I_3} \cdot \frac{ED \cdot \sin \angle EDI_3}{\sin \angle DI_3 E}$$

$$\Leftrightarrow \sin \angle EBI_1 \cdot \sin \angle EBI_2 = \sin \angle EDI_4 \cdot \sin \angle EDI_3 \qquad ①$$

(注意$\triangle BI_1 I_2 \backsim \triangle DI_4 I_3$)

设$\angle ABC = \angle ADC = \theta, \angle ABP = \angle CDP = \alpha, \angle CBP = \angle ADP = \beta$,则

$$\angle EBI_1 = \angle ABE - \angle ABI_1 = 90° + \frac{\theta}{2} - \frac{\alpha}{2}$$

$$\angle EBI_2 = \angle EBC + \angle CBI_2 = 90° - \frac{\theta}{2} + \frac{\beta}{2}$$

$$\angle EDI_4 = \angle ADE - \angle ADI_4 = 90° + \frac{\theta}{2} - \frac{\beta}{2}$$

$$\angle EDI_3 = \angle EDC + \angle CDI_3 = 90° - \frac{\theta}{2} + \frac{\alpha}{2}$$

从而式①成立. 证毕.

3. 如图 F3.1 所示,在$\triangle ABC$中,$AB = AC$,点D、E不在直线BC上,使得$BD = AB$,$CE = AC$. $\angle DBC$和$\angle ECB$两角的平分线交于点I,过点I作$IF \perp AD$,交直线DB于点F;过点I作$IK \perp AE$,交直线EC于点K. 直线BK与CF交于点P. 求证:$IP \perp BC$.

证明 **证法 1** 如图 F3.2 所示,点D、E和A均在直线BC的同侧(若点D、E均和A在直线BC的异侧,或点D、E位于直线BC的两侧,证明过程类似).

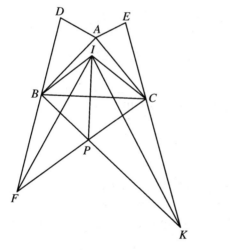

图 F3.1

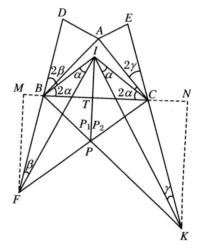

图 F3.2

可设$\angle ABC = \angle ACB = 2\alpha, \angle ABD = 2\beta, \angle ACE = 2\gamma$.

因$BD = AB, IF \perp AD$,故$\angle BFI = \beta, \angle BIF = \angle DBI - \angle BFI = \alpha$.

同理,$\angle CKI = \gamma, \angle CIK = \alpha$.

由正弦定理得

$$\frac{IC}{\sin \gamma} = \frac{CK}{\sin \alpha}, \quad \frac{IB}{\sin \beta} = \frac{BF}{\sin \alpha}, \quad \frac{IC}{IB} = \frac{\sin(\alpha + \beta)}{\sin(\alpha + \gamma)}$$

所以$\dfrac{CK}{BF} = \dfrac{\sin(\alpha + \beta) \cdot \sin \beta}{\sin(\alpha + \gamma) \cdot \sin \gamma}$.

作$IT \perp BC$于点T, IT分别交BK、CF于点P_1、P_2,作$FM \perp BC$于点M, $KN \perp BC$于

点 N.

只要证明 P_1 与 P_2 重合即可,这只要证明 $TP_1 = TP_2$.

因为 $TP_1 /\!/ KN, TP_2 /\!/ FM$,所以 $TP_1 = \dfrac{BT \cdot KN}{BN}, TP_2 = \dfrac{CT \cdot FM}{CM}$.

$$TP_1 = TP_2 \Leftrightarrow \dfrac{BT \cdot KN}{BN} = \dfrac{CT \cdot FM}{CM}$$

$$\Leftrightarrow \dfrac{BT \cdot KN}{CT \cdot FM} = \dfrac{BN}{CM} \qquad ①$$

$$\dfrac{BT \cdot KN}{CT \cdot FM} = \dfrac{IT \cdot \cot(\alpha+\beta)}{IT \cdot \cot(\alpha+\gamma)} \cdot \dfrac{CK \cdot \sin(2\alpha+2\gamma)}{BF \cdot \sin(2\alpha+2\beta)}$$

$$= \dfrac{\cos(\alpha+\beta)}{\sin(\alpha+\beta)} \cdot \dfrac{\sin(\alpha+\gamma)}{\cos(\alpha+\gamma)} \cdot \dfrac{\sin(\alpha+\beta)\sin\beta}{\sin(\alpha+\gamma)\sin\gamma} \cdot \dfrac{\sin(2\alpha+2\gamma)}{\sin(2\alpha+2\beta)}$$

$$= \dfrac{\sin(\alpha+\gamma)\sin\beta}{\sin(\alpha+\beta)\sin\gamma} \qquad ②$$

因

$$CN = CK\cos(2\alpha+2\gamma) = \dfrac{IC \cdot \sin\alpha}{\sin\gamma} \cdot \cos(2\alpha+2\gamma)$$

$$= \dfrac{IT \cdot \sin\alpha\cos(2\alpha+2\gamma)}{\sin(\alpha+\gamma)\sin\gamma}$$

故

$$CT + CN = IT \cdot \dfrac{\cos(\alpha+\gamma)}{\sin(\alpha+\gamma)} + IT \cdot \dfrac{\sin\alpha\cos(2\alpha+2\gamma)}{\sin(\alpha+\gamma)\sin\gamma}$$

$$= IT \cdot \dfrac{\cos(\alpha+\gamma)\sin\gamma + \sin\alpha\cos(2\alpha+2\gamma)}{\sin(\alpha+\gamma)\sin\gamma}$$

$$= IT \cdot \dfrac{\sin(\alpha+2\gamma) - \sin\alpha + \sin(3\alpha+2\gamma) - \sin(\alpha+2\gamma)}{2\sin(\alpha+\gamma)\sin\gamma}$$

$$= IT \cdot \dfrac{\cos(2\alpha+\gamma)}{\sin\gamma}$$

从而

$$BN = BT + CT + CN = IT \cdot \left[\dfrac{\cos(\alpha+\beta)}{\sin(\alpha+\beta)} + \dfrac{\cos(2\alpha+\gamma)}{\sin\gamma}\right]$$

$$= IT \cdot \dfrac{\sin(\alpha+\beta+\gamma) - \sin(\alpha+\beta-\gamma) + \sin(3\alpha+\beta+\gamma) - \sin(\alpha-\beta+\gamma)}{2\sin(\alpha+\beta)\sin\gamma}$$

同理,$CM = IT \cdot \dfrac{\sin(\alpha+\beta+\gamma) - \sin(\alpha-\beta+\gamma) + \sin(3\alpha+\beta+\gamma) - \sin(\alpha+\beta-\gamma)}{2\sin(\alpha+\gamma)\sin\beta}$.

所以

$$\dfrac{BN}{CM} = \dfrac{\sin(\alpha+\gamma)\sin\beta}{\sin(\alpha+\beta)\sin\gamma} \qquad ③$$

由式②、式③知式①成立. 证毕.

证法 2 如图 F3.3 所示,点 D、E 和 A 均在直线 BC 的同侧(若 D、E 均和 A 在直线 BC 的异侧,或点 D、E 位于直线 BC 的两侧,证明类似).

可设 $\angle ABC = \angle ACB = 2\alpha, \angle ABD = 2\beta, \angle ACE = 2\gamma$.

因 $BD = AB, IF \perp AD$,故 $\angle BFI = \beta, \angle BIF = \angle DBI - \angle BFI = \alpha$.

同理,$\angle CIK = \alpha$.

设直线 BD 与 CE 交于点 Q(Q 可能是无穷远点),连接 IQ. 点 S 在直线 IQ 上,且在 $\angle BIC$ 内部.

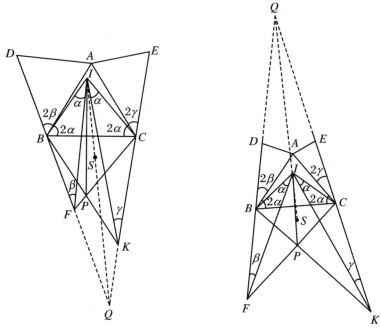

图 F3.3

对四边形 $IBQC$,由 $\angle BIF = \angle CIK$(都等于 α)知,IP、IQ 是 $\angle BIC$ 的等角共轭线,即 $\angle BIP = \angle CIS = 90° - (\alpha + \beta)$(注意 I 为 $\triangle QBC$ 的旁心或内心).

又因为 $\angle IBC = \alpha + \beta$,所以 $\angle BIP + \angle IBC = 90°$.

故 $IP \perp BC$.

4. 如图 F4.1 所示,$\triangle ABC$ 内一点 P 在边 BC、CA、AB 上的射影分别为 D、E、F,过 D、E、F 三点的圆与 BC、CA、AB 的第二个交点分别为 M、N、K. 直线 MN 与 AB 交于点 G,MK 与 AC 交于点 H,BE 与 CF 交于点 T. 证明:$PT \perp GH$.

证明 (湖南省长沙市一中学生叶世卿提供) 设点 P 关于 $\triangle ABC$ 的等角共轭点为 Q,连接线段如图 F4.2 所示. 易知 $CP \perp MG$,$BP \perp MH$.

要证 $PT \perp GH$,只要证

$$\frac{\sin\angle CPT}{\sin\angle BPT} = \frac{\sin\angle MGH}{\sin\angle MHG} = \frac{MH}{MG} \quad \text{①}$$

对 $\triangle BPC$ 及点 T,由角元塞瓦定理得

$$\frac{\sin\angle CPT}{\sin\angle BPT} \cdot \frac{\sin\angle PBT}{\sin\angle CBT} \cdot \frac{\sin\angle BCT}{\sin\angle PCT} = 1 \quad \text{②}$$

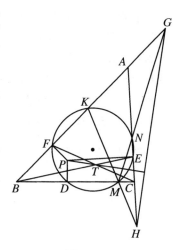

图 F4.1

又

$$\frac{\sin\angle PBT}{\sin\angle CBT} = \frac{BE\sin\angle PBE}{BE\sin\angle CBE} = \frac{PE\sin\angle BPE}{CE\sin\angle ACB} = \frac{PE\sin\angle MHN}{CE\sin\angle ACB} \quad \text{③}$$

(因 $PE \perp EH$, $BP \perp MN$, 故 $\sin \angle BPE = \sin \angle MHN$.)

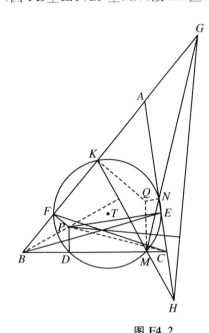

图 F4.2

$$\frac{\sin \angle BCT}{\sin \angle PCT} = \frac{CF\sin \angle BCT}{CF\sin \angle PCT} = \frac{BF\sin \angle ABC}{PF\sin \angle FPC}$$
$$= \frac{BF\sin \angle ABC}{PF\sin \angle NGF} \qquad ④$$

把式①、式③、式④代入式②，即要证
$$\frac{MH}{MG} \cdot \frac{PE\sin \angle MHN}{CE\sin \angle ACB} \cdot \frac{BF\sin \angle ABC}{PF\sin \angle NGF} = 1 \qquad ⑤$$

因 $\text{Rt}\triangle CPE \sim \text{Rt}\triangle CQM$, $\text{Rt}\triangle BPF \sim \text{Rt}\triangle BQM$, 故 $\frac{PE}{CE} \cdot \frac{BF}{PF} = \frac{MQ}{CM} \cdot \frac{BM}{MQ} = \frac{BM}{CM}$.

又因为
$$\frac{MH \cdot \sin \angle MHN}{MG \cdot \sin \angle NGF} \cdot \frac{\sin \angle ABC}{\sin \angle ACB}$$
$$= \frac{MN\sin \angle MNE}{MK\sin \angle MKG} \cdot \frac{AC}{AB} = \frac{MN}{MK} \cdot \frac{ME}{NF} \cdot \frac{AC}{AB}$$

所以即证
$$\frac{MN}{MK} \cdot \frac{ME}{NF} \cdot \frac{AC}{AB} \cdot \frac{BM}{CM} = 1 \qquad ⑥$$

因 $\frac{BM}{MK} \cdot \frac{MN}{CM} = \frac{\sin \angle BKM}{\sin \angle ABC} \cdot \frac{\sin \angle ACB}{\sin \angle MNC} = \frac{MF}{ME} \cdot \frac{AB}{AC}$, 故式⑥成立. 证毕.

5. 如图 F5.1 所示, 在 $\triangle ABC$ 中, M 为 BC 的中点, E、F 分别在射线 MB、MC 上, $ME = MF$. 分别过点 E、F 作 BC 的垂线, 交 $\angle BAC$ 的外角平分线 l 于点 T、L, BL 与 CT 交于点 P. 作 $TX \perp AB$ 于点 X, $LY \perp AC$ 于点 Y, TX 与 LY 交于点 S. O 为 $\triangle ABC$ 的外心, SO 交 $\angle BAC$ 的平分线于点 K. 求证: $PK \perp BC$.

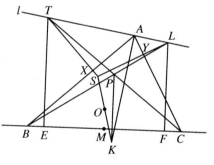

图 F5.1

证明 证法1（同一法）（湖南省长沙市南雅中学学生彭振邦提供） 如图 F5.2 所示, 不妨设 $\angle C \geqslant \angle B$, 作 $KJ_1 \perp BC$, 交 TL 于点 J_1; $PJ_2 \perp BC$, 交 TL 于点 J_2; $BQ \perp BC$, 交 TL 于点 Q; $CR \perp BC$, 交 TL 于点 R. 设 $\triangle ABC$ 的外接圆⊙O 的 $\overset{\frown}{BC}$、$\overset{\frown}{BAC}$ 的中点分别为 W、N. 连接 SN、WN.

则 A、K、W 三点共线, W、M、O、N 四点共线, 且 $WN \perp BC$, N 在直线 TL 上.

所以 $\angle STN = \frac{\angle A}{2} = \angle SLN$, 从而 $ST = SL$, $SN \perp TL$, 故 $SN /\!/ WK$.

又因 $NO = OW$, 故四边形 $SNKW$ 为平行四边形, 所以
$$\frac{AN}{NJ_1} = \frac{AW}{WK} = \frac{AW}{NS} = \frac{AN}{TN\tan \frac{A}{2}\tan \frac{C-B}{2}}$$

故
$$NJ_1 = TN\tan \frac{A}{2}\tan \frac{C-B}{2}$$

于是

$$\frac{TJ_1}{LJ_1} = \frac{1 + \tan\frac{A}{2}\tan\frac{C-B}{2}}{1 - \tan\frac{A}{2}\tan\frac{C-B}{2}} = \frac{\sin C}{\sin B} = \frac{AB}{AC}$$

因为 $\frac{TJ_2}{TR} = \frac{J_2P}{CR}, \frac{LJ_2}{LQ} = \frac{J_2P}{BQ}, TR = LQ$,所以

$$\frac{TJ_2}{LJ_2} = \frac{BQ}{CR} = \frac{AB\sin\angle BAQ}{\sin\angle AQB} \div \frac{AC\sin\angle CAR}{\sin\angle ARC}$$

$$= \frac{AB}{AC}$$

故 $\frac{TJ_1}{LJ_1} = \frac{TJ_2}{LJ_2}$,点 J_1 与 J_2 重合.于是 $PK \perp BC$.

证法 2(湖南省长沙市一中学生叶世卿提供) 如图 F5.3 所示,设 $\overset{\frown}{BAC}$ 的中点为 N,则 T、N、A、L 四点共线;设 $\overset{\frown}{BC}$ 的中点为 W,则 N、O、M、W 四点共线,且 $NW \perp BC$,A、K、W 三点共线.又因 $ME = MF$,故 $NT = NL$.设直线 AO 与 $\odot O$ 的另一交点为 V.连接线段如图 F5.3 所示.

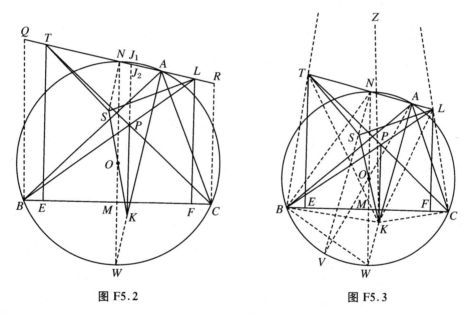

图 F5.2　　　　　　　　图 F5.3

因 $TS \perp AB, LS \perp AC, \angle TAB = \angle LAC$,故 $\angle STL = \angle SLT$,因此 $ST = SL$.
从而 $SN \perp AN$.又因 $VN \perp AN$,故点 S 在直线 NV 上.

由于 $NV \parallel AW, NO = WO$,因此 $KW = SN$.

易知 Rt$\triangle TSN \backsim$ Rt$\triangle NBW$,因此 $NT \cdot BW = BN \cdot SN = BN \cdot KW$,故 $\frac{BW}{KW} = \frac{BN}{NT}$.

又因为 $\angle BNT = \angle BWK$,所以 $\triangle BWK \backsim \triangle BNT$,于是 $\triangle BKT \backsim \triangle BWN$.
同理,$\triangle CKL \backsim \triangle CWN$.

又因为 $\triangle CWN \cong \triangle BWN$,所以 $\triangle BKT \backsim \triangle CKL$,有 $\angle BKT = \angle CKL$.

因 $TB \perp BK, LC \perp CK$,延长 BT、CL,交于点 Z,则 Z、B、K、C 四点共圆,KZ 是直径. 对完全四边形 $ZTBPCL$ 及点 K,由等角线性质定理得 $\angle BKZ = \angle CKP$.
故 $KP \perp BC$.

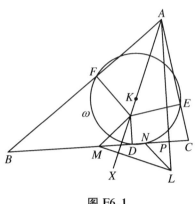

图 F6.1

6. 如图 F6.1 所示,在 $\triangle ABC$ 中,点 K 为 $\angle BAC$ 的平分线 AX 上的一点,点 K 在 BC、CA、AB 上的投影分别为 D、E、F,过 D、E、F 三点的圆 ω 与 BC 的第二个交点为 N. $AP \perp BC$ 于点 P,过 BC 的中点 M 作 $ML \perp AX$,交 AP 于点 L. 证明: $LN \perp KM$.

证明 证法1(湖南省长沙市南雅中学学生彭振邦提供) 如图 F6.2 所示,作 $NJ \perp BC$,交 AX 于点 J,则 K、J 是 $\triangle ABC$ 的等角共轭点. 连接线段 BS、BK、BJ.

设 AX 交 $\triangle ABC$ 的外接圆于点 A、S,T 为 $\overset{\frown}{BAC}$ 的中点,连接 AT、JT、TS,则 S、M、T 三点共线,且 $TS \perp BC$,$AT \perp AX$.

故四边形 $ATML$ 为平行四边形,$ML = AT$.

因 $\angle SBK = \angle SBC + \angle KBC = \angle BAJ + \angle ABJ = \angle BJS$,故 $SK \cdot SJ = SB^2 = SM \cdot ST$.

要证 $LN \perp KM$,只要证 $\angle MKS = \angle NLM$,也即证 $\triangle MKS \sim \triangle NLM$.

因 $\angle MSK = \angle NML$,故只要证

$$\frac{SM}{MN} = \frac{SK}{ML} \Leftrightarrow SM \cdot ML = SK \cdot MN = SK \cdot SJ \sin \angle MSK$$
$$\Leftrightarrow SM \cdot AT = SM \cdot ST \sin \angle MSK$$
$$\Leftrightarrow AT = ST \sin \angle MSK$$

显然成立. 证毕.

证法2(湖南省长沙市一中学生叶世卿提供) 设 AX 与 $\triangle ABC$ 的外接圆的另一交点为 S,AX 交 BC 于点 V,设 $ML \perp AX$ 于点 U. 作 $NJ \perp BC$,交 AX 于点 J,则 J、K 是 $\triangle ABC$ 的等角共轭点. 连接线段如图 F6.3 所示.

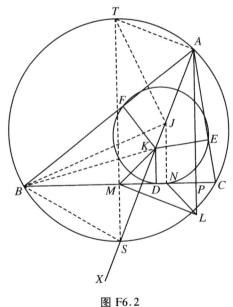

图 F6.2　　　　　图 F6.3

因 $\angle SBK = \angle SBC + \angle KBC = \angle BAJ + \angle ABJ = \angle BJS$,故 $SB^2 = SK \cdot SJ$.

因 $ML \perp KS$,$SM \perp MN$,故 $\angle MSK = \angle NML$.

要证 $LN \perp MK$，只要证 $\angle MKS = \angle NLM$，即证

$$\triangle MSK \sim \triangle NML \iff \frac{SM}{MN} = \frac{SK}{ML}$$

因为 $\dfrac{SJ}{MN} = \dfrac{SV}{MV}$，$\dfrac{SA}{ML} = \dfrac{SU}{MU}$，所以只要证

$$\frac{SM \cdot SV}{SJ \cdot MV} = \frac{SK \cdot SU}{SA \cdot MU}$$

$$\iff \frac{SM}{MV \cdot SJ \cdot SK} = \frac{SU}{SA \cdot SV \cdot MU}$$

$$\iff \frac{SM}{MV} = \frac{SU}{MU} \quad (\text{因 } SK \cdot SJ = SB^2 = SV \cdot SA)$$

$$\iff \text{Rt}\triangle SMV \sim \text{Rt}\triangle SUM$$

显然成立，证毕.

7. 如图 F7.1 所示，$\odot O$ 与 $\odot P$ 相交于点 A、B，$\odot P$ 过点 A 的切线交 $\odot O$ 于点 A、C，$\odot O$ 过点 A 的切线交 $\odot P$ 于点 A、D. 直线 CD 还分别交 $\odot O$、$\odot P$ 于点 E、F. AF 与 $\odot O$ 的第二个交点为 G，直线 PF 与 $\odot O$ 的一个交点为 K，AK 与 $\odot P$ 的第二个交点为 H. 证明：$EG \perp EH$.

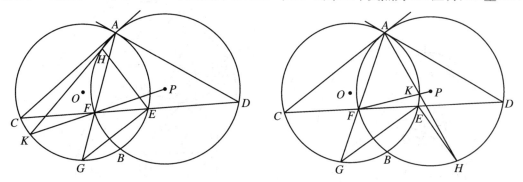

图 F7.1

证明（湖南省长沙市一中学生叶世卿提供） 如图 F7.2 所示，设 PF 与 $\odot O$ 的两个交点为 K_1、K_2，AK_1 与 $\odot P$ 交于另一点 H_1，AK_2 与 $\odot P$ 交于另一点 H_2. 连接线段如图所示. 要证的结论即为 $GE \perp EH_1$，$GE \perp EH_2$.

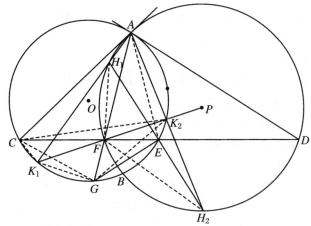

图 F7.2

因 $\angle GCK_1 = \angle FAH_1$，$\angle CK_1G = 180° - \angle CAF = 180° - \angle ADF = \angle AH_1F$，故 $\triangle CK_1G \backsim \triangle AH_1F$.

因 $\angle K_2CG = \angle K_2AG = \angle H_2AF$，$\angle CK_2G = \angle CAG = \angle CDA = \angle FH_2A$，故 $\triangle CK_2G \backsim \triangle AH_2F$.

因此四边形 $CK_1GK_2 \backsim$ 四边形 AH_1FH_2，且 $\angle FCK_2 = \angle EAH_2$.

又因为 $\triangle GCF \backsim \triangle EAF$，所以点 E、F 是上述相似四边形的对应点.

故由 K_1、F、K_2 三点共线知 H_1、E、H_2 三点共线.

所以 $\angle H_1EG = \angle CEG + \angle H_1EF = \angle CAF + \angle K_1FG = \angle ADF + \angle AFP = 90°$，即 $GE \perp EH_1$，$GE \perp EH_2$.

8. 如图 F8.1 所示，过点 A 的 $\odot P$ 与 $\triangle ABC$ 的外接圆 $\odot O$ 交于点 A、D，与直线 AB、AC 的第二个交点分别为 E、F. 过 O、B、C 三点的圆的圆心为 K，$KM \perp EF$ 于点 M. 点 P 关于 EF 的对称点为 Q，直线 OQ 与 KM 交于点 N. 求证：$\angle ADN = 90°$.

证明 证法 1（广东省深圳中学金春来提供） 如图 F8.2 所示，取 O 关于直线 BC 的对称点为 O'，则 O、K、O' 三点共线. 作 $\triangle DKO'$ 的外接圆 φ. 连接线段如图所示.

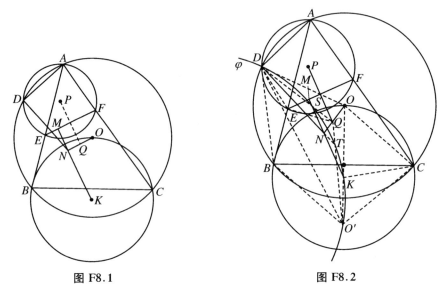

图 F8.1　　　　图 F8.2

由 $\angle OCK = \angle COK = \angle OO'C$ 得 $OK \cdot OO' = OC^2 = OD^2$，因此 OD 与圆 φ 相切于点 D.

设直线 DQ、KM 相交于点 S.

由 $\triangle DEF \backsim \triangle DBC$ 且 $\triangle QEF \backsim \triangle O'BC$ 得 $\triangle DEQ \backsim \triangle DBO'$，因此 $\angle DO'B = \angle DQE$，故 $\angle DO'K = \angle DQP = \angle QSK$，从而 S 在圆 φ 上.

设直线 QO' 与圆 φ 的异于 O' 的交点为 T.

考虑圆 φ 上的退化六边形 $DDSKO'T$，由帕斯卡定理可知，直线 DT 与 SK 的交点以及点 O 和 Q 三点共线，从而 D、N、T 三点共线.

由 $\triangle DEQ \backsim \triangle DBO'$ 知 $\triangle DEB \backsim \triangle DQO'$，因此 $\angle DBE = \angle DO'Q = \angle DO'T = \angle ODT = \angle ODN$，所以 $\angle ADN = \angle ADO + \angle ODN = \angle ADO + \angle DBE = 90°$，即 $AD \perp DN$.

证法 2（湖南省长沙市一中学生叶世卿提供） 先证如下引理：

引理 点 E、F 分别在 $\triangle ABC$ 的边 AB、AC 上，$\triangle ABC$ 和 $\triangle AEF$ 的外接圆相交于点 A、

D,点 R 满足 $AD \perp DR$,$RE = RF$. 以 R 为圆心、RE 为半径的 $\odot R$ 再次分别交 AB、AC 于点 T、S,则 A、D、T、S 四点共圆.

引理的证明 如图 F8.3 所示,设 $\triangle ATS$、$\triangle AEF$ 的外接圆交于点 A、D',连接 $D'T$、$D'F$、TS、TR、TF.

因 $\angle AD'F = \angle AEF = \angle AST$,故 $\angle TD'F = \angle AD'T - \angle AD'F = 180° - \angle AST - \angle AST = 180° - \angle TRF$,从而 A、D'、T、S 四点共圆.

易知 $\angle TD'R = \angle TFR = 90° - \angle AST$,故 $\angle AD'R = \angle AD'T - \angle TD'R = 180° - \angle AST - (90° - \angle AST) = 90°$,即 D' 在以 AR 为直径的圆上.

所以以 AR 为直径的圆与 $\triangle AEF$ 的外接圆交于点 A、D、D',D 与 D' 重合. 从而 A、D、T、S 四点共圆.

引理证毕.

下面回到原题.

如图 F8.4 所示,点 R 使得 $AD \perp DR$,$RE = RF$,以 R 为圆心、RE 为半径的 $\odot R$ 再次分别交 AB、AC 于点 T、S,连接线段如图所示. 由引理得 A、D、T、S 四点共圆.

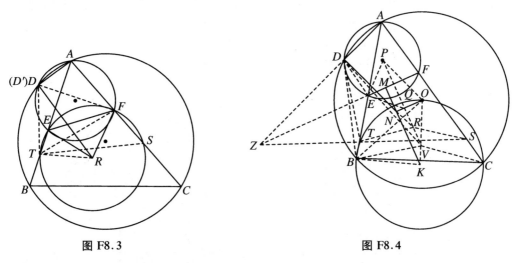

图 F8.3   图 F8.4

显然,P、Q、R 三点共线.

因 $OP \perp AD$,要证 $\angle ADN = 90°$,只要证 $RN \parallel OP$,这只要证 $\dfrac{QO}{ON} = \dfrac{QP}{PR}$.

设 PR 交 OK 于点 V.

因 $PV \parallel MK$,故 $\dfrac{QO}{ON} = \dfrac{OV}{OK}$,所以即证 $\dfrac{OV}{OK} = \dfrac{QP}{PR}$.

因 $\angle BOK = \angle BAC = \angle EPQ$,故等腰 $\triangle BOK \backsim$ 等腰 $\triangle QPE$,因此 $\dfrac{BO}{QP} = \dfrac{OK}{PE}$,故 $QP = \dfrac{BO \cdot PE}{OK}$,所以即证

$$\dfrac{OV}{OK} = \dfrac{BO \cdot PE}{OK \cdot PR} \Leftrightarrow \dfrac{OV}{PE} = \dfrac{BO}{PR}$$

又因 $\angle VOB = \angle EPR$,故即证 $\triangle RPE \backsim \triangle BOV$.

这只需证 $\angle BVO = \angle PER$,而 $\angle PER = \angle AES = 180° - \dfrac{1}{2}\angle TRS$,即证

$$\angle TRS = \angle BVC \iff \triangle TRS \backsim \triangle BVC$$

因△DTS∽△DBC,故即证点 R、V 是相似三角形△DTS、△DBC 的对应点.

假设 R、V′是相似三角形△DTS、△DBC 的对应点,则∠DRV′=∠DTB,且点 V′在 BC 的中垂线上.

根据蒙日定理得 AD、FE、ST 三线共点,设交点为 Z.

又因∠ZDT=∠AST=∠ZET,故 D、Z、T、E 四点共圆.

于是∠DRP=∠DZE=∠DTE,因此∠DRV=∠DTB.

故∠DRV′=∠DRV,且点 V 在 BC 的中垂线上,因此点 V′与 V 重合,即 R、V 是相似三角形△DTS、△DBC 的对应点.证毕.

9. 如图 F9.1 所示,AD 为△ABC 的外接圆⊙O 的直径. M 为 BC 的中点,点 E、F 分别在射线 MB、MC 上,ME=MF. 直线 l 是∠BAC 的外角平分线,EK⊥BC,EK 交 l 于点 K; FL⊥BC,FL 交 l 于点 L. KS⊥CA 于点 S,LT⊥BA 于点 T,BL 与 CK 交于点 P,PN⊥BC, PN 交∠BAC 的平分线于点 N.求证:DN⊥ST.

证明 (湖南省长沙市一中学生叶世卿提供) 如图 F9.2 所示,作 KJ⊥AB,LJ⊥AC, KJ 与 LJ 交于点 J,V、W 分别为$\widehat{BAC}$、$\widehat{BC}$的中点,连接线段如图 F9.2 所示.根据题 5 的证明有 DN∥AJ(AJDN 是平行四边形).故

$$\frac{\sin \angle AJK}{\sin \angle AJL} = \frac{AK}{AL} = \frac{AS}{AT} = \frac{\sin \angle ATS}{\sin \angle AST}$$

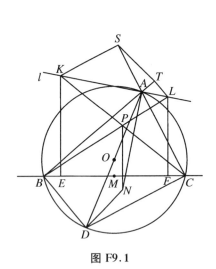

图 F9.1

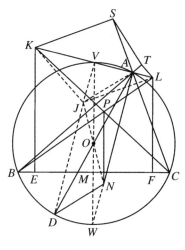

图 F9.2

因为∠AJK+∠AJL=∠KJL=180°-∠BAC=∠ATS+∠AST,所以∠AJL=∠AST.结合 LJ⊥AS 得 AJ⊥ST,从而 DN⊥ST.

10. 如图 F10.1 所示,在△ABC 中,⊙K 与射线 AB、AC 分别切于点 D、E,与△ABC 的外接圆⊙O 交于点 M、N,AK 与 DE 交于点 P.证明:∠BMP=∠CNP.

证明 (湖南省长沙市一中学生叶世卿提供) 设 AK 交⊙O 于另一点 L,连接线段如图 F10.2 所示.

则 $KM^2 = KN^2 = KD^2 = KP \cdot KA$,从而△KMP∽△KAM,△KNP∽△KAN,所以 ∠PMK=∠MAK=∠MNL,∠PNK=∠NAK=∠NML.

由 KM=KN 得∠KMN=∠KNM.

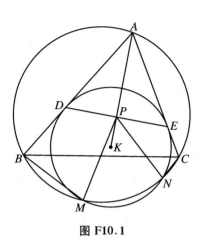

图 F10.1

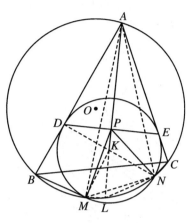

图 F10.2

故
$\angle BMP = \angle CNP \Leftrightarrow \angle BMK - \angle PMK + \angle KMN = \angle CNK - \angle PNK + \angle KNM$
$\Leftrightarrow \angle BMK + \angle KMN + \angle NML = \angle CNK + \angle KNM + \angle MNL$
$\Leftrightarrow \angle BML = \angle CNL$
$\Leftrightarrow \angle BAL = \angle CAL$

显然成立.

11. 如图 F11.1 所示,⊙O 与 ⊙P 相切(外切或内切)于点 A. ⊙K 过点 O 且与 ⊙O 交于点 B、C,⊙K 与 ⊙P 交于点 D、E. 直线 BC 交 ⊙P 于点 F、G,直线 DF、DG 与 ⊙K 的第二个交点分别为 M、N. 求证:直线 MN 与 ⊙O 相切.

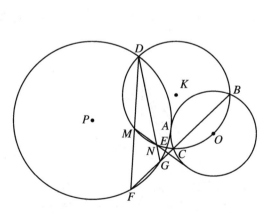
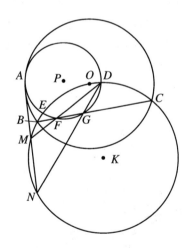

图 F11.1

证明 (湖南省长沙市一中学生叶世卿提供) 设 ⊙O 与 ⊙P 内切于点 A,作出辅助线如图 F11.2 所示.

设 EF 与 ⊙K 交于点 T(不同于 E),EG 与 ⊙K 交于点 S(不同于 E),MT 与 NS 交于点 L.

因 $\angle DMS = \angle DES = \angle DFG$,故 $MS \parallel BC$.

因 $\angle DNT = \angle DET = \angle DGC$,故 $NT \parallel BC$.

设 AF 与 $\odot O$ 交于点 U(不同于 A),AG 与 $\odot O$ 交于点 V(不同于 A).由 $\odot O$ 与 $\odot P$ 相切于点 A 得 $UV \parallel BC$.

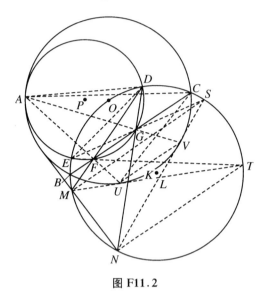

图 F11.2

因 $FA \cdot FU = FB \cdot FC = FM \cdot FD$,故 A、M、U、D 四点共圆.所以
$$\angle AUM = \angle ADF = \angle AGF \stackrel{m}{=} \frac{1}{2}(\widehat{AB} + \widehat{CV})$$
$$= \frac{1}{2}(\widehat{AB} + \widehat{BU}) \stackrel{m}{=} \angle ACU$$

故 MU 与 $\odot O$ 相切于点 U.

因 $FT \cdot FE = FB \cdot FC = FA \cdot FU$,故 T、U、E、A 四点共圆.

所以 $\angle TUA = \angle AEF = 180° - \angle ADF = 180° - \angle AUM$,从而 M、U、T 三点共线.MT 与 $\odot O$ 相切于点 U.

同理,NS 与 $\odot O$ 相切于点 V.

故 LO 平分 $\angle ULV$.

又由 $\widehat{MO} = \widehat{SO}$ 知 NO 平分 $\angle MNL$.

所以 $\odot O$ 是 $\triangle MNL$ 的旁切圆.

故直线 MN 与 $\odot O$ 相切.

外切情形的证明类似.

12.如图 F12.1 所示,已知定 $\triangle ABC$ 和确定的两条相交直线 l、g,P 是直线 BC 上的动点,作 $PE \parallel l$,交 AC 于点 E;作 $PF \parallel g$,交 AB 于点 F.BE 与 CF 交于点 K,M 是 AP 的中点,作 $MN \parallel KP$,交 BC 于点 N.证明:点 N 是一个定点.

证明 (湖南省长沙市一中学生叶世卿提供) 作辅助线如图 F12.2 所示,设直线 AK 与 EF 交于点 T.

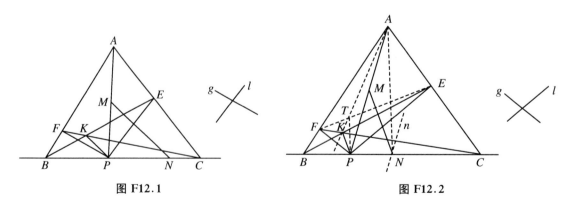

图 F12.1 　　　　　　图 F12.2

由完全四边形 $AFBKCE$ 的调和性质得 PE、PT、PF、PB 为调和线束.

因 PE、PF、PB 的方向一定,故 PT 的方向一定.

又 PA、PT、PK、PB 为调和线束,过 N 作直线 $n \parallel PA$,因 $AM = MP$,故 n、NA、NM、NP 为调和线束.

因为 $n \parallel PA$,$NM \parallel PK$,直线 PB 与 NP 重合,所以 $NA \parallel PT$.

于是 NA 方向一定,N 是定点.

13. 如图 F13.1 所示,四边形 ABCD 外切于⊙I,AB、AD 分别与⊙I 切于点 E、F.AM ∥ CI,AM 分别交 BI、DI 于点 M、N.记过 B、E、M 三点的圆为⊙Γ_1,过 D、F、N 三点的圆为⊙Γ_2.求证:(1) ⊙Γ_1 与⊙Γ_2 有一个交点在直线 BD 上;(2) 作 AH⊥BD 于点 H,则 AH 的中点 K 在⊙Γ_1 与⊙Γ_2 的根轴上.

证明 (湖南省长沙市一中学生叶世卿提供) 作辅助线如图 F13.2 所示.

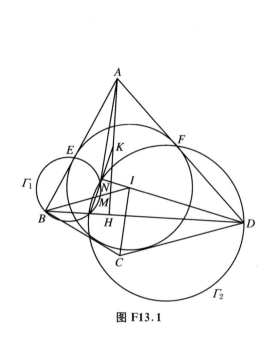

图 F13.1

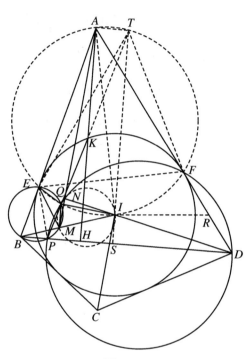

图 F13.2

(1) 设⊙(IMN)与⊙(AEIF)交于点 Q、I.

则∠EQM = 360° − ∠EQI − ∠IQM = 180° + ∠EAI − ∠INM = ∠ANI + ∠EAI.

因为 AM ∥ CI,所以∠AIN = ∠AMI,∠ANI = ∠AIM.

故∠EQM = ∠AIM + ∠EAI = 180° − ∠EBM,所以 E、Q、M、B 四点共圆.

类似地,F、N、Q、D 四点共圆.

于是,点 Q 是⊙(BEM)与⊙(CFN)的一个交点,设另一个交点为 P.

则∠BPQ + ∠DPQ = ∠AEQ + ∠AFQ = 180°.从而点 P 在直线 BD 上.

(2) 设 PQ 与⊙(AEIF)的另一个交点为 T.

因∠ATQ = ∠AFQ = ∠QPD,故 AT ∥ BD.

作 IS⊥BD 于点 S.

因 IT⊥AT,故 IT⊥BD,T、I、S 三点共线.

于是 HS = AT.要证的结论即 AT = PH,也即 PS = 2AT.

易知△EPS ∽ △EMI.故 $PS = MI \cdot \dfrac{ES}{EI} = MI \cdot \dfrac{\sin \angle ABD}{\sin \angle ABI}$.

而∠IAM = |∠AID − ∠AIB|,所以 $MI = \dfrac{AI \cdot \sin|\angle AID - \angle AIB|}{\sin \angle AID}$ (因∠AMI =

$\angle BIC = 180° - \angle AID$).

取点 B 关于 AI 的对称点 R,则 $MI = \dfrac{AI \sin \angle RID}{\sin \angle AID}$. 故

$$PS = \dfrac{AI \sin \angle RID}{\sin \angle AID} \cdot \dfrac{\sin \angle ABD}{\sin \angle ABI} = AI \cdot \dfrac{\sin \angle ABD}{\sin \angle AID} \cdot \dfrac{RD}{ID}$$

$$= \dfrac{AI \cdot \sin \angle ABD \cdot |AD - AB|}{DA \sin \angle IAD} = \dfrac{|AD - AB| \cdot AI \cdot \sin \angle EAF}{BD \sin \angle IAD}$$

易证 $\triangle TEF \backsim \triangle ADB$,故 $\dfrac{|AD - AB|}{BD} = \dfrac{|TE - TF|}{EF}$.

由托勒密定理有 $AT = \dfrac{AF|TE - TF|}{EF} = \dfrac{AF|AD - AB|}{BD}$.

即要证 $\dfrac{AI \sin \angle EAF}{\sin \angle IAD} = 2AF$,而

$$\sin \angle EAF = \sin \angle IAD \cdot 2 \cdot \cos \angle IAD = \sin 2\angle IAD = \sin \angle EAF$$

证毕.

中国科学技术大学出版社中小学数学用书

原来数学这么好玩(3册)/田峰
我的思维游戏书/田峰
小学数学进阶.四年级上、下册/方龙
小学数学进阶.五年级上、下册/饶家伟
小学数学进阶.六年级上、下册/张善计　莫留红
小学数学思维92讲(小高版)/田峰
小升初数学题典(第2版)/姚景峰
初中数学思想方法与解题技巧/彭林　李方烈　李岩
初中数学千题解(6册)/思美
初中数学竞赛中的思维方法(第2版)/周春荔
初中数学竞赛中的数论初步(第2版)/周春荔
初中数学竞赛中的代数问题(第2版)/周春荔
初中数学竞赛中的平面几何(第2版)/周春荔
初中数学进阶.七年级上、下册/陈荣华
初中数学进阶.八年级上、下册/徐胜林
初中数学进阶.九年级上、下册/陈荣华
山东新中考数学分级训练(代数、几何)/曲艺　李昂
初升高数学衔接/甘大旺　甘正乾
平面几何的知识与问题/单墫
代数的魅力与技巧/单墫
数论入门:从故事到理论/单墫
平面几何强化训练题集(初中分册)/万喜人　等
平面几何证题手册/鲁有专

中学生数学思维方法丛书(12册)/冯跃峰
学数学(第1—6卷)/李潜
高中数学奥林匹克竞赛标准教材(上册、中册、下册)/周沛耕
平面几何强化训练题集(高中分册)/万喜人　等
平面几何测试题集/万喜人
新编平面几何300题/万喜人
代数不等式:证明方法/韩京俊
解析几何竞赛读本(第2版)/蔡玉书
全国高中数学联赛平面几何基础教程/张玮　等
全国高中数学联赛一试强化训练题集/王国军　奚新定
高中数学联赛二试强化训练题:代数/罗炜　雷勇
全国高中数学联赛一试强化训练题集(第二辑)/雷勇　王国军
全国高中数学联赛一试模拟试题精选/曾文军
全国高中数学联赛模拟试题精选/本书编委会

全国高中数学联赛模拟试题精选(第二辑)/本书编委会
全国高中数学联赛预赛试题分类精编/王文涛　等
第51—76届莫斯科数学奥林匹克/苏淳　申强
第77—86届莫斯科数学奥林匹克/苏淳
全俄中学生数学奥林匹克(2007—2019)/苏淳
圣彼得堡数学奥林匹克(2000—2009)/苏淳
圣彼得堡数学奥林匹克(2010—2019)/苏淳　刘杰
平面几何题的解题规律/周沛耕　刘建业
高中数学进阶与数学奥林匹克(上册、下册)/马传渔　张志朝　陈荣华　杨运新
强基计划校考数学模拟试题精选/方景贤　杨虎
数学思维培训基础教程/俞海东
从初等数学到高等数学(第1卷、第2卷、第3卷)/彭翕成
高考题的高数探源与初等解法/李鸿昌
轻松突破高考数学基础知识/邓军民　尹阳鹏　伍艳芳
轻松突破高考数学重难点/邓军民　胡守标
高三数学总复习核心72讲/李想
高中数学母题与衍生.函数/彭林　孙芳慧　邹嘉莹
高中数学母题与衍生.数列/彭林　贾祥雪　计德桂
高中数学母题与衍生.概率与统计/彭林　庞硕　李扬眉　刘莎丽
高中数学母题与衍生.导数/彭林　郝进宏　柏任俊
高中数学母题与衍生.解析几何/彭林　石拥军　张敏
高中数学母题与衍生.三角函数与平面向量/彭林　尹嵘　赵存宇
高中数学母题与衍生.立体几何与空间向量/彭林　李新国　刘丹
高中数学一题多解.导数/彭林　孙芳慧
高中数学一题多解.解析几何/彭林　尹嵘　孙世林
高中数学一点一题型(新高考版)/李鸿昌　杨春波　程汉波
高中数学一点一题型/李鸿昌　杨春波　程汉波
高中数学一点一题型.一轮强化训练/李鸿昌
高中数学一点一题型.二轮强化训练/李鸿昌　刘开明　陈晓
数学高考经典(6册)/张荣华　蓝云波
解析几何经典题探秘/罗文军　梁金昌　朱章根
高考导数解题全攻略/孙琦
函数777题问答/马传渔　陈荣华
怎样学好高中数学/周沛耕
高中数学单元主题教学习题链探究/周学玲

初等数学解题技巧拾零/朱尧辰
怎样用复数法解中学数学题/高仕安
面积关系帮你解题(第3版)/张景中　彭翕成
函数与函数思想/朱华伟　程汉波
统计学漫话(第2版)/陈希孺　苏淳